U0461195

培智学校
班本德育课程
设计与实施

李园林　芮　露◎编著

重庆大学出版社

图书在版编目（CIP）数据

培智学校班本德育课程设计与实施 / 李园林，芮露
编著. --重庆：重庆大学出版社，2025.4. -- ISBN
978-7-5689-5089-3

Ⅰ. G764

中国国家版本馆CIP数据核字第20257KF975号

培智学校班本德育课程设计与实施

编 著 李园林 芮 露
责任编辑：陈 曦 版式设计：张 晗
责任校对：邹 忌 责任印制：张 策

*

重庆大学出版社出版发行
出版人：陈晓阳
社址：重庆市沙坪坝区大学城西路21号
邮编：401331
电话：（023）88617190 88617185（中小学）
传真：（023）88617186 88617166
网址：http://www.cqup.com.cn
邮箱：fxk@cqup.com.cn（营销中心）
全国新华书店经销
重庆华林天美印务有限公司印刷

*

开本：787mm×1092mm 1/16 印张：19.5 字数：424千
2025年4月第1版 2025年4月第1次印刷
ISBN 978-7-5689-5089-3 定价：78.00元

目 录
Contents

讲好班主任故事、传递育人智慧

习近平总书记指出："培养什么人、怎样培养人、为谁培养人是教育的根本问题，也是建设教育强国的核心课题。"在加快建设教育强国的征途上，广大教育工作者用心耕耘，积极探索"三全育人""五育并举"的有机融合。五育并举、德育为先。习近平总书记强调："思政课是落实立德树人根本任务的关键课程，思政课作用不可替代、思政课教师责任重大。"班主任作为学校全面负责一个班学生的思想、学习、健康和生活等的组织者、领导者和教育者，是学校思政工作的主力军、学生全面发展的领路人。在大中小学地位凸显备受重视，开展得如火如荼的思政课，在培智学校却饱受"重要性"不断强化及"问题性"不断批判的尴尬。这种尴尬集中表现在培智学校义务课程标准中，思政课无课标、无课程、无课时。令培智学校的德育进退触藩，我们不禁思考：培智学校的德育究竟该怎么开展？有以下几个关键问题值得我们思考。

第一，培智学校的德育培养目标什么？要回答这个问题首先要回答：培智学校的培养目标是什么？无疑，2021年新修订的教育法对党和国家的教育方针作出了最新的规范表述："教育必须为社会主义现代化建设服务、为人民服务，必须与生产劳动和社会实践相结合，培养德智体美劳全面发展的社会主义建设者和接班人。"100年来，中国共产党秉持初心，经过不同时期的艰苦探索和实践，使党的教育方针不断发展、完善，成为中国教育改革发展的根本遵循。特殊教育也不例外。

为适应新时期办好特殊教育的要求，进一步提高特殊教育质量，教育部2016年研制并颁布盲、聋和培智三类特殊教育学校义务教育课程标准，文件明确：三类特殊教育学校义务教育课程标准是对我国多年来特殊教育发展和教育教学改革经验的集中总结，是我国第一次专门为残疾学生制定的学习标准，是"十三五"及今后一个时期特殊教育教学改革的顶层设计，对进一步提升特殊教育质量、办好特殊教育、促进教育公平，具有特殊重要意义。其中，培智学校课程标准共涉及10门课程，却唯独没有培养目标的描述。至今，对于我国培智学校培养目标的描述，能找到明确表述的，还是在 2007 年的《培智学校义务教育课程实验方案》当中提出的：要全面贯彻党的教育方针，体现社会文明进步要求，是智力残疾学生具有初步的爱国主义、集体主义精神，具有初步的社会公德意识和法治观念，具有乐观向上的生活态度，具有基本的文化课学习知识和适应生活社会以及自我服务的技能，养成健康的行为习惯和生活方式，成为适应社会发展的公民。"德智体美劳全面发展"是所有人的总目标，而培智孩子要通过不同的课程载体培养同样的目标。

第二，培智学校的德育工作阵地是什么？众所周知，育人目标的培养，是需要通过课程建设和课堂改革来实现的。"五育并举，德育为先""三全育人"都是"如何培养人"这一中国特色社会主义育人途径的思想结晶。习近平总书记多次强调："思政课是落实立德树人根本任务的关键课程，思政课作用不可替代、思政课教师责任重大。"德育课程事关培根铸魂、启智增慧。所有课程理所应当要渗透德育，关键是该如何去渗透，又依照什么去开展？培智学校的德育阵地在哪里？

第三，培智学校班主任的专业成长点在哪里？班主任是"给学生心里埋下真善美的种子，引导学生扣好人生第一粒扣子"的直接作用人，肩负着引领学生全面发展的艰巨重任，加上日益繁多的事务性工作需要班主任完成，以及家校关系的繁杂多样，班主任岗位成为很多教师避之不及的工作安排，若非有职称评审对班主任工作年限的要求，很多教师是不愿意做班主任的。若普通中小学对班主任还有配套的工作指引、专业发展与督导机制的话，那么培智学校的班主任的专业成长又在哪里？而鼓励、倡导的"由心开始"的爱心、耐心、恒心、责任心等，从心理学上讲，并不具备恒常性。在中小学里一律设置的班主任和"德育处"（也有称政教处或学生处），在培智学校又该如何发挥作用及发挥何种作用？

基于上述思考，我们一直在苦苦思索培智学校的德育究竟该怎么开展？但毫无疑问的是，培智学校中的德育需要教师来开展实施，而班主任是绝对的主力军。由此，我们狠抓班主任队伍建设，组建了课题组、招募了公关课题组，花费一年多的时间参照了诸多的参考材料，终于罗列出培智学校的大致目标体系，我们兴高采烈、迫不及待地推广到班级中。但班主任面露难色，普遍回答：没办法做，太忙了，学生差异太大。我们集全校之力打造的校本德育课程目标体系，到班级层面仍出现水土不服的现象。确实现在的班主任有太多事要做，班级关于学生的任何问题，都需班主任做。但排除事务性的任务外，还有一点就是"内驱力"。由上至下的校本德育课程之所以水土不服，原因可能有三个：一是学生差异的客观存在，确实无法拿来可用的素材；二是不愿意做，学生差异成了挡箭牌；三是选择了"随波逐流"。那究竟什么样的德育课程才能适合差异明显的班级？什么样的机制才能唤起班主任的内心呢？作者不由得又陷入苦思。

2020 年一次培训活动，去到浙江一所不大、在作者看来是与当地经济发展不匹配、略显"寒酸"的培智学校参访。狭窄的校园里，校长和学校教师却总是一副乐观、积极向上的样子，不由得感慨条件差一点儿又怎么样，更重要的是做事情的态度。突然想到鲁迅先生笔下的孔乙己，是一群人中唯一穿着长衫在喝酒的人。穷困潦倒又如何，关键是自己骨子里认为自己是文化人。知识分子可以不要荣誉，可以不要绩效，可以啥都不要，但不能不要面子！豁然开朗，如何开展培智德育？就让教师去呈现他自己做的事！

于是，我们厘定了"建阵地、搭舞台、讲课程"的策略。建阵地，就是将学校课程表中的"班会、团队、综合实践活动"统筹实施，进行课时划分，系列规划班级德育的规定动作课时和自选动作课时；搭舞台，开设班主任"博爱讲坛"，由班级推荐班主任在讲坛上讲授自己班级的德育经验和做法；讲课程，就是主持人不能只讲做法的工作总结，而要以课程的架构呈现自我的实践。我们2021年下半年正式开启班主任"博爱讲坛"之初，物色几个优秀的班主任，借助他们之前参评全市"特色班级"建设的经验材料，组织团队给予他们课程提炼方面的支持，然后让他们去做精心准备，因为要打响头炮，树立好导向，讲坛设置展示环节、主讲环节、点评环节、主评环节。经过两三次之后，我们欣然发现，其实教师做的呈现的东西才是最接地气的做法，而这种做法要系列呈现，包括目标、内容、实施和评价，这就是课程建设的基本要素，让教师的德育活动能具有序列性的开展。于是我们提出的口号是：讲好班主任故事，传递育人智慧。如此，要讲的教师势必认真准备，将自己持续的育人载体、育人故事向大家娓娓道来。这就是在提升班主任的课程规划、提炼能力，就是在促进班主任的专业成长。更重要的是，让更多的班主任看到：原来培智学校的班级德育课程可以这样开展。这种源自班级、年级，由下至上的德育课程，才是最适合班级学生的，也是最具生命力的！这种"星星之火"，以燎原之势在校园里铺展开来，学校的德育工作由此变得"良性"起来。

经过4年的时间探索，教师呈现异彩纷呈的班本德育课程。有劳动的，有生命教育，有外出研学，有绘本阅读，有探索个性化的，有体现体育的，等等。将通过实践检验，凝聚班主任们智慧的班本课德育课程择优编写成册，既是对班主任们平时精心育人汗水的回报，更期望"来自一线"能"服务于一线"，为当下培智学校的德育提供一点资料参考。书稿分为上、下两篇，上篇简述"班本德育的理论基础及现状"，下篇呈现文化、生命、劳动、亮色课程等经过检验的"班本德育课程的案例"，以期为培智学校班主任工作带来启发。当然，也因为是"班本"，可能具有更多的主观性，而缺乏科学的体系，也可能只是求到了点和线，而没有到面，当中必有不足之处，还请读者批评、指正。

一、特殊教育学校班本德育课程的建设

班本德育是一种新型的德育模式，其强调的是在班级这个特定的集体环境中，通过整合教师、家长、学生及社会资源，共同营造一个有利于学生健康成长的德育环境。班本德育关注的是班级的本质，即班级的精神文明建设，旨在按照一定的社会要求，有目的、有计划、有组织地对学生进行道德品质、价值观、社会责任感等方面的教育。班本德育的实施者不是班主任一人，而是整个班级教育团队，包括但不限于教师、家长、学生及社区成员。它鼓励大家积极参与，共同设计和实施一系列德育活动，以促进学生的全面发展。这些活动可能包括但不限于主题班会、道德故事分享、社会实践、志愿服务等，旨在帮助学生理解并实践道德规范，培养良好的品德和行为习惯。班本德育还强调个性化和针对性，即根据班级的具体情况和学生的特点来设计德育课程和活动，以达到更有效的教育效果。同时，它也注重时间管理，合理安排德育活动的时间，确保它们能够融入日常教学和班级生活，成为学生学习和成长的一部分。

对于特殊学生而言，理解德育课程的内容往往较为困难，班本德育打破原有模式，让学生也成为德育课程实施的主体，同时强调课程内容和实施的个性化，是一种非常适合特殊教育学校的一种德育模式，对特殊教育学校开展德育具有重要的现实意义。

（一）班本德育课程的概念

班本德育课程是指在班级层面上，由班主任和学生共同开发、设计和实施的德育课程。它以班级为基本单位，结合学生的实际需求和兴趣，构建具有班级特色的德育内容和活动。这种课程强调师生共同参与，注重学生的个性发展和综合素质的提升，是实现学生核心素养发展的重要途径。

（二）班本德育课程的特点

1. 容易形成班级特色

班本德育课程具有强烈的班级特色，每个班级根据自身情况和学生特点，制订独特的德育方案。通过根据班级实际情况制订课程、师生共同参与开发课程、丰富的活动形式、融入班级文化、个性化的德育内容和灵活的课程评价方式，班本德育课程能够充分满足学生的个性化需求，促进他们全面发展。在特殊学校，班本德育课程的班级特色尤为重要，能够更好地帮助学生克服困难，提升综合素质，实现德育目标。

1）根据班级实际情况制订课程

每个班级的学生在年龄、性格、兴趣、家庭背景等方面均有所不同，因此班本德育课程的设计需要充分考虑这些差异，量身定制。

2）师生共同参与开发课程

班本德育课程强调师生共同参与课程的开发和实施。班主任在课程设计中起主导作用，但学生的参与同样重要。通过征求学生意见和建议，了解他们的兴趣和需求，确保课程内容既符合德育目标，又能引起学生的兴趣和共鸣。

3）丰富的活动形式

班本德育课程的活动形式多样，灵活多变，能够适应不同班级的特点和需要。例如，通过开展植树节主题活动，如绘绿、爱绿、赏绿、护绿、植绿等，让学生在实际行动中体验环保的重要性，增强实践能力。这种多样化的活动形式，不仅使德育课程更加生动有趣，还能充分调动学生的积极性。

4）融入班级文化

班本德育课程与班级文化密切相关，通过课程的实施，班级文化得到丰富和提升。班级文化是班级成员共同的价值观和行为规范，它对学生的行为和态度有潜移默化的影响。例如，通过爱国主义教育活动，班级可以形成一种积极向上的氛围，增强学生的集体荣誉感和责任感。

5）个性化的德育内容

班本德育课程能够根据学生的个性特点和发展需要，设计个性化的德育内容。例如，对于特殊学校的学生，课程设计需要特别关注他们的特殊需求，通过个性化的德育活动，帮助他们克服自身的困难，提升自信心和社会适应能力。

6）灵活的课程评价方式

班本德育课程的评价方式灵活多样，注重过程性评价和综合性评价。例如，通过教师评价、学生自评、学生互评和家长评价，全面评估学生在德育活动中的表现和进步情况。吴珏婷在研究中提到的"红心少年"评价体系，通过积分制激励学生积极参与德育活动，有效促进了学生良好品行的形成。

2. 提高学生的自主性

班本德育课程强调学生的自主参与，让学生在课程开发和实施过程中发挥主动性和创造力。这种自主性的强调，不仅增强了学生的学习积极性和主动性，还培养了他们的独立思考和解决问题的能力，为他们的全面发展打下了坚实的基础。

特殊学校可以通过适当地引导和支持，有效发挥学生的自主性，促进他们的个性化发展，提升他们的社会适应能力。

1）学生参与课程设计

班本德育课程的一大特点是学生在课程设计过程中发挥重要作用。学生不仅是课程的受益者，也是课程的设计者和实施者。例如，吴珏婷在爱国主义教育课程中，让学生通过小组合作的方式，共同探讨和设计爱国主义教育活动的具体内容和形式。这种参与方式使学生感到自己是课程的主人，从而激发他们的积极性和创造力。

2）自主探究与实践

班本德育课程鼓励学生进行自主探究和实践活动。例如，陈丽萍在植树节活动中，让学生种植树木、制作手抄报等。通过这些实际操作，学生不仅提升了动手能力，积累了实践经验，还在亲身体验中深刻理解了环保的重要性。这样的自主探究与实践活动，使学生在解决实际问题的过程中培养了独立思考和解决问题的能力。

3）小组合作与团队学习

班本德育课程倡导小组合作学习，鼓励学生在小组中分工协作，共同完成任务。例如，在吴珏婷的课程中，学生通过小组合作，探究红色革命遗址，了解历史背景，并在班会上分享自己的研究成果。这种合作学习方式不仅培养了学生的团队合作精神，还增强了他们的沟通能力和集体意识。

4）个性化发展

班本德育课程注重学生的个性化发展，尊重每个学生的兴趣和特长。例如，在节日课程中，学生可以根据自己的兴趣选择参与不同的活动，如绘画、手抄报制作、角色扮演等。这种个性化的选择，使学生能够在自己感兴趣的领域发挥特长，获得成就感和自信心。

5）自主评价与反馈

班本德育课程强调自主评价与反馈，鼓励学生自我反思和同伴互评。例如，吴珏婷在爱国主义教育课程中，通过"红心少年"评价体系，学生可以对自己的表现进行自评，并接受同伴和教师的反馈。这种评价方式不仅增强了学生的自我管理能力，还培养了他们的批判性思维和自我反思能力。

6）提供多样化的学习资源

班本德育课程为学生提供多样化的学习资源，支持他们的自主学习。例如，通过阅读相关书籍、观看教育影片、参加社会实践活动等，学生可以自主选择和利用各种资源，丰富自己的学习体验。这种资源的多样性，使学生能够根据自己的兴趣和需求，自主安排学习内容和进度。

3. 多学科融合

班本德育课程不仅局限于德育内容，还与其他学科进行有机融合，班本德育课程通过有机融合生活适应、生活语文、生活数学、绘画手工、唱游律动、健康、劳动技术和体育等学科，形成了跨学科的教育模式。这种融合不仅丰富了德育课程的内容，还增强了学生对德育内容的理解和实践能力。通过多学科的协同作用，学生不仅能在各个学科中学到知识，还能在实际生活中运用这些知识促进自己的全面发展。

1）生活适应与德育的融合

生活适应课程帮助学生掌握基本的生活技能，提高他们的自理能力和社会适应能力。在班本德育课程中，可以通过模拟现实生活场景，进行实际操作训练。例如，组织学生进行模拟购物、烹饪、打扫卫生等活动，不仅能教会他们基本的生活技能，还能培养他们的责任感和独立性。

2）生活语文与德育的融合

生活语文课程通过实际生活中的语言应用，帮助学生提高语言表达能力和阅读理解能力。在班本德育课程中，可以通过讲述道德故事、编写德育手抄报、开展德育主题演讲等活动，培养学生的语言能力和道德意识。例如，学生可以阅读与道德相关的故事，并分享他们的心得和体会，增强道德认知。

3）生活数学与德育的融合

生活数学课程通过与日常生活密切相关的数学知识，帮助学生提高解决实际问题的能力。在班本德育课程中，可以通过设计德育主题的数学游戏和活动，如环保计算、慈善捐款统计等，让学生在实际操作中学习数学知识，同时培养他们的社会责任感和爱心。

4）绘画手工与德育的融合

绘画手工课程通过艺术创作，提高学生的动手能力并培养他们的审美情趣。在班本德育课程中，可以通过组织德育主题的绘画和手工制作活动，如制作环保袋、绘制爱国画等，增强学生的环保意识和爱国情怀。例如，学生可以制作与环保主题相关的手工艺品，并展示在班级中，倡导环保理念。

5）唱游律动与德育的融合

唱游律动课程通过音乐和舞蹈，培养学生的艺术感受力和身体协调能力。在班本德育课程中，可以通过组织德育主题的歌唱和舞蹈活动，增强学生的集体荣誉感和团队合作精神。例如，学生可以合唱爱国歌曲，表达对祖国的热爱和敬仰。

6）健康与德育的融合

健康课程通过健康知识的普及，提高学生的健康意识和自我保护能力。在班本德育课程中，可以通过开展健康知识讲座、组织健康主题班会等活动，增强学生的健康意识和自我管理能力。例如，学生可以学习健康饮食的重要性，并制订自己的健康饮食计划。

7）劳动技术与德育的融合

劳动技术课程通过实际操作，提高学生的动手能力和创新能力。在班本德育课程中，可以通过组织德育主题的劳动技术活动，增强学生的环保意识和社会责任感。例如，学生可以参与校园的绿化劳动，为美化校园环境贡献自己的力量。

8）体育与德育的融合

体育课程通过体育活动，提高学生的身体素质和团队合作精神。在班本德育课程中，可以通过组织德育主题的体育活动，增强学生的集体荣誉感和爱国情怀。例如，学生可以通过参加以爱国为主题的体育比赛，体验团队合作和拼搏精神。

4. 形成学校、家庭与社区教育合力

班本德育课程通过强调家庭和社区的积极参与，形成了家校共育的良好氛围。这种模式不仅丰富了德育课程的内容，还增强了德育效果。通过家长参与课程设计与实施、家校互动活动、家庭作业与家庭德育活动、社区资源的利用、社区志愿服务、家长与社区的德育资源共享和家校共育评价体系等方式，班本德育课程能够更好地满足学生的个性化需求，促进他们的全面发展。在特殊学校，这种家校共育模式更显重要，能够更好地帮助学生克服困难，提升综合素质，实现德育目标。例如，通过家长会和社区活动，家长和社区成员共同参与德育活动，有效提升了德育的实效性。

1）家长参与课程设计与实施

在班本德育课程中，家长的参与是至关重要的。家长可以参与课程的设计，提供建议和反馈，帮助课程更好地贴合学生的实际需要。例如，吴珏婷在爱国主义教育课程中，通过家长会向家长介绍课程构建设想，得到了他们的鼎力支持，实现了多方协同的课程内容开发。这种方式不仅增加了课程的实用性和针对性，还增强了家长的教育参与感。

2）家校互动活动

班本德育课程通过组织各种家校互动活动，增强家长与学校之间的联系。例如，罗婷在其研究中提到，通过家长和社区的积极参与，共同组织德育活动，有效提升了德育的实效性。具体活动包括家庭日、家长开放日、亲子阅读活动、家庭劳动日等。这些活动不仅增强了家长与学校之间的沟通，还让家长更好地了解学校的教育理念和教学方法。

3）家庭作业与家庭德育活动

家庭作业不仅限于学科知识，还可以包括德育内容。例如，学生可以被要求完成一些与德育相关的家庭作业，如写家庭感恩信、进行家庭环保活动等。通过这些活动，学生可以在家庭环境中实践德育内容，增强德育效果。例如，在陈丽萍的研究中，通过植树节活动，动员家长和孩子一起种植树木，增强了学生的环保意识。

4）社区资源的利用

班本德育课程强调利用社区资源开展德育活动。例如，通过组织学生参观社区中的文化场馆、历史遗址、环保基地等，让学生在真实的社会环境中学习和体验德育内容。例如，吴珏婷在爱国主义教育课程中，通过组织学生探访中山红色革命遗址，让学生了解历史，增强了学生的爱国情感。

5）社区志愿服务

社区志愿服务是班本德育课程的重要组成部分，通过组织学生参与社区服务活动，培养他们的社会责任感和服务意识。例如，学生可以参加社区清洁活动、老人院探访、公益宣传等。这些活动不仅能让学生在实践中体验和理解德育内容，还能增强他们的社会适应能力和团队合作精神。

6）家长与社区的德育资源共享

班本德育课程通过家长和社区的德育资源共享，丰富课程内容。例如，家长和社区成员可以作为课程的客座讲师，为学生讲解他们在工作和生活中的德育经验和体会。这样不仅能拓宽学生的视野，还能让他们更好地理解和内化德育内容。

7）家校共育评价体系

班本德育课程强调建立家校共育的评价体系，通过家长、教师和学生的共同参与，全面评估学生的德育发展。例如，吴珏婷在爱国主义教育课程中，通过"红心少年"评价体系，鼓励学生积极参与德育活动，同时邀请家长参与评价，增强了家长的教育参与感。

5.强调情境体验

班本德育课程注重情境体验，通过实地考察、角色扮演等方式，让学生在真实情境中感悟和理解德育内容。在特殊学校，通过体验式学习，可以帮助学生在实践中获得深刻的德育体验，增强他们的实践能力和道德意识。例如，在植树节活动中，通过植树、制作手抄报等活动，学生在实践中体验环保的重要性。班本德育课程注重情境体验，通过让学生在真实或模拟的情境中学习和实践，帮助他们更好地理解和内化德育内容。这种体验式学习不仅提高了德育的实效性，还增强了学生的实际操作能力和社会适应能力。

1）实地考察与体验

实地考察是班本德育课程中常用的情境体验方式之一。通过组织学生到历史遗址、博物馆、纪念馆等场所进行实地考察，让他们在真实的环境中了解历史事件、文化传统和道德规范。例如，吴珏婷在爱国主义教育课程中，通过组织学生探访中山红色革命遗址，让学生了解革命历史，增强了他们的爱国情感。这种实地考察不仅能让学生获得直观的知识，还能在真实情境中体验和感受历史的厚重。

2）角色扮演与模拟活动

角色扮演与模拟活动是另一种重要的情境体验方式。通过让学生扮演不同的角色，模拟实际生活中的情境，帮助他们理解和内化德育内容。例如，在德育课程中，可以组织学生进行模拟法庭、角色扮演历史人物、模拟社会服务等活动。这些活动不仅提高了学生的表达能力和解决问题的能力，还增强了他们的社会责任感和道德意识。

3）节日活动与文化体验

节日活动和文化体验是班本德育课程中常见的情境体验方式。通过组织学生参与传统节日的庆祝活动，让他们在节日氛围中感受文化的魅力和德育的内涵。例如，陈丽萍在植树节活动中，通过组织学生进行植树、制作环保手抄报等活动，让学生在实践中体验环保的重要性。这种方式不仅增强了学生的环保意识，还让他们在节日氛围中体验到集体的温暖和合作的快乐。

4）实践活动与社会服务

实践活动和社会服务是班本德育课程中强调情境体验的重要方式。通过组织学生参与各种社会服务活动，让他们在服务他人的过程中体验和理解德育内容。例如，学生可以参加社区清洁活动、养老院探访、公益宣传等。这些活动不仅让学生在实践中体验到帮助他人的快乐，还增强了他们的社会责任感和团队合作精神。

5）校园活动与情境设置

在校园内设置各种情境活动，也是班本德育课程注重情境体验的重要体现。例如，通过组织德育主题的班会、团队活动、情景剧表演等，让学生在校园内体验和实践德育内容。例如，在班会上，学生可以讨论和表演如何处理同学间的矛盾，如何应对校园霸凌等情境，提高他们的实际应对能力和道德判断能力。

6）体验式学习项目

体验式学习项目通过设计一系列连贯的活动，让学生在参与中体验和学习。例如，通过设计环保项目、历史探究项目、社区服务项目等，让学生在长时间的项目参与中，逐步体验和理解德育内容。例如，吴珏婷在爱国主义教育课程中，通过设计"重走行军路"的项目，让学生在徒步过程中体验革命先烈的艰辛，增强他们的爱国情感。

6.注重过程性评价

班本德育课程强调过程性评价，通过持续监测和反馈学生在德育活动中的表现，帮助学生不断改进和提升。这种评价方式不仅关注学生的最终结果，更重视他们在参与过程中的成长和进步。班本德育课程通过多元评价主体、持续监测与记录、形成性反馈、自我反思与自我评价、同伴互评、家长参与评价和多样化的评价工具等方式，强调过程性评价。这种评价方式不仅关注学生的最终结果，更重视学生在参与过程中的成长和进步。通过过程性评价，教师可以更好地了解学生的成长过程，帮助学生发现问题、改进不足，不断提升他们的德育素养和综合素质。在特殊学校，过程性评价的德育方式更显重要，能够更好地帮助学生克服困难，提升综合素质，实现德育目标。

1）多元评价主体

班本德育课程的过程性评价涉及多元评价主体，包括教师、学生自评、学生互评和家长评价。例如，吴珏婷在爱国主义教育课程中，通过"红心少年"评价体系，学生可以对自己的表现进行自评，并接受同伴和教师的反馈。这种多元评价方式可以提供全面的反馈信息，帮助学生全面了解自己的进步和不足。

2）持续监测与记录

过程性评价注重对学生德育活动的持续监测和记录。通过定期记录学生在德育活动中的表现，教师可以更好地了解学生的成长过程。例如，在陈丽萍的研究中，通过记录学生在植树节活动中的表现，如绘制手抄报、植树等，持续监测他们的进步情况。这些记录可以作为评价学生德育发展的重要依据。

3）形成性反馈

过程性评价强调形成性反馈，即在德育活动进行过程中，及时对学生的表现进行反馈和指导。通过具体、及时的反馈，教师可以帮助学生发现问题、改进不足。例如，在班级德育活动中，教师可以在学生完成每一阶段任务后，及时给予反馈，指出他们的优点和需要改进的地方。这种即时反馈有助于学生在活动中不断改进和提升。

4）自我反思与自我评价

过程性评价鼓励学生进行自我反思和自我评价，培养他们的自我管理和自我提升能力。例如，在德育活动结束后，学生可以通过写反思日记、填写自我评价表等方式，对自己的表现进行总结和反思。例如，吴珏婷在爱国主义教育课程中，通过"红心少年"评价体系，鼓励学生自我反思和总结自己的爱国表现和成长经历。

5）同伴互评

同伴互评是过程性评价的重要组成部分，通过同伴之间的评价，学生可以获得更多视角的反馈，促进彼此的学习和进步。例如，在德育活动中，学生可以组成小组，互相评价对方的表现，分享各自的优点和改进建议。这种方式不仅增强了学生的团队合作精神，还提高了他们的评价能力和批判性思维。

6）家长参与评价

家长的参与可以为过程性评价提供更多维度的反馈，帮助学生全面发展。例如，通过家长会和家长开放日，邀请家长参与学生的德育评价活动，收集家长对学生在家庭和社区中的表现评价。例如，罗婷在其研究中提到，通过家长和社区的积极参与，共同评价学生的德育表现，有效提升了德育的实效性。

7）评价工具的多样化

过程性评价采用多样化的评价工具，如反思日记、自我评价表、同伴评价表、教师观察记录、家长反馈表等。例如，吴珏婷在爱国主义教育课程中，通过"红心少年"评价体系，采用积分制、评价表等方式，全面评估学生的爱国表现。这些方式可以帮助教师和学生更好地记录和评估德育活动的过程和效果。

班本德育课程通过班级特色化、学生自主性、多学科融合、家庭与社区参与和情境体验等特点，构建了一个富有特色和实效的德育模式。特别是在特殊学校，这种课程模式能够更好地满足学生的特殊需求，促进学生的全面发展。通过这些特点，班本德育课程在实现学生全面发展的目标中发挥了重要作用，为特殊教育提供了有效的路径和方法。

二、班本德育课程的理论支撑

教育家苏霍姆林斯基说，"儿童在天性上说，他就是一个探索者"。而蒙台梭利也说过，"儿童是上帝派来的密探"。我国教育家陶行知认为，"道德是做人的根本，根本一坏，即使你有一些学问和本领，也无甚用处，没有道德的人，学问和本领愈大，就能为非作恶愈大。建筑人格长城的基础就是道德"。陶行知根据实践完成的德育理论体系，包括德育目标、德育内容、德育方法和德育途径等方面的内涵，对于德育观念不断创新的今天，依旧指引着我们现代教育实践改革，促进德育贴近生活、回归生活，让学生不再学习空洞的德育理论，要使学校德育能够转化为学生的行为模式，让德育更加生活化和平民化，真正为社会培养高质量、高品质的人才。中国的德育发展至今日，纵使途径和方法良多，中小学德育工作的最终目的依旧是培养良好思想品德和健全人格，为中国特色社会主义事业造就合格建设者和可靠接班人。

（一）班本德育课程的概念界定

班本德育课程是课程改革深化过程中出现的一个概念，班本德育课程有广义和狭义之分，广义的班本德育课程是指所有课程的班本实施，狭义的班本德育课程是指班级单独开发的课程。通常所说的班本德育课程是狭义的班本德育课程，是课程意识较强的教师立足本校、本身、本班的条件基础，满足当下学生的成长需求，不依附国家课程、地方课程和校本课程而独立开发的课程。通常情况下，班本德育课程是以班级为课程实施的载体、以班级的实际情况为前提、以满足班级学生发展需求为宗旨的课程，是课程决策权的分配从"集权化"走向"均权化"的态势。根据以上描述可以看出，班本德育课程是班级教师根据班级现有的条件资源、班级文化特色、学生特点和需求开发的课程，是基于或者独立于国家课程、地方课程和校本课程的存在，同时也是对国家课程、地方课程和校本课程的整合、梳理和延伸，使班本德育课程内容与班级学生现实和学生需求更加契合，更好地促进学生成长和发展的课程。

学校德育是对学生进行的有目的、有计划、有系统的道德影响的活动。德育内容既是学校落实立德树人根本任务的载体，也是实现学校德育目标、构建学校德育体系、推动学校德育工作有效进行的主线。党的十八大报告指出："把立德树人作为教育的根本任务，培养德智体美劳全面发展的社会主义建设者和接班人。""立德树人"首次被确立为教育的根本任务，这是对党的十七大"坚持育人为本，德育为先"教育理念的深化，是对教育改革发展提出的新的更高的要求，指明了今后教育改革发展的方向，对于我国坚持走社会主义道路、实现教育的改革发展都具有重要的意义。自2012年6月教育部颁布《国家教育事业发展第十二个五年规划》（教发〔2012〕9号）指出现今社会迫切需要全面进一步加强青少年的思想道德教育，至2017年1月国务院颁布《国家教育事业发展"十三五"规划》（国发〔2017〕4号）再次指出，"把立德树人作为教育的根本任务……要遵循教书育人规律、遵循学生成长规律，以学生为主体，以教师为主导，创新育人模式，培育和践行社会主义核心价值观，不断提高学生思想水平、政治觉悟、道德品质、文化素养，让学生成为德才兼备、全面发展的人才"。教育部基础教育司组织编写的《中小学德育工作指南实施手册》明确指出，中小学德育工作的基本原则要坚持正确的方向，坚持遵循规律，坚持协同配合，坚持常态开展。一系列指导文件进一步明确，道德是做人的前提和基础，即育人先育德。

综上所述，班本德育课程是指班主任以敏锐的德育课程意识，在班级德育过程中，根据班级具体情境，针对班级学生的发展特点、成长需要、兴趣特长、问题冲突等，组织实施的德育课程。

（二）班本德育课程的理论支撑

基于"过完整幸福的生活"的视角来审视小学德育，会发现学生的最终成长和促进学生的"自我实现"，既帮助学生习得适应发展和变化的能力，在教育过程中成长为知道如何学习、会学习的"自由人"十分重要。家校社之间积极、一致的价值观念和教育方式能够在德育过程中，助力学生丰富道德认知、体验社会角色、内化道德思维和外化道德行为。只有家庭和社会的积极参与和支持，学校才能以更加安全、高效、快乐的方式为学生提供多种体验机会。在丰富的社会实践中，学生丰富了对"自愿""无偿""利他"的道德认知，获得了全方位的志愿精神教育。因此，作为教育的实施者必须站在更广泛的"人"的立场上设计德育课程。而课程作为实现育人目标的主要载体，也是学生健康快乐成长的"营养配餐"。但班级因为各具特点，也各有需求，尤其是德育的主阵地是班级，真正的德育课程总是在班级里诞生的。诞生于班级的德育课程更具有针对性，也更具实效性。在这样的背景下，班本德育课程根据班级德育需求应运而生，是新课程改革的需要，是学生健康成长和个性发展的需要，是德育提高实效的必经之路和必然趋势。

1. 班本德育课程的主体论

在德育过程中充分发挥学生的主体地位，是当代德育价值的重要追求，也是体现时代精神的要求。学生是学校德育的主体，应充分发挥师生的积极性、主动性和创造性，尤其要承认和尊重学生主体地位和主体人格，引导学生作为道德实践活动的主体，依据独立自主、主动积极的理性思考所选择的道德原则，自主、自觉与自愿地作出道德选择与道德行为的素质和能力，即培养学生成为具有自主性、能动性等"主体道德素质"的社会主体。

主体参与模式从内容上强调统一的道德标准和一元化的价值观，从形式上强调发掘发展人的主体潜能，并认为主体参与的主要形式是课堂学习和道德实践，课堂学习和道德实践在培养人的主体性德育素质中发挥着不同的作用，二者的有机结合才能有助于个体实现"内化"与"外化"这一道德品质形成的完整过程。

2. 班本德育课程的一体化论

学校德育工作要从多方面、多途径承担起对学生人格教育的重任，要以社会主义核心价值观为核心，将学生德育作为学校的重要工作、常态工作，通过课程、文化、活动、管理等多种途径，积极利用班级、学校、家庭、社区、社会等多方资源，使学生形成正确的自我认识，获得良好的人际交往能力和积极的适应社会能力。中小学要坚持教育与生产劳动、社会实践相结合，坚持学校教育与家庭教育、社会教育相结合。在此背景下，德育一体化应运而生。它是我国德育工作持续推进而提出的概念，不仅包括学校、家庭和社会道德教育的结合，还包括德育目标、内容、途径、方法、管理与评价等德育要素的结合，校内德育课程与校外德育实践的结合。基于儿童立场的德育一体化的班本课程建设，以班级为单位，从空间一体化、课程一体化、主体一体化和时间一体化，将六大核心素养融入课程，分别进行课程横向整合和纵向整合，完善班本德育课程基本内容框架。实现教科研整合、课程整合、家校教育融合和社会教育资源整合的"四个整合"。基于儿童立场的德育一体化班本课程建设理念，奠基学生生命原点，创设生态教育环境，演绎课程生成的魅力，拓展并引领学生生活，促进学生健康成长，提升学生生存能力，满足学生个性化、差异化和定制化的需求，使学生享受尚德、尚美、自信、自立的成长过程。

3. 班本德育课程的生命教育论

无论是学校教育，还是教育本身，最终都指向个体"生命质量和生命价值"，体现出"以人为本"的本质理念。帮助学生建立正确的生命认知，引导学生在理解生命意义的同时，积极创造生命价值也是班本德育课程的重点之一。特别是在当下社会纷杂的大环境下，仍存在心理缺陷、校园欺凌等问题，都反映出学生对生命理解的错误和对生命态度的漠视，这就意味着生命教育仍存在缺失和不足。德育作为指向学生道德认知和道德行为的教育形式之一，受到个体对教学内容的认知解读和价值判断的影响，尊重生命、敬畏生命、珍爱生命、心态积极的个体更容易在生活中呈现出建立各类人际关系的行为。这就要求教师要站在尊重生命节律和价值的角度上构建班本德育课程，在德育实践中助力情感培育和行为习惯的养成，为学生提供生动鲜活的德育，拓展生命的长度、宽度和高度，助力个体生命健康成长。

培智学校从教育目的上说，面对的是那些需要特殊教育和相关服务才能实现他们全部人类潜能的人。他们之所以需要特殊教育，是因为他们与大多数学生在以下一个或多个方面存在显著不同，如智力障碍、多重障碍、视觉障碍等。而培智学校学生群体的特征多样性和教育需求的多样性，相对较弱的逻辑思维和抽象思维能力，以及当今开放、多元、个性化的社会环境，都更凸显了培智学校德育面临更大的挑战，也更凸显了班本德育课程的急迫性和适切性。

三、班本德育课程的目的与目标

随着社会的进步和教育的发展，德育在人才培养中的作用日益凸显。班本德育作为德育的重要组成部分，是学校教育中不可或缺的一环，其核心理念是以班级为基石，班主任担任关键角色，深入学生日常学习和生活的细节，通过细致入微的引导和影响，逐步塑造学生的道德品质和价值观念。

这种基于班级的道德教育模式，旨在通过阶段性的整合和推动，增进学生对道德规范的认同，进而促进学生全面而健康地发展。其实施效果直接关系到学生的道德素质和社会责任感的培养。因此，明确班本德育课程的目的与目标，对提高德育工作的针对性和实效性具有重要意义。

（一）班本德育课程内涵

班本德育课程内涵丰富而广泛，不同学者从不同角度对其进行了阐述。贺华义认为，班本德育课程是提升学生品德，针对班级问题确定目标、选择内容和形式的活动课程。农永军则着眼学生的实际需求和社会道德需求，提出了课程开发的共同参与性和目标的多维性，满足学生健康成长和个性发展。黄柳春侧重课程的生成性、灵活性和差异性，旨在促进学生的全面素质培养和健全人格发展。付辉进一步指出，班本德育课程依赖班主任敏锐的课程理解力，根据班级的特定情境与学生的个性化特征组织实施的，旨在促进师生共同发展。齐学红则聚焦班级德育资源的开发利用，将其视为班主任自主开发与实施的系列实践活动。吴晓玲则从个体生命成长和道德发展的角度，强调了班本德育课程的聚焦性和针对性。

综上所述，班本德育课程不仅关注学生的品德提升和全面发展，还强调课程的实践性、生成性和个性化。它要求班主任具备敏锐的德育课程意识，能够结合班级实际和学生特点，灵活选择教育内容和形式，共同开发适合班级学生的德育课程。通过班本德育课程的实施，促进学生的道德认同和全面发展，同时推动教师的专业成长。

（二）班本德育课程的目的

班本德育是德育的子部分，班本德育课程的目的源于班本德育的目的，因此应先明确德育的目的、班本德育的目的。

1.德育的目的

对于德育目的，古今中外研究者类型多样。有强调社会利益，德育旨在服务社会的社会本位论，代表人物为涂尔干、凯兴斯泰纳；有关注个人价值，提升个体道德品质和自主性的个人本位论，代表人物为卢梭、裴斯泰洛齐、第斯多惠、杜威。有注重道德教育的外在结果的外在德育目的论，如《大学》中的"格物、致知、诚意、正心、修身、齐家、治国、平天下"；有强调德行修养的内在德育目的论，如《大学》中的"自天子以至于庶人，壹是皆以修身为本"；有培养接近神的理想人格；也有立足现实，追求高尚道德的现实德育目的论。随着时代的发展，德育的目的也在与时俱进，德育有着明显的时代性、区域性。《德育目的简论》中认为："所谓德育目的，是指一定社会对教育所要造就的社会个体，在品德方面的质量和规格的总的设想或规定，是在进行德育之前，人们对于要把受教育者培养成具有何种品德的人，已经在观念中形成的某种预期的结果或理想的形象。"檀传宝认为：德育活动预先设定的结果和德育活动追求的终极目标，是德育活动所要生成或培养的品德规格。

德育目的是对内在价值的追求，主要关注教育者与受教育者的德行完善。德育目的是培养受教育者的德行，即"育德"，包括提升道德境界和完善德行结构。

2.班本德育的目的

班本德育的目的在于通过班级特有的教育环境和资源，引导学生形成正确的道德观念和行为习惯。具体而言，其目的包括以下几个。

1）促进学生的人格全面发展

多数研究指出，班本德育的首要目的在于促进学生的人格全面发展。如约翰·怀特（John White）强调为了让学生幸福生活，教育者应该培养学生的特定气质、独特个性或美德，提出独立自主人格发展的重要性。他认为一个人的生活最好由自己而不是他人决定，也就是说，我们将直截了当地把自我决定看作教育的一种目的，那么我们必须让学生自己决定他们将把哪些能力发展成为生活计划的主要组成部分。

2）提高学生的社会适应能力

班本德育还着重提升学生的社会适应能力，包括沟通协作、尊重他人、解决冲突等社会技能，以便学生在未来社会中能够积极健康地生活和发展。

3）成就自主关怀生活意义的人

德育以生活为目的就意味着德育是以追求生活意义为目的，生活意义应该是德育的根本或最终旨归，应该以启迪和引导学生懂得如何追求生活意义，即懂得如何发展终极关怀为深层使命。

3. 班本德育课程目的

班本德育课程的目的多元且深远。韩洪伟指出，班本德育课程目的是为学生精神成长和生命成长奠基，通过深化学生的道德认识，促进其道德品质的培育，最终达至德育理论与实际行动的知行统一，实现有效的德育成果。吴晓玲则强调，班本德育课程应追求德育成效的真实性和有效性，聚焦切实增强学生的德行。何书明和贠婧认为，班本德育课程的目的是增强学生的综合素养，以期将学生培养成能够担当复兴大任的时代新人。付辉所倡导的班本德育课程，其目的在于贴合学生的成长需求及日常生活实际，致力于培育具有旺盛生命力的学生群体，同时确保个性的健康发展，引导学生迈向有价值与有意义的生活。王丹也强调，班本德育课程应注重学生个性的发展，通过因材施教，确保每名学生在班级中都能身心健康、快乐地学习与成长。总而言之，班本德育课程的核心目的在于促进学生的全面发展，培养其道德品质，满足其成长需求，进而引领其过上更有意义和价值的生活。

（三）班本德育课程的目标

1. 德育目标

朱家存《德育目标探析》指出：德育目标是学校总的教育目标的一个方面，它是教育目标中关于政治、思想和品德方面总的要求，是学校德育要达到的目的和质量规格。

《中小学德育工作指南》（教基〔2017〕8号）明确我国现行中小学德育目标为：培养学生爱党爱国爱人民，增强国家意识和社会责任意识，教育学生理解、认同和拥护国家政治制度，了解中华优秀传统文化和革命文化、社会主义先进文化，增强中国特色社会主义道路自信、理论自信、制度自信、文化自信，引导学生准确理解和把握社会主义核心价值观的深刻内涵和实践要求，养成良好政治素质、道德品质、法治意识和行为习惯，形成积极健康的人格和良好心理品质，促进学生核心素养提升和全面发展，为学生成长奠定坚实的思想基础。

储招杨认为，德育目的应如同生活目的一样探讨如何使人生活得更加幸福；使人体验到由精神和物质上的享受而带来的愉悦感，实现物质丰富和精神充盈。叶飞认为，道德教育的终极目标永远不能离开人的物质和精神生活，归根结底，就是让人过上一种幸福和谐美满的生活。严海在《幸福何以成为德育的目的》一文中指出，新时期德育应从义务论向幸福论转变，作为促使个体追求、实现幸福的方法。

2. 班本德育的目标

班本德育的目标是围绕其目的而设定的，旨在实现德育的具体化、可操作化和可评估化。

道德认知提升：班本德育首先致力于增强学生的道德认知，使学生理解并内化社会公认的道德规范和价值标准。

情感态度培养：通过情感教育，激发学生的正面情感，如同情心、责任感和集体荣誉感，促进其形成积极向上的生活态度。

行为习惯养成：强调实践与体验，通过日常行为规范的训练，帮助学生形成良好的生活习惯、学习习惯和社会行为模式。

"立德树人"教育根本任务的落实从班主任工作层面出发，要求班主任能够针对班级和班级学生的实际，开展有针对性的、序列化和系列化的德育活动，班本德育课程应势而生、因势而动。

"班本德育课程应该把学生的个性发展作为重要价值诉求。""引领学生在内心探询与外界探索的实践活动中积极地感知和了解自我、调整和平衡自我、反思和提升自我。"

班本德育课程的宗旨应当服从学生发展核心素养的要求，即正确的价值观念，必备品格和关键能力；也应当以《中小学德育工作指南》为依据，尤其要聚焦理想抱负和社会责任感，还要进一步加强中华优秀传统文化、革命传统文化、社会主义先进文化的弘扬，培育中国魂、家国情怀，培养能担当民族复兴大任的时代新人。班主任是学校德育的重要角色，学校是对学生实施品德教学活动的重要场所。身为班主任应结合社会主义核心价值观，建立适合学生成长的班本课堂，从点滴开始，规范他们的言行，为他们扣好成长的第一颗纽扣，成为热爱祖国、诚信友善、认真负责、积极进取、阳光健康的少年。这样的宗旨必须坚守，毫不动摇。在此前提下，又应体现班本德育课程的个性。

3. 班本德育课程目标

班本德育课程的目标具有重要意义。成尚荣提出，班本德育课程的目标是将德育与班级生活紧密结合，让学生在日常生活中体验到德育的熏陶，使他们的生活更加充实有意义。吴晓玲认为，班本德育课程以实现立德树人为根本目标，确保德育能够深入人心，引导学生的行为。孙敏洋强调，班本德育课程目标在于促进学生的自我发展，为他们的未来奠定坚实基础。李荣指出，班本德育课程目标应满足学生健康成长和个性发展需求，锻炼学生社会实践能力，把立德树人落到实处。罗婷强调，班本德育课程目标必须明确，内容应贴近学生生活，注重学生体验，有效引导学生形成道德能力以有效提升德育质量与效果。斯巍巍也提到，班本德育课程目标是对学生在德育活动中预设生成的知情意行方面变化的明确具体要求，确保目标的科学性与准确性。总而言之，班本德育课程的目标在于将德育融入学生日常生活，促进其全面发展，引导形成正确的道德观念和行为习惯，从而培养他们成为有高尚理想、良好品德、深厚学识与严明纪律的社会公民。

综上所述，可以看出班本德育课程内涵丰富多样，涉及学生品德培养、全面发展等方面。其目的和目标涵盖了促进学生成长、培养道德品质、增强综合素养、实现立德树人等重要内容。这些研究成果为我们深入理解和实施班本德育课程提供了宝贵的参考，但仍需在实践中不断探索和完善，以适应不同教育情境和学生需求，推动德育工作的有效开展。

（四）结论与展望

班本德育作为现代教育体系中的重要组成部分，不仅有助于提高学生的道德素质和社会责任感，更有助于推动班级文化的建设和班级管理的提升。通过深入研究和探讨班本德育课程的目的与目标，我们可以更好地理解其内涵和价值，为德育工作的深入开展提供有力的理论支持和实践指导。班本德育课程的核心目的在于促进学生全面人格发展，提升其社会适应能力和价值观塑造。实现这些目标，则需通过明确具体的德育课程目标，如提升道德认知、培养积极情感态度、养成良好行为习惯及发展批判性思维等。未来的研究与实践应更加注重德育内容的时代性、方法的创新性和评价的多元化，使德育更加贴近学生的生活实际和成长需求，为学生的健康成长和社会的和谐发展贡献更多的力量。

四、班本德育的内容

在德育工作中，我们必须确保每个个体，无论其身份、地位如何，皆能得到平等的尊重和机会。尊重的内涵广泛，涵盖了尊重他人的权利、感受和个性等多个层面，我们需引导学生深刻理解并实践尊重，学会倾听不同声音，包容多元观点和看法。

班本德育是对班级的文化教育与精神培养，是针对班级特定环境和学生群体特点而设计的德育活动。它强调在班级层面实施德育，旨在通过一系列的活动、课程和实践，促进学生的全面发展，包括道德品质、社会责任感、团队合作能力、自我管理等多方面的提升。班本德育的内容和具体措施通常会根据学校的整体德育目标、班级的特点及学生的实际需求来定制。以下是一些常见的班本德育内容。

1. 诚信教育

诚信教育是教育中不可或缺的一环。它强调诚实、守信的重要性，鼓励学生做到言行一致，诚实守信。在诚信教育中，我们可以通过丰富的案例和故事，让学生深刻认识到诚信在人际交往、社会生活中的重要作用。同时，我们还可以通过实践活动，如诚信签名、诚信宣誓等，让学生在参与中体验诚信的力量，形成坚定的诚信意识。

2. 友善与关爱

友善与关爱是构建和谐社会的重要基石。在教育中，我们应培养学生对他人友善、关心和帮助的品质。通过组织各种形式的志愿服务活动，学生亲身体验关爱他人的快乐，培养他们的同理心和责任感。同时，我们还可以结合课堂教学，引导学生学会倾听、理解和尊重他人的观点和需求，培养他们的包容心和合作精神。

3. 责任担当

责任担当是每个学生应具备的品质。在教育过程中，我们要让学生明白自己的责任，勇于承担。通过组织社会实践活动、模拟场景等方式，让学生在实践中学会承担责任，培养他们的责任感和使命感。此外，我们还可以通过讲述英雄事迹、榜样人物的故事，激发学生的责任感和担当精神。

4. 尊重与包容

尊重与包容是构建和谐社会的必要条件。在教育中，我们要教导学生尊重他人差异，包容不同观点和行为。通过举办主题班会、辩论赛等活动，让学生在交流中学会尊重他人、倾听他人，培养他们的多元思维和包容心态。同时，我们还要注重培养学生的跨文化交流能力，让他们更好地适应多元文化的社会环境。

5. 爱国主义

爱国主义是中华民族的核心价值观之一。在国家意识和民族情感的培养中，我们应着重引导学生树立坚定的国家观念和深厚的民族情感。同时，要使学生关注国家的长远发展，鼓励他们积极参与社会实践活动，以实际行动为祖国的繁荣富强贡献自身力量。

6. 文明礼仪

文明礼仪作为每个学生应当具备的基本素质，其培养在教育过程中占据着举足轻重的地位。为此，我们应通过制定严格的校规校纪，并积极开展文明礼仪教育活动，规范学生的言行举止，促使他们在日常生活中养成良好的行为习惯与文明素养。此外，我们还应特别关注学生的网络文明素养，引导他们正确、健康地使用网络，避免受到不良信息的侵害。

7. 感恩教育

感恩教育在培养学生的道德品质中发挥着至关重要的作用。我们可以通过举办感恩主题班会、感恩演讲等活动，使学生深刻认识到感恩父母、教师、社会等的重要性。同时，鼓励学生通过实际行动来表达自己的感恩之情，如为父母分担家务、向老师表达敬意等，让他们在亲身体验中学会感恩。

8.勤奋努力

勤奋努力是实现自我价值的关键所在。在教育过程中，我们应鼓励学生积极进取，努力学习和做事。通过设立奖学金、举办学习竞赛等方式，激发学生的学习热情和进取心。同时，我们还应关注学生的心理健康，帮助他们建立正确的学习态度和人生观，以积极、健康的心态面对学习和生活。

9.团队合作能力

团队合作能力的培养在现代社会中显得尤为重要。我们应强调集体的力量，通过组织丰富多样的团队活动、项目合作等，让学生在实践中学会团结协作、共同完成任务。此外，我们还应注重培养学生的沟通能力和领导能力，为他们的未来发展奠定坚实的基础。

10.挫折教育

挫折教育有助于学生正确面对挫折、提高抗压能力。在教育实践中，我们应通过讲述挫折故事、组织挫折体验活动等方式，引导学生正确看待挫折，学会在挫折中吸取经验和教训。同时，关注学生的心理健康，及时给予他们关心和支持，帮助他们走出困境、重拾信心。

11.环保意识

环保意识的培养是现代社会对每个公民的基本要求。我们应通过组织环保主题活动、开展环保知识竞赛等方式，使学生认识到环境保护的重要性，培养他们的环保意识和行动能力。同时，引导学生关注身边的环保问题，积极参与环保实践活动，为保护环境贡献自己的力量。

12.法治观念

法治观念的培养是现代社会公民应具备的基本素质。在教育过程中，我们应使学生了解基本的法律法规，遵守规则。通过开设法治教育课程、组织法治宣传活动等方式，使学生深刻认识到法律的重要性和作用，培养他们的法治意识和法律素养。同时，关注学生的行为规范，引导他们自觉遵守学校的规章制度和社会公德。

13.时间管理

时间管理是高效学习和生活的重要保障。在教育过程中，我们应教会学生合理安排时间，珍惜时光。通过制订学习计划、开展时间管理培训等方式，使学生学会如何规划自己的学习和生活时间，提高学习和生活的效率。同时，关注学生的时间管理能力的发展，及时给予他们指导和帮助。

14.创新精神

创新精神的培养是现代社会对人才的基本要求。我们应鼓励学生勇于创新，大胆尝试。

通过开设创新课程、组织创新竞赛等方式，激发学生的创新精神和创造力。同时，关注学生的创新思维的培养，引导他们敢于挑战传统观念和方法，寻求新的解决方案。

15. 自我认知

自我认知是学生实现自我提升和发展的基础。在教育过程中，我们应帮助学生了解自己的优点和不足，提升自我。通过开展自我评估、心理测试等活动，使学生更全面地认识自己，发现自己的潜力和不足。同时，关注学生的自我反思能力的培养，引导他们及时总结经验教训，不断完善自己。

16. 社会公德

社会公德是每个公民在公共生活中应遵循的行为规范。在教育实践中，我们应注重培养学生的社会公德意识，如遵守公共秩序、爱护公共设施等。通过组织社会实践活动、开展公德宣传等方式，使学生在实践中学会遵守社会公德，形成良好的社会风尚。同时，关注学生的公共道德素质的培养，引导他们积极参与社会公益活动，为社会的发展贡献自己的力量。

17. 劳动教育

劳动教育有助于学生体会劳动的意义和价值。在教育过程中，我们应注重培养学生的劳动观念和劳动技能。通过组织劳动实践活动、开展劳动技能竞赛等方式，使学生在亲身体验中感受到劳动的乐趣和价值。同时，关注学生的劳动习惯的培养，引导他们珍惜劳动成果、尊重劳动者。

班本德育的具体内容和实施方式可以根据学校的教育理念、班级特色及学生的实际情况进行调整和创新，旨在通过全方位、多角度的教育活动，促进学生的全面发展和健康成长。

五、班本德育的过程与方法

班本德育是指班级的文化教育，精神培养。其中，班指班级，本即本质，通俗讲是班级精神文明；而德育是指教育者按照一定社会或阶级的要求，有目的、有计划、有组织地对受教育者施加系统的影响，把一定的社会思想和道德转化为个体的思想意识和道德品质的教育。因此，班本德育也可以理解为以班级为单位进行的德育，旨在通过丰富多彩的教学方法，培养学生的道德品质、行为习惯和社会责任感。

班级本位的德育是一个动态的、长期的过程，在进行德育的同时也应强调形成班级特色，形成积极向上的班级文化和氛围。在这一过程中注重情感支持、实践操作和社会互动，以促进学生的全面发展，同时也遵循一定的教育规律与教育方法。以下是开展班级德育的基本过程。

（一）全面了解与分析学生

班本德育的核心是学生，班级教师需要深入了解班级每位学生的身体状况、能力现状、个性、兴趣、家庭背景、学习状况和心理状态，这是有效实施班本德育的前提。教师可以通过日常观察记录、谈话、家访、问卷调查等方式进行。

（二）制定班级德育发展规划

基于对班级学生情况的全面了解，制定符合班级实际情况的发展规划，包括班级德育目标、内容和策略、计划开展的德育活动、课程等。德育目标应包括长期目标和短期目标，确保班级德育工作的长期性及阶段性地推进。班主任对于班级的发展规划要适合班级学生的能力现状及特点，只有系统地规划，才能让班级的学生在长期的潜移默化中得到浸润，取得进步。

（三）建立良好的班级文化

通过班级公约、班会、班级活动等形式，营造尊重、和谐、进取的班级氛围。核心是形成积极的班级风气，使学生在良好的环境中受到熏陶。班级文化的建设可从以下方面着手。

（1）班级布置设计既凸显教育功能，又体现个性特点。

（2）规划好班风、班训、班徽、黑板报、班栏（学生学习成长专栏）等，并布置上墙，定期更换。

（3）班级图书角、卫生角（垃圾分类）或生物角等布置合理、科学、优美，且注重使用与管理过程。

（4）教室、包干区保持干净整洁。

（5）桌凳排列整齐，教具、洁具等摆放有序。

（6）"班级名片"特色鲜明，班级文化布置和文化活动与班级精神协调相通、富有特色。

（四）开发班本课程，整合教育资源

开齐开足开好德育课程。班级按规定开展心理健康教育主题活动课，学生形成积极向上、健康和谐的良好心态；班级重视劳动教育，培养学生劳动精神教育中取得实效；营造浓厚的崇尚良好品德的育人氛围，积极开展新时代好少年（美德少年）、优秀学生等活动；将德育融入日常教学中，利用学科教学、班会课、综合实践、社会实践等多种渠道，使学生在学习知识的同时接受品德教育。

（五）开展多元的德育活动

（1）积极开展研学实践，每个学期一次（如走进公园、金钟水库徒步、参观博物馆等）。

（2）重视体育锻炼，养成运动习惯，增强身体素质，培养意志品质。

（3）班级积极开展党史学习教育，重视中华优秀传统文化和革命传统的传承及弘扬教育。

（4）定期举办主题班会、德育实践活动、心理健康教育、法治教育等，针对特定德育目标设计活动，如爱国主义教育、诚信教育、环保教育等。

（六）家校共育，协同育人

建立紧密的家校联系机制，通过家长会、家访、微信群等方式，让家长了解学校德育目标和方法，共同参与孩子的品德教育。定期举办家长会、亲子活动，搭建家校沟通平台，共同制订和执行德育计划，形成教育合力。同时，引导家长在家庭生活中落实德育要求，做到家庭教育与学校教育一致。

（七）及时评价，反馈调整

建立科学的德育评价体系，包括日常行为表现、道德实践活动、道德知识测试等多个维度，定期进行评价反馈，并结合表彰奖励、荣誉榜等方式，激发学生的道德自觉性和进取心。既包括对学生个体品德发展的评价，也包括对班级整体德育效果的评估。及时给予正面反馈，鼓励学生正向成长。班级教师要根据评价结果和教育实践的反馈，不断调整和优化德育方法与策略，确保班级德育工作的有效性。

培智学校班本德育在实施过程中应当积极争取家庭、社区、学校多方的支持，保障顺利开展各项活动，同时各个阶段也遵循一定的教学方法，具体实施时教师应根据培智班级实际情况和学生特点灵活选择、灵活应用。此外，培智学校班本德育渗透在日常班级管理的方方面面，无论何种阵地，都需要注重德育方法的科学应用。

对于德育应该选择哪些教学方法，不同学者具有不同的看法。陈国彦认为，主要应该采用练习教学法、角色扮演法、解决问题教学法、讨论教学法、分组学习法等；王国金认为，主要采用文学故事启发法、体验学习法、服务学习法等；纪洁芳认为，主要有讲述法、讨论教学法、体验教学法、实作教学法、探索教学法、价值澄清法、欣赏教学法等；李琪明认为，主要采用道德讨论、价值澄清、文学故事、艺术陶冶、关怀和谐、参与体验、校风形塑等方法。这些教学方法并无优劣之分，只要适合学生、应用恰当，就是可取的。由于培智学生的差异性较大，在实施班本德育时，需要充分考虑学生的特殊需求，采用更为直观、具体、易于理解的教学方法。教师在选择德育教学方法时除考虑学生能力与特点外，还可以考虑依据教学目标、教学内容、教师个人特点及专长选择教学方法。

本文在讨论培智学校班本德育实施过程中主要选取的德育教学方法包括价值澄清法、角色扮演法、情境教学法、任务分解法、正向行为支持等。在后续章节中会具体阐述。

六、班本德育的实施方法

班本德育的实施方法主要围绕班级的特定环境和学生群体的特点展开，旨在通过一系列活动、课程和实践，促进学生的全面发展。以下是实施班本德育的一些常见方法。

（一）价值澄清法

价值澄清法是美国学者拉思斯（L.Raths）等于 1970 年左右提出，是以价值澄清理论为基础，是指让学生自己通过选择、评价和行动的过程，反省自己的生活、目标、感情、需求和过去的经验，经过一步步的澄清，最终发现他们价值观的一种教学方法。其具有四大重要元素：以生活为焦点、接受现实与既存的意见和立场、促进进一步思考、培养个人自我导向能力。

价值澄清法在实施过程中主要包含三个步骤：引起动机、实施价值澄清活动、反省实践。

（1）引起动机：教师从日常生活经验或典型事例中列举出问题，引起学生思考，激发学生学习的意愿，例如，通过问题情景引起学生思考，你喜欢什么样的朋友？你在什么时候会感觉到需要他人的帮助？

（2）实施价值澄清活动：可以通过澄清式的问答、讨论活动等方式引导学生表达自己的观点。澄清式问答是指教师根据学生的言行，针对个别学生或全班学生，运用价值澄清的基本理论，不断地发问，引发学生更深入、更优越的思考。澄清式讨论活动包括角色扮演、假想的突发事件、讨论等方式。

（3）反省实践：在学生经过思考与选择之后，教师要引导学生反省自己在前面步骤中经历过的价值或情感，并且公开表达。反省之后，学生才能澄清自己的情感态度价值观，进而实践自己的价值选择，养成良好的行为习惯。

例如，在进行社会主义核心价值观的教育时，可以采取问题情景引起学生思考，通过不断发问及讨论的方式引导学生表达自己的观点，最后引导学生反思自己在前两个步骤时经历的价值，最终形成自己的价值选择，内化为自己的品行。

（二）角色扮演法

角色扮演法源于 J.L.Moreno 提出的角色理论，又称"社会剧"。他相信人是行动动物，从而提出行动取向、自发创造、此时此刻体验心理剧治疗方法。他认为角色是动态的，需透过犹如戏剧情境的扮演，才能让个人真正的体认生活，以及学习和解决问题。他进一步指出，通过不断尝试不属于自己的社会角色，可使学习者在应对生活问题时更加机警和灵活。后心理剧演化成以团体为中心的社会剧，进而从心理辅导方式逐渐扩大到教育领域。

角色扮演的目的在于让学生有机会表达自己的情感，并认识各种角色的特质和行为、正确认识不同角色的人的感情和立场。培养学生的同理心，帮助学生发展良好的认知能力、解决问题的能力和生活适应能力。

班级德育过程中如有下列情形，可以运用角色扮演的方法进行教育：第一，人际冲突：角色扮演教学法的主要用途在于让人与人之间的冲突更加明显化，让学生通过自己表演或者观看表演直接感受到人际冲突，借此寻求解决途径，让学生发现和克服内心冲突及与人相处的技巧。这类情形可以用于解决培智学生同伴交往中产生的问题。第二，现实模拟：一些在学生身边出现的却未切身体会的情景，都可以通过角色扮演来让学生体会到，处在那个角色中的情感态度价值。此种情形可以帮助培智学生理解还未发生或者将来生活将会面对的情形中遇到的困难场景。第三，个人两难困境：角色扮演可以将个人内心的两难问题更形象地显现出来，让学生通过角色扮演来发现使他们困惑的两难处境的起因和处理方式。此种情形帮助培智学生理解抽象的概念，从而做出正确的选择。第四，历史或社会背景下的决策问题：通过角色扮演，让学生设身处地地了解在一个大背景下决策者面临的选择和困境，从而理解他们的选择和决策。

教师在开展培智主题班会课时可以充分应用角色扮演法，创设贴近生活的情境，让学生扮演不同角色，体验并解决实际道德冲突或问题。这种直观、生动的方式有助于提升学生的道德判断力和实践能力。让学生在情境中去体验、感受和理解道德规范和社会责任。

（三）情景教学法

将德育内容融入日常生活场景中，通过模拟或真实的生活实践，如就餐礼仪、清洁卫生、公共场所行为规范等，让学生在实际操作中学习和掌握基本的道德规范和社交技能。在情景教学中利用图片、实物、模型、手势、表情等直观教具，帮助学生理解抽象的道德概念和规则。例如，使用情绪脸谱卡教授情绪识别与管理，用互动故事板演示正确的行为模式。情景教学法在德育过程中注意以下要点。

（1）贴近生活实际：通过设计与学生日常生活紧密相关的情境，让学生在熟悉的环境中学习和体验，加深对道德规范的理解和内化。

（2）互动讨论：在设定的情境中组织小组讨论或全班交流，鼓励学生表达个人观点，倾听他人意见，学会尊重与合作，促进价值观的交流与碰撞。

（3）情感体验：通过情境模拟，让学生在情感上有所触动，如通过观看相关视频、阅读感人故事等，激发学生的道德情感，强化正面行为动机。

（4）反思与实践：情境活动后，引导学生反思自己的行为模式和价值取向，鼓励他们将所学应用于日常生活中，实现知行合一。

（5）创造性联想与思维导向：利用情境教学激发学生的创造性思维，引导他们从多个角度思考问题，培养解决问题的能力和创新意识。

（四）任务分解法

通过将复杂的道德教育目标或概念分解成一系列简单、可操作的小任务或步骤，帮助学生逐步掌握和内化德育内容。教师在给培智学生讲授复杂的道德行为或任务时，可以将其分解成若干个步骤，逐一教授和练习。需要注意以下几点。

（1）进行任务分解时，要注意任务的递进式。基于分解的目标，设计一系列由简入繁、循序渐进的实践活动。例如，在讲授垃圾分类时，先识别不同类型的垃圾，再认清对应投放位置，最后进行整体模拟演练。

（2）需要注意做好反馈与调整：在学生完成每个小任务后，及时给予正面反馈和具体指导，帮助学生认识到自己的进步和需要改进的地方。根据学生的学习情况，适时调整后续任务的难度和方向，确保每位学生都能在适合自己的水平上得到提升。

（3）自我评估与反思：鼓励学生在完成每个任务后进行自我评估，反思自己在道德认知和行为上的变化，以及如何将这些道德原则应用到日常生活中。

（4）综合评价：将各个分解任务的表现作为评价学生德育学习成效的一部分，采用过程性评价与终结性评价相结合的方式，全面考查学生的道德认知、情感态度和行为表现。

（五）正向行为支持

积极关注和强化学生的正面行为，使用表扬、奖励、积分制等激励手段，提升学生的道德行为动机。同时，对不当行为采取温和而坚定的纠正策略，强调问题行为的后果而非惩罚，帮助学生建立正确的因果关系认知。鼓励班级学生之间进行道德经验交流、互评互督，形成良好的同伴互助氛围。可以通过设立"道德小讲师""行为示范生"等方式，发挥优秀学生的榜样作用。运用正向行为支持方法需要注意以下几点。

（1）确立正面行为目标：基于学校的德育目标，明确期望学生展现的正面行为，如尊重他人、诚实守信、责任感等，并将这些广泛的目标细化为具体、可观察的行为指标。

（2）行为评估与分析：运用功能性行为评估方法，识别学生问题行为背后的原因和触发因素，从而更有针对性地设计干预策略。

（3）建立支持性环境：营造一个积极、包容的学习环境，通过环境布置、清晰的规则和期望，以及一致的回应系统，增强学生的归属感和社会技能。

（4）建立替代行为：针对问题行为，教导学生更恰当、有效的替代行为，比如用语言表达不满而不是采取攻击性行为，并通过角色扮演、示范和实践等方式加强学习。

（5）强化正面行为：使用正向强化策略，如表扬、奖励、特权增加等，增强学生展示的正面行为，确保强化及时、具体且与行为相关联。

（6）家校合作：与家长合作，确保家庭环境与学校采用一致的行为支持策略，共同促进学生行为的一致性和持续进步。

（7）持续监测与调整：定期收集数据监控学生行为变化，评估干预措施的有效性，并根据需要调整策略，确保德育干预的个性化和有效性。

综上所述，班本德育是一个系统工程，需要教师、学生、家长及社会各界的共同努力，通过多样化的途径和方法，促进学生全面发展。具体实施时应根据班级实际情况和学生特点灵活运用，力求实现德育的全员、全程、全方位覆盖。

七、班本德育的评价

班本德育评价方式是指在班级层面进行的道德教育评估，旨在通过具体的班级活动、日常行为观察、学生互动等途径，对学生个体及整个班级的道德品质、行为习惯、团队合作等方面进行综合评价。

（一）班本德育的评价方法

1. 观察记录表

观察记录表是班本德育评价方式的基础。教师在日常教学和班级活动中，需要保持敏锐的洞察力，仔细观察学生的行为举止、品德表现。例如，教师会留意学生是否友善对待同学、是否尊重师长、是否爱护公物，等等。同时，教师还需要做好详细记录，以便后续对学生的道德成长进行分析和评价。

2. 成长档案袋

成长档案袋鼓励学生主动收集能体现自己德育成长的作品、事迹等，并放入档案袋中，教师会定期对其内容进行查看和评价，以便深入了解学生的自我认知程度及进步情况。这种评价方式不仅有助于培养学生的自我反思能力，更能使他们清晰地看到自己的成长轨迹，从而增强自信心。

3. 主题活动表现评价

主题活动表现评价是班本德育评价方式的重要组成部分。针对各类德育主题活动，如志愿服务、环保行动等，教师会依据学生的参与度、积极性及合作能力等因素，进行客观公正的评价。这种方式能直观展现学生在实践活动中的道德表现，有助于培养他们的社会责任感和团队协作能力。

4. 案例分析评价

教师将选取涉及道德选择的典型案例，要求学生进行分析并阐述自己的见解和行动方案。通过此方式，教师能够评估学生的道德思维和判断能力，并引导他们形成正确的道德观念。

5. 日常行为量化评分表

在日常行为量化评分方面，教师应制定详尽的行为规范评分表，对学生的遵守纪律、文明礼貌等方面进行量化打分。此举可直观反映学生在日常生活中的道德表现，有助于督促他们养成良好的行为习惯。

6. 小组评价法

作为一种有益的德育评价方式，小组评价强调团队合作与互评互促。教师将学生分为若干小组，鼓励组内成员在团队合作、互帮互助等方面进行相互评价。这种方式有助于培养学生的团队合作精神和互评能力，同时也能让他们从他人的视角看待问题，增进相互理解和尊重。

7. 作品分析

教师通过分析学生创作的与德育相关的文章、绘画、手工等作品，深入了解他们的道德感悟和表达能力。这种方式既能展现学生的创造力和想象力，又能让他们通过创作展示自己的道德观念。

8. 家长反馈

作为班本德育评价方式的重要补充，家长反馈有助于教师全面了解学生在家庭环境中的品德表现。通过与家长的有效沟通，教师可以获取更多关于学生在家中的品德表现信息，从而更全面地评价学生的道德成长状况。

9. 问卷调查法

作为定期收集学生道德观念、行为习惯等方面信息的有效手段，问卷调查法有助于教师了解学生的认知和践行情况。通过问卷调查，教师可以收集到大量真实、客观的数据，为德育评价提供有力支持。

10. 德育知识测试法

德育知识测试法是通过书面测试的方式，考查学生对德育知识、理念的掌握程度。教师可以设计涵盖德育各个方面的试题，让学生在答题过程中检验自己的学习成果，从而加深对德育知识的理解和运用。

11. 情景模拟评价法

通过设定具体的道德情景，观察学生在其中的应对和表现，教师可以更真实地评估学生的道德水平和应对能力。这种方式有助于培养学生的应对能力和道德判断力，使他们更好地适应社会生活。

（二）班本德育的评价原则

在班本德育评价过程中，为确保评价的公正、客观和有效，教师应遵循一系列原则。首先，全面性原则要求评价涵盖学生道德认知、情感、意志、行为等各个方面，同时考虑不同场景下的表现。其次，发展性原则强调关注学生的成长和进步过程，以发展的眼光看待每一名学生。客观性原则要求评价基于真实、准确的观察和证据，避免主观偏见和情感因素的干扰。多元主体原则鼓励教师、学生、家长等多方参与评价过程，使评价更加全面、客观。激励性原则强调以鼓励和正面引导为主，激发学生的积极性和自信心。差异性原则尊重学生的个体差异，制订个性化的评价方案以满足不同学生的需求。动态性原则要求评价是一个持续进行的动态过程，随着学生的成长和发展不断更新评价结果。导向性原则要求评价具有明确的导向作用，引导学生朝着正确的道德方向发展。保密性原则要求保护学生的隐私和个人信息，确保评价结果的谨慎使用。

（三）班本德育的评价注意事项

为避免过度主观评价对评价结果的影响，教师应采取一系列有效措施。首先，明确评价标准和指标是关键，制定详细、具体、可量化的德育评价指标和标准，为评价提供清晰的依据。其次，引入多主体参与评价，包括学生自评、同学互评、家长评价等，以丰富评价视角和增加评价的客观性。此外，对评价者进行专业培训也是有必要的，以提高其评价的专业性和准确性。同时，要求评价者提供具体的行为表现记录或证据以支持其评价结论，减少仅凭印象或感觉进行评价的可能性。匿名评价也是一种有效的方式，可以在一定程度上减少人际关系等因素对评价结果的干扰。最后，定期对评价结果进行交叉验证和反思调整也是确保评价准确性和客观性的重要手段。

综上所述，班本德育评价方式是一种全面、系统的德育评估方法，通过多维度的观察和评价，能够全面反映学生的道德成长状况。在评价过程中，教师需要遵循一系列原则并采取有效措施避免过度主观评价，确保评价公正、客观和有效。通过这种方式，我们可以更好地促进学生的道德成长和全面发展。

八、特殊教育班主任"特"在哪里？

特殊教育的"特殊性"问题，一直以来都是特殊教育界持续争议的话题，也是特殊教育发展过程中不可逾越的一个研究主题。关于特殊教育"特，不特"的问题，众说纷纭。一方面，按照《特殊教育辞典》给特殊教育出的定义：用一般的或经过特别设计的课程、教材、教法和教学组织形式及教学设备，对有特殊需要的儿童进行的旨在达到一般和特殊培养目标的教育。此后有关特殊教育"特殊性"的理论与实践研究中，更多地集中于特殊教育的课程、教学与特殊儿童的"特殊性"。另一方面，不少学者又旗帜鲜明地认为：特殊教育并不特殊。颜廷睿从教育对象、教学和课程三个方面反驳了特殊教育特殊的观点。文章指出：尽管一些残疾儿童可能会因生理或心理上的损伤而在教育上需要一些独特的帮助和支持，但这些独特的帮助和支持完全可以通过教师为班级学生提供的多样化支持来实现，即所有的学生都需要支持和帮助，只不过形式和程度有所不同，而不必刻意强调针对残障儿童的就是特殊的。因而，特殊教育之所以被认为特殊，是因为隔离式特殊教育环境的出现，为学生提供支持性的服务不够。学者的学术争鸣，为特殊教育不断深化改革提供了新气象，也为一线教师工作带来新的启发。

笔者作为在一线工作了26年的特教工作者，限于水平，难以厘定特殊教育理论问题，对于特殊教育到底"特，不特"的问题不敢妄论。本文只是基于现有支持条件下，根据现实班主任面临的教育环境，需要给学生提供的支持性策略试做讨论，给培智学校班主任提出几点建议，以期给育人工作带来启发。

（一）独特的育人担当

党的教育方针明确指出：坚持教育为社会主义现代化建设服务、为人民服务，把立德、树人作为教育的根本任务，全面实施素质教育，培养德智体美全面发展的社会主义建设者和接班人，努力办好人民满意的教育。这为所有的学校培养什么样的人树立价值遵循。把智力障碍青少年培养成什么样的人？虽然国家课标给出了明确目标，但因学生差异的客观存在，目标也只是普适性的存在。特教学校具体将学生培养成了什么样的人，既无检验标准，也无考核办法。把培智孩子培养成什么样的人，需要按照党的方针不懈努力，也需要教师根据学生能力确定、细化，并且需要持之以恒地贯彻、执行，这就是因材施教。但这种规划存在两个问题：一是"培养目标"如何细化的问题，二是阶段性所能达成的任务。对自己班级的学生培养成什么样的人？需要教师内化，阶段培养目标也要教师去规划，对于广大教师而言，这是个现实问题，也是一个相当难的问题，因而"我的学生程度差"的客观存在，也往往成了教师未能达成培养目标的挡箭牌。加上教师并不是9年一贯的任教同一个班，也就难免出现"鸵鸟"效应，做好自己的一亩三分地，耕好自己的责任田，要去哪里、能去哪里，做一步算一步，缺乏培养目标的一贯性；再加上学生差异的客观存在，以及教师个人的经验情怀、能力要求，教师规划学生的发展目标能力也参差不齐，学生的发展目标未如预期，也是学生能力的不济，又或是前人的"不作为"，从而令一批又一批的毕业生达不到预期。要把培养目标变成可能，把有可能变成阶段的细化目标，需要每位班主任具有独特的育人担当。学生发展的目标，是以国家培养目标为指引，在自我任教的每个学段审视、审议学生的发展目标，为每位学生预设可能的目标。没有这种引领、设计学生发展目标的高度责任感，"学生能力弱"就可能成了一切的理由。但这种担当不能只有心中的"理想国"，却没有"脚手架"，需要班主任协同任教的所有教师为学生搭建走向目标的阶梯。因而，任何一位教师都不能让孩子自由地成长，更不能让孩子随着教师的自由而成长，需要班主任本着"为孩子负责"的使命感和责任当担，联合、协同一切可以调动的力量，在自己任教的每个阶段为孩子就业、生活两个方向进行目标设计，这样才能指挥我们的教育教学行为，统一预设的目标，统一注入我们所有的能量。当然，值得指出的是，因为人有发展未完成的未完成性，不可以也不应该给学生发展设定天花板，而应在发展中提高、在提高中发展。

（二）独特的人文关怀

人道主义实现的程度是衡量特殊教育价值的合理标尺，即使不能把"人道主义"作为评量特殊教育唯一的价值标准，也应把它当作一种根本性或最优先的价值尺度来看待。智障学生因为先天障碍，甚至很多孩子并不具备口语能力，教师对他的好，他不懂表达，对他的不好，他也不会表达，这就需要教师发自内心地接纳和爱护每位学生，无论有无人看见，不管有没有回报，都年年如一日地真心对待，这也是作为特教教师最基本的职业操守。但这种对学生的爱，不是千依百顺的"爱"，更不能是"错误的爱"。这种爱应该是以促进学生成长变化为目的，与孩子发展规律同步的合理存在。而不是轻视儿童发展规律的溺爱，忽视教育方法的错爱，凝视能力差异的偏爱，漠视较真碰硬的滥爱。只做一个呵护孩子的服务员、勤务兵，不敢严也不懂严，这不是体现特殊教育价值的"人道主义"，而是忽视教育价值懈怠。只有放手才能长大，教师学会放手，不代办、不包办，牵着"蜗牛"，创设机会地激励学生尝试、学会承担；此外，应时刻铭记立德树人责任担当，着眼学生行为习惯养成。针对同学的不良行为、不良习惯、情绪行为，要予以制止、持续强化，使用正确的教育方法（包括正强化和负强化）去传递正确的行为准则。特别是低年级的教师，要坚持从小干预，持续强化，从入学做起，因为随着学生身体的成长，办法就越来越难奏效。特殊教育中的人道主义就是基于同情之上对于特殊学生的仁爱之心和行为，但这种爱与行为，要看是否在培育特殊儿童人性方面能够取得成效。

（三）独特的能力要求

普校同行时常称呼特教教师，即专业的特殊教育教师，这就彰显了特殊教育教师需要掌握普校教师的技能之外的技能。特教教师也切实地在做着一些普校教师不需要做的事情。培智学校教师的教学，需要评估然后确定目标进而设计课程，再进行教育教学，还要衡量自己划定的目标的达成。但事实上，教师做着太多他们并不擅长的事情。传统的教学，都是按照国家规定课程进行传授，教师们做的最多的教研活动在于"如何教"，而极少在"教什么"。但在培智教育，显然以"拿来"的教科书、教学内容，极可能"水土不服"，我们要评估出目标进而设计课程，再进行教育教学，还要衡量自己划定的目标的达成，其实除教学技能外，教师其实并不擅长其他，但学生决定了教学的事实就需要这样。培智学校和普校教师一样，无论是职前的师范院校学习，还是职后的继续教育，主要是在教育教学技能上的专业培训、发展，对教师"课程设计能力"涉及并不多，所以"课程设计"显著区别于普校教师的工作领域，教师要胜任培智学校的教学，自然就需要具备相应的能力。因而培智学校教师要学课程论，不断提升课程设计能力，这是从事培智教育教师需要的独特的能力要求。虽然课程设计能力的提升是一个漫长且艰辛的过程，但也只有矢志不渝，认定方向，不断努力，才能真正体现出培智学校教师的专业。

对于特殊教育班主任独特的能力要求，还有一点就是对于学生情绪行为处理的处理能力。显然这是明显区别于普通学校教师的技能，也是一项专业性很强、需要长时间掌握的专业性技能。但是，对于一些学生问题，教师缺乏专业的行为矫正的技能，但并不缺乏普适性的处理策略，这些策略就是普校的班主任管理班级常用的方法、技能。这里的逻辑是，对于学生行为管理策略，先普适性，后特殊性。而不是一开始就是"特殊性"，久而久之，"普适性"反而丢了。例如，表扬和批评、见家长是普适性，行为功能分析是特殊性，显然我们不仅是所有人都通晓"行为功能分析"，而且就算懂，也面临时间精力问题。所以，强调班级管理先普适性，后特殊性。所谓普适性的管理办法就是大家通用的，整个教育是通用的，这样我们培养的才是通用的学生。当然，并不是不要"特殊性的策略与方法"，但毕竟普适性解决不了之后才要特殊性，这也是"越追求个性的东西，可能就离共性的东西越远"的逻辑。

（四）独特的沟通能力

人的交往都需要沟通能力，强调培智学校班主任沟通能力的"独特性"，是相对面对面的家长的独特性而言的。对于特殊儿童家长的独特性，并非标新立异，而是因为他们无论是在经济还是精神上都承担的比一般家庭更多，也更艰辛。家长几乎从一发现孩子有障碍起，就跑遍了所有的医院和机构，花光了家庭的积蓄。来自精神和经济上的压力远超一般家庭，以至于压垮了很多家庭，压散了很多夫妻，因而培智学校单亲家庭特别多；直至进入特校，以为终于可以松口气，至少白天可将孩子安置在学校，因而想让孩子住宿的家长又特别多。特校的家长大体有以下几种：一种是放任不理的，"周末都要接回去的呀"的声音是家长内心的真实写照；另一种是恨铁不成钢的，孩子倾注了自己的所有，所以容不得半点欺负；还有就是"专家型"，久病成医，带着孩子康复的路上，不少家长在一些方面比老师还精通，因而，"你这样教我孩子是不对的"的情况时常发生。前期的求医、康复费用的付出，不少家庭经济窘迫，加上遗传，文化水平不高等因素，导致特校家长精神压力特别大，家长们特别坚强，也特别脆弱。如果说，特殊教育真正关心的是心理健康，那么家长队伍才是亟待关注的群体。这就对负责主要家校沟通的班主任提出了更多的要求。在与家长沟通时，一是应让对方听得进去。需要考虑时机是否合适，场所是否合适，气氛是否合适。二是让对方听得乐意。需要考虑怎样说对方才喜欢听，如何使对方情绪放松，哪部分比较容易接受。三是让对方听得合理。即先说对方有利的，再指出彼此互惠的，最后指出一些要求。以"三心二意"，即以感恩的心、换位的心、助人的心，以诚意、主意开展家长沟通工作，以此家校合力，形成家校共育。

劳动创造美好生活

——综合实践活动教学案例

中山市特殊教育学校　万里

一、活动背景

习近平总书记在 2018 年全国教育大会上明确提出将劳动教育纳入人才培养的总体要求，实行德智体美劳"五育"并举的教育方针。2019 年，《中共中央 国务院关于深化教育教学改革 全面提高义务教育质量的意见》指出，优化综合实践活动课程结构，确保劳动教育课时不少于一半。2020 年 7 月，教育部印发《大中小学劳动教育指导纲要（试行）》，要求学校和教师要抓住关键环节，灵活运用讲解说明、淬炼操作、项目实践、反思交流、榜样激励等多种方式方法，增强劳动教育效果；开展平时表现评价、学段综合评价和学生劳动素养监测，发挥评价的育人导向和反馈改进功能。这足以看出劳动教育的重要性，也表明了劳动教育在综合实践活动中的重要地位。此外，考虑到培智学生的劳动意识整体较为薄弱，他们劳动习惯的养成和劳动技能的培养还有很大的进步空间，秉承着中山市特殊教育学校"尊重生命尊严，创造生命价值"的校训，以"四会"（会学习、会劳动、会生活、会工作）为主要培养目标，致力于学生成为家庭的好帮手、校园的好学生、老板的好员工、社会的好公民，我们特开展主题为"劳动创造美好生活"的综合实践活动。

二、活动理念

（1）活动目标以培养学生的综合素质为导向。培智学生在活动过程中，需要在教师的引导下提出自己的想法，并分析和解决活动过程中的问题，有利于培养他们的综合素质。

（2）活动开发面向学生的个体生活和社会生活。劳动是学生的日常活动之一，与学生的生活紧密相关，有利于学生在活动过程中将所学知识与实际生活相结合，培养他们的主人翁意识。

（3）活动实施注重学生的主动实践和开放生成。学生是活动的主体，教师要充分尊重学生的主体地位，鼓励学生发挥主观能动性，参与活动的各个环节，教师需要适时引导。

（4）活动评价主张多元评价和综合观察。活动评价需要面向整个活动过程，既有对活动过程的评价，也有对活动结果的评价。此外，除学生的自我评价外，还注重来自同伴、家长和教师的评价。

三、活动对象及课时安排

活动对象：本次活动面向培高年级的特殊学生（60 人），包括智力障碍、孤独症、脑性瘫痪、多重障碍等，他们的障碍类型和障碍程度不同，不仅个体间存在一定的差异，个体内的能力也往往存在较大的差异，如认知能力、语言理解、动手操作方面。此外，他们很难将知识进行内化，且知识的迁移能力弱，往往需要教师的重复讲解，因此需要通过多样化的形式加深学生对活动内容的掌握。本次活动的主题是劳动，而培智学生整体的劳动意识、劳动技能、劳动品质都有很大的提升空间，因此在活动开展的过程中要注重学生动手能力的发展以及劳动意识的进一步培养，突出个别化教育的显著特征，针对不同类型的学生要提供相对应、行之有效的支持手段，以确保每名学生都可以在活动中有所收获。

课时安排：本次活动与个别化教育计划相结合，并将综合实践活动融入劳动教育课程开展，采用弹性制课时，课内与课外相结合，每周的综合实践活动不低于 2 小时，集中使用与分散使用相结合。

四、活动目标

价值体认：通过多样化的活动，培智学生的劳动意识得到一定的提高，能够在平时的家庭生活、校园生活和社会生活中养成劳动的习惯。

责任担当：培智学生在活动过程中能够完成自己所负责的任务，且通过多样化的活动，使他们能够成为爱劳动的宣传者和实践者。

问题解决：学生能够根据劳动情况，在教师的引导下提出问题、分析问题，形成对问题的初步解释。

创意物化：学生能够在教师的引导下利用信息技术解决活动过程中遇到的问题。学生可以通过多种渠道学习了解劳动技能，可以提取和剥离影像资料中的信息。

五、活动重难点

活动重点：学生的劳动能力得到进一步提升，并树立良好的劳动意识，养成良好的劳动习惯，初步建立职业意识。

活动难点：学生在掌握和提升劳动技能的基础上，内化与迁移劳动技能；养成良好的劳动习惯，初步建立职业意识。

六、活动注意事项

（1）教师应该了解学生开展活动的具体情况，包括时间、地点等，并积极落实好家长的支持工作。

（2）教师对活动起着引导作用，要积极发挥学生的主动性和创造性，成为学生活动的协助者，并适时提供帮助。

（3）在开展实地观摩活动前，教师要提醒学生各种安全注意事项，并要求他们做好相应的前期准备工作。

（4）教师要提前准备好活动预案，对活动过程中可能出现的意外状况进行预估，并整理好各种突发情况的应对策略。

七、活动形式

根据培智学生的特点，活动的开展需要在教师的引导与支持下进行，主要通过考察探究、职业体验的形式开展。

八、活动阶段安排

活动具体流程如下。

第一阶段：主题生成，将问题转化为课题。

第二阶段：制订活动计划。

第三阶段：活动开展。

第四阶段：活动成果汇报。

第五阶段：活动评价。

第六阶段：总结与反思。

九、活动实施具体情况

第一阶段：主题生成，将问题转化为课题

1. 视频导入

教师播放有关劳动与职业的视频，并提出问题：他们在做什么？

2. 问一问

学生提出问题，在教师的辅助下填写个人问题记录表。

个人问题记录表

提出的问题	他们在做什么？ 他们做的事情可以称作劳动吗？ 劳动的方式有哪些？ 劳动的时候需要注意些什么？ 劳动的行业有哪些？ 我想做什么？ ……

3. 汇总归纳问题

在教师的引导下进行讨论，汇总归纳问题。

汇总归纳问题表

汇总归纳后的问题	我们可以做哪些劳动？ 我们可以在哪里做劳动？ 我们应该学会做什么？ 做不同类型的劳动时都需要注意些什么？ 劳动的行业有哪些？ 为什么劳动可以创造美好生活？

将活动主题确定后，学生将在教师的逐步引导下开始对"劳动创造美好生活"这一课题进行探索与实践。

4. 分解子课题

从学生熟悉的场地出发，引导学生认识我们劳动的主要场地，即家庭、学校和社会，并结合这些场所确定活动子课题的名称。

子课题分解表

劳动创造美好生活	家庭服务劳动
	校园服务劳动
	社会服务劳动

第二阶段：制订活动计划

1. 前期评估

针对不同障碍类型的培智学生开展相应的综合能力评估，从认知能力、动手能力等多方面进行。

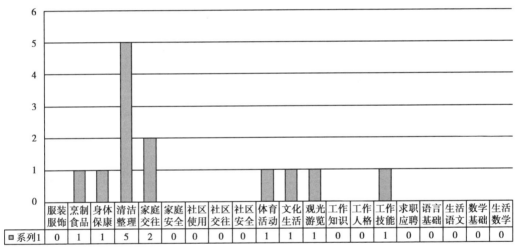

评估分析

2. 确定计划

结合学生个人意愿，家长期望以及教师观察，为学生的劳动能力发展制订相应的发展计划。在开展活动的过程中精准定位，以完成相应的学习目标。同时，根据学生整体情况与目标情况对综合实践活动进行整体的规划，从家务服务劳动、校园服务劳动、社会服务劳动三个方面开展，具体计划如下图所示。

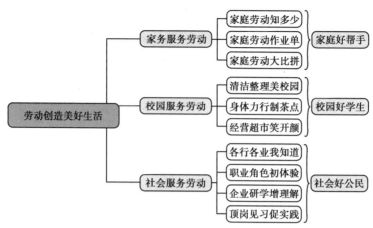

综合实践活动安排计划

3.学生分组情况

将培高年级 60 名学生进行分层，能力较好的 A 层学生参与的活动数量多，B 层和 C 层学生则参与部分活动内容，且大多数情况下需要教师、家长和同伴的支持。

学生分层活动设计

劳动创造 美好生活	A 层学生	在教师的指导下参与全部活动
	B 层学生	在教师的辅助下参与部分活动内容
	C 层学生	主要参加家庭服务劳动及校园服务劳动活动内容,适当参加社会服务劳动内容

第三阶段：活动开展

（一）活动安排

（1）家庭服务劳动（考察探究）。

（2）校园服务劳动（考察探究）。

（3）社会服务劳动（考察探究、职业体验）。

（二）活动具体实施过程

1.家庭服务劳动（考察探究）

【设计意图】家庭是学生的第一所学校，学生在真实的环境中学会自我劳动和简单的家务劳动是他们最需要掌握的基本要求，而培高年级的培智学生即将面临毕业的问题，家庭服务劳动是他们毕业后享有幸福生活的基本保证，因此通过家校合作的方式促进学生进行家庭服务劳动是本次活动的第一个环节。

【活动内容】家庭劳动知多少、家庭劳动作业单、家务劳动大比拼。

1）家庭劳动知多少

说一说。学生在教师的引导下，说出家务服务劳动包括的内容，并阐述自己会做的家务劳动。

家庭劳动知多少

学生知道的家务服务劳动内容	学生会做的家务服务劳动
擦桌子、扫地、拖地、洗衣服、叠衣服、煮饭、收拾碗筷、洗碗 （根据自己的能力写下家务劳动内容）	扫地、拖地、煮饭、洗衣服、叠衣服、收拾碗筷、洗碗 （根据自己的能力实践家务劳动内容）

2）家庭劳动作业单

练一练。学生根据学校下发的家庭劳动作业单，结合在校学习的相关劳动技能进行家务劳动。

2022.9作业单

班级：培高年级　　　　　学生姓名：　　　　　　完成时间：

1.认识食材（没有语言能力的指一指）。

完成情况：独立完成（　　）　　　　语言提示完成（　　）　　　协助下完成（　　）　　　根本完成不了（　　）

2.土豆去皮，并清洗所有食材。

完成情况：独立完成（　　） 　　语言提示完成（　　） 　　协助下完成（　　） 　　根本完成不了（　　）

3.切：肉切成肉丁，胡萝卜、土豆切成丁，洋葱、彩椒切成片。

完成情况：独立完成（　　） 　　语言提示完成（　　） 　　协助下完成（　　） 　　根本完成不了（　　）

4.使用上面的食材做一道菜。

这道菜名是：

完成情况：独立完成（　　） 　　语言提示完成（　　） 　　协助下完成（　　） 　　根本完成不了（　　）

家庭任务要点：

1.指导孩子完成相应的任务和填写作业单。

2.图片或视频可以直接上传到班群里，或发给老师（精选图片3~5张，视频2~3个）。

3.需在家长陪同下完成，确保孩子安全。

厨艺家庭作业单

学生参与家务劳动反馈表

班级：　　　　学生姓名：　　　　指导教师：　　　　月份：

序号	内容	是否掌握技能	主动做	坚持做	偶尔做	不做
1	扫地、拖地、倒垃圾					
2	收拾、清洗餐具					
3	清理冰箱					
4	收拾厨房					
5	晾衣服					
6	叠衣服					
7	收拾衣柜					
8	整理房间					
9	每月至少做一次饭菜					
10	其他					
家长评价		家长签字：				

教师评价：优（　　）　良（　　）　达标（　　）　待达标（　　）

3）家务劳动大比拼

比一比。开展家务劳动技能比赛，根据学生的整体表现进行多维度评量后，评选出一、二、三等奖。

家务劳动技能比赛评分表

劳动项目	评分标准（每个项目 25 分）	得分
整理床铺	1. 被子叠成方形，摆放整齐 2. 床单平铺，无褶皱 3. 枕头摆放整齐	
擦拭台面	1. 台面无明显灰尘和脏污 2. 台面无水迹	
清洁地面	1. 地面没有杂物、垃圾 2. 地面无明显灰尘和脏污	
整理衣物	1. 衣物折叠整齐 2. 衣物分类摆放	

【评价方式】"劳动之星"。根据学生在家的劳动表现，结合家长的反馈，颁发每月的"劳动之星"。

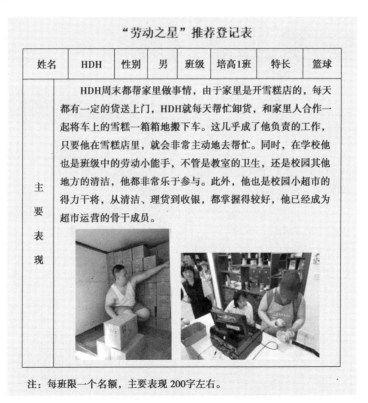

"劳动之星"推荐登记表

姓名	HDH	性别	男	班级	培高1班	特长	篮球
主要表现	HDH周末都帮家里做事情，由于家里是开雪糕店的，每天都有一定的货送上门，HDH就每天帮忙卸货，和家里人合作一起将车上的雪糕一箱箱地搬下车。这几乎成了他负责的工作，只要他在雪糕店里，就会非常主动地去帮忙。同时，在学校他也是班级中的劳动小能手，不管是教室的卫生，还是校园其他地方的清洁，他都非常乐于参与。此外，他也是校园小超市的得力干将，从清洁、理货到收银，都掌握得较好，他已经成为超市运营的骨干成员。						

注：每班限一个名额，主要表现 200 字左右。

"劳动之星"推荐登记表

【结果反馈】通过一段时间的实行，很多家长反映学生在家中做家务劳动的积极性得到了提高，同时也更愿意学习新的家务劳动技能。整体来说，培智学生经过多样化的家务劳动练习。一方面他们的生活能力得到了锻炼，减轻了家庭的负担；另一方面也通过这样的活动拉近了家校距离，架起家校沟通的新桥梁，为学生在学校学习更多的技能打下了基础，使学生在成为家庭好帮手的路上大步迈进。

2.校园服务劳动

【设计意图】作为校园的一分子，培智学生也应该具有为学校师生服务的意识，而校园劳动旨在引导他们为全校师生提供力所能及的劳动服务，提升学生的服务意识。

【活动内容】清洁整理美校园、小食茶点教师享、超市营业笑开颜。

1）清洁整理美校园

学生在教师的引导下通过多种形式开展校园清洁服务，包括校园设施的擦洗除尘、饭堂桌椅的清洁、操场垃圾落叶的清扫等。

擦栏杆　　　　　　　　　　捡垃圾

食堂清洁——拖地　　　　　食堂清洁——擦桌子

学生进行校园清洁

2）小食茶点教师享

学生在教师的指导下制作饮品、小饼干，在自我服务的同时也为学校教师分发下午茶点。

制作饮品　　　　　　　　　　　制作小饼干

下午茶　　　　　　　　　　　　分发下午茶

学生制作茶点

3）超市营业笑开颜

培智学生在校园超市体验园中扮演不同的工作角色，为全校学生开展代币兑换服务。

超市分工表

工作角色	工作内容
清洁员	1.货架的清洁；2.营业前及营业后的场地清洁
理货员	1.整理已有的商品；2.新的商品分区摆放
导购员	1.认识商品名称；2.熟悉商品位置；3.学会看导购单；4.带领顾客购物并排队买单
收银员	1.使用POS机（进入收银系统）；2.使用扫描枪（扫描商品条形码）；3.收钱、找钱、出票

清洁　　　　　　　　　　　　　理货

导购　　　　　　　　　　　　　收银

学生进行超市工作体验

【评价方式】模拟工厂管理制度和代币激励制度。为了让培智学生养成良好的劳动意识，在提高他们劳动技能的同时提升他们的劳动品质，我们采用了模拟工厂管理制度，并结合行为矫正中的代币激励制度，利用自制的工资代币作为兑换物，学生先进行签到，教师根据学生在劳动过程中的表现进行打分，并将分数兑换成为相应分值的工资代币。而代币可以在校园超市中进行兑换，这一形式量化了学生的劳动成果、劳动习惯和劳动品质，兼顾了行为强化和认知强化两种方法的优点，以"代币"的形式强化或者矫正学生在劳动过程中的问题。在此制度的激励下，他们能更主动、更自觉地学习劳动技术并规范劳动行为，形成良好的劳动品质及劳动习惯，促进学生更好更快地发展。

模拟工厂管理制度工作流程

模拟工厂考勤积分表

负责教师：　　　　班级：　　　　主题：

姓名	日期								
	签名	得分	签名	得分	签名	得分	签名	得分	总分

注：根据学生在学习过程中的表现打分，最高10分，最低0分。

【结果反馈】截至目前，全年级学生多次进行校园清洁服务，包括食堂、操场、宿舍；为学校四个年级的教师提供了下午茶点服务，服务教师近 100 人次；校园超市体验园"博爱超市"向全校发放代金券 10300 元，服务班级有 38 个班级，服务学生约 470 人次。在代币激励制度下，学生在参与校园劳动的过程中主动性得到了极大的增强，每名学生都有很深的角色代入感，体验到了为他人服务的自豪感，以完成任务为己任，提升了他们学习的主动性，增强了他们的劳动意识与劳动素养，越来越多的学生向着校园的好学生不断学习。

部分活动过程中的反馈照片

3. 社会服务劳动

【设计意图】为了提升学生的劳动技能，培养学生的劳动素养，增进学生对劳动与职业的了解，促进学生树立正确的职业观念，使学生从对职业的初步认知与体验到实际观察与见习，感受不同职业，学习不同劳动技能，活动环环相扣，层层递进。

【活动内容】各行各业我知道、职业角色初体验、企业研学增理解、顶岗见习促实践。

1）各行各业我知道

学生通过询问家长和日常生活观察，并结合绘本故事，初步了解常见的职业类型。

学生在通过绘本故事了解常见的职业

2）职业角色初体验

为了让培智学生进一步了解各个职业的内涵，结合培高年级已有的学习项目，让学生体验洗车、厨艺和客房服务的内容。

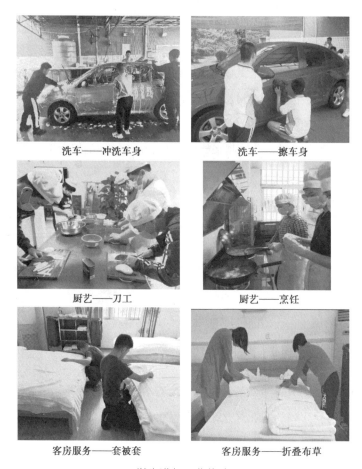

洗车——冲洗车身　　　　　　　　洗车——擦车身

厨艺——刀工　　　　　　　　　　厨艺——烹饪

客房服务——套被套　　　　　　　客房服务——折叠布草

学生进行职业体验

3）企业研学增理解

通过多方合作的模式带领学生走出校园，走入企业，深入了解各行各业。每次活动开展前班级会根据研学见习内容，先与家长沟通进行教育，让学生知道本次研学的内容和外出注意事项，结束后班级进行总结，确保每次研学见习取得良好的效果。

学生外出研学

4）顶岗见习促实践

通过与企业联系后，带领学生走入企业，开展定岗见习工作，从模拟工厂的情景教学模式下进入实际工作岗位。

（a）组装背包的零部件

（b）体验工作内容

学生实习顶岗

【评价方式】通过学生个人总结，教师观察和企业座谈等方式交流沟通学生在活动中的表现情况，并使用见习评量表对多方进行调查后展开评价，确定学生优势所在，并及时指出不足，以期扬长补短，不断进步。

见习评量表

主要领域	目标	达成情况	备注
自理能力	1. 按要求着装，仪容仪表干净整齐		
	2. 遵守上下班时间规定		
	3. 知道午休时间，能自理午餐		
	4. 能协调好工作、喝水、上厕所时间		

续表

主要领域	目标	达成情况	备注
健康与安全	5. 能表达病痛,会请病假		
	6. 能安全使用电器		
	7. 能安全操作,保护自己		
社会交往	8. 能与同事适当问好、互动		
	9. 能与同事合作完成工作		
	10. 能保持工作情绪稳定		
	11. 能清楚移交未完成工作内容		
休闲娱乐	12. 工作时间,不随意玩手机		
	13. 能合理安排休闲时间,早睡早起		
	14. 休息时间结束,能按时回到岗位		
	15. 能适当参与同事、朋友的休闲活动		
终身学习能力	16. 能查阅工作相关的信息		
	17. 能向他人请教工作经验		
工作品质	18. 熟悉工作环境和功能分区		
	19. 能服从工作安排		
	20. 能在无人监督下专心工作		
	21. 能吃苦耐劳		
	22. 能判断和监控完成质量		
学生总体评价	优	良	差
态度		技能	情感
建议	就业	继续	换岗	转到生活自理

【结果反馈】通过对劳动行业的认识与体验,使学生建立良好的劳动意识,确立职业平等的观念,并在提升劳动技能,培养劳动素养,树立"劳动创造美好未来"观念,以辛勤劳动为荣,为日后离开校园后成为一名企业的好员工、社会的好公民夯实基础。

第四阶段：活动成果汇报

【汇报形式】职业技能大赛。

为提升学生劳动素养,丰富教学方法,提升学生的学习兴趣,以赛促学,为学生提供一个切磋技艺、展示水平的舞台,同时也让学生提升生活自理、独自学习的能力,增强学生对劳动技能的掌握,培养与同伴之间的合作意识与团队精神,为学生更好地实现从"学校人"到"社会人"的转变,促进"残健"融合,使残障学生平等、充分地参与社会生活,培高年级举行了"自强自立展风采"职业技能大赛。

洗车技能评分表

学生姓名：　　　　学生组别：

内容	评分标准				
	独立性	完成性	工具使用规范性	效率方面	职业品质方面（根据学生在操作过程中的职业品质可适当加减分）
	20分	30分	30分	20分	10分
使用高压水枪					
喷涂清洗剂					
清洗车身					
车内吸尘					
内饰清洁					

厨艺技能评分表

学生姓名：　　　　学生组别：

内容	评分标准							
	独立性	刀工（切丝细/切片均匀）	火力控制	调味	装盘	效率方面	职业品质方面（根据学生在操作过程中的职业品质可适当加减分）	总分
	20分	20分	10分	10分	10分	20分	10分	
酸辣土豆丝								
煎鸡蛋								

客房技能评分表

学生姓名：　　　　学生组别：

内容	评分标准				
	独立性	工整性	规范性	效率方面	职业品质方面 （根据学生在操作过程中的职业品质可适当加减分）
	20分	20分	30分	20分	10分
折叠方巾					
折叠地巾					
折叠面巾					
折叠浴巾					
折叠枕套					

厨艺技能比赛

洗车技能比赛

客房技能比赛

评委点评

颁发奖状

技能比赛

活动小结：职业技能大赛的开展旨在展现培智学生日常所学到的劳动知识与技能，也是为了让学生在掌握技能的同时能够更好地步入社会。本次活动让培智学生体会到了成功的喜悦，也让教师和家长实实在在看到了学生的进步。学生的点滴进步是教师和家长一起努力的结果，这次活动的开展也增进了家校沟通，为家校携手促进培智学生劳动知识、劳动技能、劳动品质的进一步发展夯实了基础。

第五阶段：活动评价

【评价方式】与学校个别化教育计划相结合，通过家长开放日的技能展示活动使学生尽情展示出自我风采，现场展示自己学到的技能，邀请学校领导、教师、家长观察与品尝学生们的劳动成果，并作出相应评价。同时，在活动过程中也需要不断发现自己的问题，以期更大的进步。

【评价人员】学校领导、教师、学生家长、学生。

综合评价表

学生姓名：　　　　工作项目：

标准	评量维度	自我评价	学生互评	家长评价	教师评价
一、礼仪礼貌	能够尊重同学，听从指令完成任务	☆☆☆☆☆	☆☆☆☆☆	☆☆☆☆☆	☆☆☆☆☆
二、参与态度	能够积极完成自己的工作，不消极怠工、半途而废	☆☆☆☆☆	☆☆☆☆☆	☆☆☆☆☆	☆☆☆☆☆
三、操作情况	能够按照标准步骤进行操作，做到安全、准确、流畅	☆☆☆☆☆	☆☆☆☆☆	☆☆☆☆☆	☆☆☆☆☆
四、完成情况	能够按时、准确完成自己的工作	☆☆☆☆☆	☆☆☆☆☆	☆☆☆☆☆	☆☆☆☆☆
综合评价					

注：学生可通过自己获得的星数以一定比例兑换学校的代币，后期可在校园超市中购买自己心仪的物品。

部分家长开放日的照片

第六阶段：总结与反思

杜威的"从做中学"教学原则，强调学生个人的亲身参与以及活动中获得直接的、主观的经验，培养学生的实际操作能力，根据这一原则，结合中山市特殊教育学校劳动教育理念，本次系列活动给培智学生提供主动"做"的机会，在技能上极大提升了学生的劳动能力，增强了教学效果；在思想上，学生的劳动意识和劳动素养都得到了一定程度的提高，学生从会劳动成长为爱劳动，彰显"体验式德育"的优势所在；在劳动过程中的实践也为学生发现问题、解决问题提供了条件。

本次活动通过丰富多彩的实践活动，锻炼了学生劳动能力，提升了学生的劳动技能，以模拟工厂管理制度为学生创设了接近真实的学习环境，以代币激励制度为手段激发了学生学习的兴趣，以研学、见习等方式拓宽学生的视野，以转衔为目标的活动方式夯实了学生的劳动基础，以多元化的评估手段验证了学生的点滴进步。大部分的学生在教师或家长的支持下可以主动完成自己力所能及的劳动工作，在一定程度上将学习到的劳动知识运用于生活。活动过程中，教师、学生都在不断调整自己的角色站位，从开始的教师协助，到口头协助再到独立完成，学生收获着成功的体验，教师也提高了教学效能感，充分体现出培智学生教育中的特性，学生在活动中不断突破自我，教师在活动中不断探索新路径、新方法，师生携手，不断为每名培智学生都成为家庭的好帮手、校园的好学生、企业的好员工和社会的好公民而努力，奋勇前行！

立足班本课程 实现匠心育人

——培智学校创意手工班本课程

中山市特殊教育学校 柴婷

一、课程背景

培智学校的创意手工班本课程是一项需要学生多感官参与学习的体验式活动课程，不仅能激发培智学生的创造力和想象力，还能促进他们手眼协调、精细动作发展及认知能力的提升。本课程旨在通过一系列有趣且富有挑战性的手工项目，让培智学生在动手实践中感受乐趣，学会合作，增强自信。

二、课程目标

（1）激发创造力：引导轻度智力障碍学生发挥想象力，创造独一无二的手工作品。

（2）提升动手能力：通过实践操作，增强培智学生的手眼协调能力和精细动作技能。

（3）培养耐心与毅力：手工制作过程往往需要时间和耐心，帮助培智学生学会坚持和专注。

（4）促进团队合作：部分项目将采用小组合作形式，增进培智学生之间的交流与协作。

（5）增强审美感知：引导培智学生欣赏美、创造美，提升审美素养。

三、课程内容

课程内容与安排

第一单元：基础技能篇（第1—8周）。

第1周：认识材料与工具。

介绍常用手工材料（如麻绳、胶水、剪刀等）及安全使用工具的方法。

实践活动：认识并尝试使用麻绳制作简单物品。

第2—4周：学习基本粘贴技巧。

学习基本的粘贴技巧和步骤，如轻涂、快粘、压平等。

实践活动：在熟练粘贴技巧的基础上制作简单的麻绳作品，如麻绳花瓶、手工笔筒等。

第5—8周：运用粘贴技巧创作并装饰作品。

掌握粘贴技巧，学习利用装饰材料点缀作品。

实践活动：在独立完成的粘贴制作的基础上，能对自己的作品进行创作装饰。

第二单元：创意实践篇（第9—16周）。

第9—10周：变废为宝。

利用废旧物品（如塑料瓶、玻璃瓶、旧纸盒等）进行创意改造。

实践活动：利用废旧物品制作创意笔筒、创意装饰花瓶、创意艺术展示品等。

第11—13周：节日主题创意。

结合节日特点，设计并制作相关创意手工作品。

实践活动：如中秋节制作灯笼、准备元旦节礼物等。

第14—15周："妙笔生花"系列创作。

以黑色签字笔和缎带为主要材料，创作"妙笔生花"系列作品。

实践活动：利用缎带通过剪、贴等方式制作花瓣，组合成花朵，粘贴在笔顶端完成"妙笔生花"作品创作。

第16周：团队合作项目。

分组进行大型创意手工项目，如制作十二生肖主题学具、主题工艺瓶等。

强调团队合作与分工，共同完成作品。

第三单元：展示与评价篇（第17—18周）。

作品展示：

为培智学生提供展示平台，让他们筹划、展示自己的创意手工作品。

鼓励轻度智力障碍学生介绍自己的创作思路、过程及感受。

评价与反馈：

采用教师评价、同伴评价和自我评价相结合的方式。

关注培智学生的创作过程、作品创意及合作表现。

给予正面鼓励和建设性建议，促进学生持续发展。

四、教学方法与策略

情境教学法：创设情境，激发培智学生学习兴趣，引导他们主动参与。

示范引领：教师先进行示范操作，再引导轻度智力障碍学生模仿并创新。

分层教学：根据培智学生能力差异，设计不同难度的任务，确保每位学生都能获得成就感。

鼓励尝试与探索：鼓励轻度智力障碍学生大胆尝试新材料、新方法，培养他们的创新精神和探索能力。

家校合作：邀请家长参与部分课程活动，共同见证孩子的成长与进步。

五、实践案例分享

（一）用创新设置课程，用兴趣引领课程

由于没有现成的手工课教材，于是班级教师用创新设置课程，用兴趣引领课程。教师主动学习，然后将更多的手工技巧带到课堂，同时还不停发掘低年级孩子感兴趣的手工项目。我们从小处着手，降低学习难度，将环保的理念融入课堂。将平日里经常使用的一次性纸杯、装下午茶的瓶子清洗干净，以此为原材料，让孩子进行加工创新。开创了手工艺瓶的教学课程，让培智学生学会通过裁剪、粘贴、缠绕等方式，将纸杯、瓶子进行形态、色彩、外观的改变，制作出美丽的"纸杯花"和创意瓶子。这种简单易学的课程受到了学生的欢迎。每次手工课程结束时，学生都意犹未尽。平常下课的时间或者午休的时间，他们都会跑到手工区自己创作。在兴趣的引领下，手工课程的开展变成了学生主动探索的领域。

（二）用创意设计作品，将手工融入生活

每个学生都是独一无二的创意家，在教学活动中如何结合立足于现有的条件和环境去充分发挥学生的主观能动性，激发他们的想象力、创造力，提升他们动手能力，是我们在教学中遵循的重点。教学中，我们根据培智学生兴趣爱好以及动手能力的不同，从易到难设置了不同主题的系列课程。比如，初期的创意收纳系列、中期的"妙笔生花"系列、后期的工艺展示系列等。

在初期的创意收纳系列，领着学生进行各种创意加工，只要是能想到的，我们都去尝试了。比如给纸盒加个花边，用麻绳绕成一朵花装饰一下。我们都在一起涂涂抹抹、拆拆绕绕，所有的废品在我们手上一步一步都变废为"宝"了。变废为宝的过程逐步升级，从纸皮、纸板、纸盒、玻璃瓶……一步一步引导学生结合生活实际，制作了"创意收纳篮""创意收纳筐""创意笔筒"等。在后期的"妙笔生花"系列，学生将铅笔、水性笔与手工玫瑰花相结合，加工成一件件工艺品。

（1）废旧纸盒变笔筒（收纳盒）。

（2）废旧玻璃瓶大变身。

（3）空酒瓶秒变艺术品。

| 清理旧纸盒 | 麻绳缠绕纸盒 | 装饰纸盒 |

清洗废旧玻璃瓶　麻绳粘上胶水缠绕玻璃瓶　变身装饰品

清洗处理旧酒瓶　麻绳缠绕玻璃瓶　装饰处理

（4）"妙笔生花"制作过程。

剪多条等长彩带

折叠好花瓣用热熔胶定型

将花瓣一个挨着一个粘好

将花瓣沿笔杆顶端粘住

制作完成

在元旦节的时候，"妙笔生花"系列作品成为每位教师笔筒里最亮眼的惊喜。收到惊喜的教师都对学生赞不绝口。

"妙笔生花"

有些教师还把"妙笔生花"礼物当作发簪插在头发上，学生见了特别有成就感。

整个创作的过程，从选材、构图、作品装饰到作品定型等，教师都会引导学生从观察自己的生活点滴开始，然后进行独立的思考和想象，再适当地给他们一些参考的例子。学生很积极，同学之间会互相讨论准备创作的作品，并征求教师和同学的意见。有些孩子把废纸盒做成了收纳篮，有些孩子把塑料瓶做成了蘑菇屋……各种奇思妙想，令人欣慰的同时也为他们感到骄傲。学生动手能力虽然不是最强的，但敢于想象，敢于实践，慢慢地，一件件富有个性，创造力十足的作品就这样形成了。

六、实践案例反思

（一）促进多学科融合，拓展创意手工班本课程的教学内涵

创意手工班本课程是一门极富创造性和艺术性的课程，它不仅需要培智学生动手参与，更需要他们动脑。将创意手工课程与其他学科进行有机整合，不仅可以拓展创意手工课程教学的内涵和深度，也可以促进跨学科活动的融合，提高特殊儿童的综合素养。例如，将创意手工课程与生活语文学科相结合，让培智学生将收集来的 12 个旧瓶子进行创意设计，制作出十二生肖作品，让他们在创意手工的过程中体验到传统文化的奥妙。

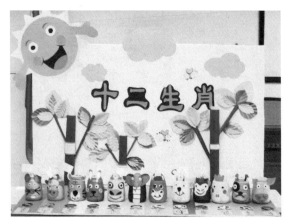

创意手工十二生肖教具

（二）校家合作，共同推进创意手工课程育人

在新课程改革的背景下，为实现立德树人，让培智学生也实现全面发展，让学生的第一任教师参与创意手工的教学，是校家共育最直接的一种呈现形式。班级通过家长参与创意手工教学的途径，搭建校家共育的桥梁，充分利用家长资源，让家长走进教育、支持教育，为培智学生创造更多元的学习途径，促进他们的多元发展，提高家长的教育能力，增进校家的合作氛围。在创意手工班本课程中，家长的参与可以极大地丰富教学的内容和形式，同时增进家长与孩子的亲子关系。例如家长以中国的传统节日为主线，设置了创意手工饺、创意五彩汤圆、创意风筝大比拼、包粽子、创意灯笼等课程。培智学生通过创意手工的过程了解传统节日、民俗习惯，进一步认识祖国文化的多样性。这有助于培养特殊孩子的文化自信心，激发他们对传统文化的浓厚兴趣。

（三）重视作品的展示，让"工匠精神"润物细无声

一开始，学生制作出来的作品，可谓粗制滥造。但不管怎样，那都是他们的成果，值得被肯定。能完成一件作品，对于他们来说都是一件了不起的事情。在班级教室给他们设置专门的作品展示区，将他们的作品展示出来。通过展示作品这一形式，他们体验了收获成果的

成就感，体验到了手工课程带给他们的价值感和快乐，也对手工课程的兴趣越来越浓厚。

顺利度过了手工创作的初级阶段。到了创作的中级阶段，开始对他们的创作工艺水平有了"精"和"细"的要求。所谓"精"就是精致，"细"就是细心。得让他们慢下来。在这个过程中有了一些精致的作品产生，但还是会有很多粗糙的作品出现，粗糙的那些作品都给他们保留在展示区。到了创作的高级阶段，他们的创作不但表现在"精"和"细"上，更多地体现在创意水平的提升上。以前做得比较粗糙，他们觉得问题不大的作品，现在都主动要求撤离展示区，觉得不够精致，不够美观。在创作的高级阶段，遇到一点点的小瑕疵，他们都不愿意忽略，一定要拆了重做或者重新开始。创意手工班本课程营造的"认真负责，精益求精"的学习氛围，让学生在一步一步地对比中深刻领悟"精益求精"的魅力。让"工匠精神"成为培智学生的自觉意识，让学习工匠精神，争做工匠能手成为一种自觉性的教育活动。"精益求精"的工匠精神"润物细无声"地改变着他们。这种手工创作中的态度改变，对他们的学习态度以及日常行为都产生了影响。工匠精神无论是从内在价值还是外在价值，都对培智学生日常行为具有一定的约束作用。让每位培智学生都能以孜孜以求、精益求精的精神投入学习。"工匠精神"就这样"润物细无声"地传播给学生。

初级阶段粗糙的作品　　　　　　　中高级阶段"精""细"的作品

通过创意手工这门课程，学生可以在充满趣味和创造性的环境中享受学习的乐趣。教师通过与培智学生的创新互动，实现教学相长。在未来有必要继续努力，积累和提升，让创意手工班本课程更加完善，内容更加丰富，形式更加多样，为培智学生未来的学习和生活奠定坚实的基础。

探究与班级管理相结合的德育课程

——以湛江市特殊教育学校启智部六（1）班的课程"培养良好行为习惯"为例

湛江市特殊教育学校　　陈慧敏

一、引言

（一）研究背景

特殊教育中的培智学校，学生往往存在认知、情感和行为等方面的障碍，良好行为习惯的培养对于他们适应社会、提升生活质量至关重要。班级管理作为学校教育的重要环节，与德育课程的有机结合能为培智学生提供更具有针对性和实效性的教育。

（二）研究目的

本文研究旨在通过对湛江市特殊教育学校启智部六（1）班"培养良好行为习惯"课程的深入分析，探索德育与班级管理相结合的有效模式和策略，为提升培智班级管理水平和学生行为习惯养成效果提供实践依据。

（三）研究意义

1. 理论意义

丰富特殊教育中关于班级管理与德育课程融合的理论体系，为相关研究提供实证案例。

2. 实践意义

为培智学校教师提供可借鉴的班级管理和德育实践方法，提高教育教学质量，促进学生全面发展。

二、相关理论基础

（一）行为主义理论

行为主义理论强调通过强化和惩罚等手段塑造和改变个体的行为。在培智学生良好行为习惯培养中，及时的正强化和适当的负强化有助于巩固正确行为，纠正不良行为。

（二）认知发展理论

认知发展理论认为个体的认知发展是一个渐进的过程，培智学生的认知水平虽有限，但通过适当的教育引导，仍能逐步提高对行为规范的理解和遵守能力。

（三）社会学习理论

个体通过观察他人的行为及其后果来学习和调整自己的行为。在班级中树立良好的行为榜样，能对培智学生产生积极的示范作用。

三、"培养良好行为习惯"的课程设计

（一）课程目标

1. 短期目标

（1）学生能够认识到常见的良好行为习惯，如按时作息、整理个人物品等。

（2）在教师的提醒下，能初步模仿和尝试这些良好行为习惯。

2. 中期目标

（1）学生能够在日常生活中自觉遵守部分简单的行为规范，如不随地吐痰、文明用语等。

（2）形成一定的自我约束意识，减少不良行为的发生频率。

3. 长期目标

（1）学生养成稳定的良好行为习惯，内化为自身的行为准则。

（2）能够将良好行为习惯迁移到不同的情境中，适应社会生活的基本要求。

（二）课程内容

1. 个人生活习惯

（1）饮食起居：教导学生文明进餐、按规律作息。

（2）个人卫生：学会洗手、洗脸、刷牙等基本个人卫生技能。

案例：个人卫生习惯培养

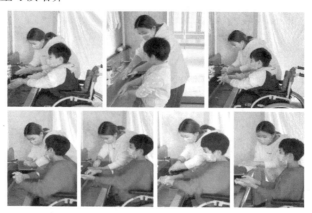

小红学习基本卫生技能过程

班级里的小红同学个人卫生习惯较差，经常不洗手、不整理衣物。教师与小红的家长进行沟通，了解到小红在家中也存在类似情况。

于是，教师在班级开展了"卫生小达人"的活动。首先，学生分享日常生活中哪些行为是要讲卫生的。其次，教师通过图片和视频的方式，向同学们介绍个人卫生的重要性和正确的卫生习惯，如勤洗手、勤换衣、保持头发整洁等，用班里这方面最优秀的同学实际例子讲解。最后，为每个同学准备了一个卫生检查表，让他们每天自我检查并记录。对于小红，教师给予了更多的关注和指导，帮助她逐步养成良好的卫生习惯。

经过一段时间的努力，小红的个人卫生状况有了明显改善，班级整体的卫生水平也得到了提高。

2. 社交礼仪

（1）礼貌用语：学习问候、感谢、道歉等常用语。

（2）人际交往：懂得分享、互助，不攻击他人。

案例：社交礼仪习惯培养

"礼仪之星"评选活动

在一次班级活动中，教师发现一些同学在与他人交流时缺乏礼貌用语，不懂得尊重他人。为了培养社交礼仪习惯，教师组织了一场"礼仪之星"评选活动。

首先，通过角色扮演的方式，向学生展示正确的社交礼仪，如打招呼、道谢、道歉等。其次，让学生课堂上直接实践运用打招呼、道谢、道歉等用语。再次，布置作业，让学生在日常生活中实践这些礼仪，并记录自己的表现。每周进行一次评选，根据学生的记录和大家的观察，选出本周的"礼仪之星"，并在班级中进行表扬和奖励。

通过这样的活动，学生逐渐养成了使用礼貌用语、尊重他人的良好社交习惯。

3. 课堂纪律

（1）遵守课堂秩序，不随意走动、大声喧哗。

（2）积极参与课堂活动，听从教师指令。

案例：课堂行为习惯培养

课堂行为习惯培养

在一节语文课上，教师发现小明总是在座位上坐不住，经常随意离开座位。为了帮助小明养成良好的课堂行为习惯，教师采取了以下措施。

首先，与小明进行单独谈话，耐心询问他离开座位的原因，并向他解释在课堂上需要保持坐在座位上才能更好地学习。其次，为小明制定了一个个性化的目标，即每节课能够在座位上安静坐满 15 分钟就给予表扬。在课堂上，教师时刻关注小明的表现，当他能够坚持在座位上坐一段时间时，立即给予口头表扬，如"小明今天表现真棒，一直在座位上认真听讲"。

同时，教师还让小明的同桌作为小监督员，提醒他要遵守课堂纪律。经过一段时间的努力，小明在课堂上的行为习惯有了明显改善。

4. 公共道德

（1）爱护公共财物，不损坏学校设施。

（2）遵守公共秩序，如排队、不插队等。

案例四：文明使用公共卫生间

"文明如厕，从我做起"主题活动

学校的公共卫生间是学生经常使用的地方。教师发现有些同学便后不冲水，卫生纸乱扔。于是，教师在班级开展了"文明如厕，从我做起"的主题班会。

班会上，教师通过图片展示了不文明使用卫生间的情况，引导学生自己说出来，并讲解了这样做带来的不良影响。教师还亲自示范了如何正确使用卫生间的设施，如冲水、洗手等。上完班会课后教师直接带学生到卫生间去实践。

经过一段时间的监督和引导，同学们都能够文明地使用公共卫生间了。

（三）课程实施方法

1. 直观教学法

通过图片、视频、实物等直观教具，让学生更清晰地理解良好行为习惯的具体内容和要求。

如通过播放有趣的动画短片，展示不同行为习惯带来的不同结果，引发学生的兴趣和思考，从而引出"培养良好行为习惯"的主题。

2. 游戏教学法

设计与行为习惯相关的游戏活动，如角色扮演、模仿秀等，增强学生的学习兴趣和参与度。

3. 情境模拟法

创设各种生活情境，让学生在实际情境中练习和运用良好行为习惯。

4. 榜样示范法

教师和表现优秀的学生作为榜样，为其他同学展示正确的行为方式，如教师亲自示范正确的行为方式，如何礼貌地打招呼、如何整理书包和书桌等。同时，请表现良好的学生进行示范，让其他同学模仿学习。

四、课程与班级管理相结合的实施策略

（一）建立班级规章制度

1. 共同制定

组织全班学生参与讨论，根据课程内容和班级实际情况，共同制定班级规章制度，明确各项行为规范的具体要求和奖惩措施。

2. 公示宣传

将规章制度张贴在教室显眼位置，定期组织学生学习和回顾，确保每名学生都清楚了解。

（二）班级环境创设

（1）布置温馨、整洁的教室环境，划分个人和公共区域，培养学生的责任意识和卫生习惯。

（2）设立"行为习惯表扬栏"，及时展示学生的良好行为表现，激发学生的积极性。

（三）强化行为训练

1. 每日行为训练

将良好行为习惯的培养融入每日的班级活动，如晨读前的整理书包、课间的文明休息等。

2. 定期行为评估

每周对学生的行为习惯进行评估，及时反馈和表扬进步，针对问题进行个别辅导。

（四）家校合作共育

（1）定期召开家长会，向家长介绍课程内容和学生在学校的表现，指导家长在家中配合进行行为习惯培养。

（2）建立家校沟通平台，及时交流学生的情况，共同解决问题。

五、课程实施效果评估

（一）评估工具与方法

1. 观察法

教师在日常教学和班级活动中，观察学生的行为表现，记录其良好行为和不良行为的发生频率。

2. 问卷调查法

设计面向学生和家长的问卷，了解学生在行为习惯方面的自我认知和变化，以及家长对课程实施效果的评价。

3. 教师评价法

教师根据学生的课堂表现、作业完成情况、与同学的交往等方面，对学生的行为习惯进行综合评价。

（二）评估结果

1. 学生方面

（1）大部分学生对良好行为习惯的认识有明显提高，能够说出常见的行为规范。

（2）在个人生活习惯方面，如按时作息、整理个人物品等，多数学生有了一定的改善。

（3）社交礼仪和课堂纪律方面，学生的文明用语使用频率增加，课堂上随意走动和大声喧哗的现象减少。

2. 家长方面

（1）家长普遍反映孩子在家中的行为表现有所进步，如能主动帮忙做家务、与家人交流时更加有礼貌。

（2）对学校开展的德育课程和班级管理工作表示认可和支持。

（三）效果分析

（1）课程内容的针对性和实用性较强，符合培智学生的认知水平和生活需求。

（2）班级管理措施的有效实施，为课程的顺利开展提供了保障，如规章制度的建立、行为训练的强化等。

（3）家校合作的紧密配合，形成了教育合力，共同促进了学生良好行为习惯的养成。

六、课程实施中存在的问题与改进策略

（一）存在的问题

（1）部分学生的个体差异较大，课程内容和教学方法不能完全满足其需求。

（2）班级管理中，对于学生不良行为的纠正有时缺乏及时性和持续性。

（3）家校合作中，部分家长的参与度和配合度不够，影响了教育效果的巩固。

（二）改进策略

（1）进一步关注学生个体差异，实施分层教学和个别辅导，为每个学生制订个性化的教育方案。

（2）加强班级管理的监督和反馈机制，及时发现和处理学生的不良行为，确保管理措施的有效落实。

（3）提高家校合作的质量，通过举办家长培训、定期家访等方式，增强家长的教育意识和能力，提高其参与度和配合度。

七、结论与展望

（一）结论

通过对湛江市特殊教育学校启智部六（1）班"培养良好行为习惯"课程与班级管理相结合的实践研究，我们发现这种融合模式对于培智学生良好行为习惯的养成具有积极的促进作用。课程的合理设计、班级管理策略的有效实施以及家校合作的协同共育，共同推动了学生在个人生活、社交礼仪、课堂纪律等方面行为习惯的改善。然而，在实施过程中也存在一些问题需要不断改进和完善。

（二）展望

未来，我们应进一步深入研究特殊教育中德育与班级管理的融合模式，不断优化课程内容和教学方法，提高班级管理的科学性和艺术性，加强家校合作的深度和广度，为培智学生创造更加良好的教育环境，促进他们更好地适应社会，实现自身的价值。

让每个生命开出彩虹色的花

中山市特殊教育学校　程志军

一、彩虹花阅读班简介

让每个生命开出彩虹色的花。彩虹花阅读班组建于 2017 年 7 月，由 12 名学生（男生 9 名，女生 3 名）和 3 名教师组成，其中精神残疾学生 3 名，智力残疾学生 6 名（含 2 名中轻度随班就读回流学生），多重残疾学生 3 名。彩虹花阅读班是一个以"共享阅读，遇见爱和成长"为主题，图画书阅读为特色的班集体。

彩虹花源于一个动人的绘本故事：一朵彩虹色的花，将自己花瓣都用来帮助有困难的小动物，最后自己却被覆盖在白雪之下，可是希望和梦想还在继续，当春天到来时，新的花朵又在阳光下绽放。彩虹花象征爱与奉献，抒写了爱与感恩的感人诗篇，这正与中山这座博爱之城相呼应，故取名"彩虹花阅读班"。

在时间的沉淀下，班级形成了"独立、阳光、自信、乐学"的班训，喊出了"让班级溢满书香，让阅读丰盈集体，在阅读中收获五彩斑斓的成长时光"的班级口号。班级还在"悦读越爱，阅爱越好"的班级目标引领下，制定了"爱阅读、爱自己、爱家人、爱朋友、爱学习、爱大自然、爱祖国"的阅读目标。以上所凝结的班级向心力和班级文化形成了班级独特的宣传名片。

彩虹花阅读班宣传名片

二、图画书资源的选择

基于书香特色的打造，阅读书籍自然必不可少。彩虹花阅读班的形成历时五年，从一年级关于图画书的特色设想，到三年级图画书班级基调建成，再到五年级趋于完整的特色建构，班级图书数目与日俱增。六年级时，班级分门别类收有图画书共计500余册。

班级图书角变迁过程

班级图书的选择采取"多元"策略。负责生活语文教学的陈玉梅老师，在绘本阅读方面经验丰富，她参考各类图画书大奖、专家推荐或按公认的好的图画书标准来选择；班主任还根据班级学生障碍类型和程度、兴趣和喜好、与课程相关等维度来选择图画书，确保所有读物是学生能读且读得懂的。当常规阅读吸引不了学生的兴趣时，教师还会通过找到学生感兴趣的事物或事件，选择相关元素的书籍，再引导学生参与阅读，实践证明"找到学生的兴趣点，就找到了阅读的起点"。

三、以阅读为特色的班级环创

阅读环境的创设是一个长期和动态的过程，班级育人环创围绕打造立体式"悦"读环境，六年时光，班级图书角历经三次搬迁四次改造，并根据学生的需求进行了实时调整和完善，包括图书角的升级，多元主题阅读布置，个别化分级阅读布置。如多元主题阅读，分学科分领域，并进行月主题规划指导，有爱党爱国的红色主题，有爱家爱自己表达爱的主题，还增设了"习近平谈治国理政"专题阅读等内容，时刻践行"为党育人，为国育才"的方针。秉承每个孩子都有独一无二天赋和秉性的教育理念，个别化分级阅读布置尊重学生差异，满足了学生个别化的阅读需要。

分领域阅读 　　　　　　　　　　红色主题阅读

具体到班级图书角的布置依据四个原则：一是丰富性，即丰富的图画书资源及丰富的环境布置；二是相关性，即布置与图画书故事相关的内容；三是有序性，即有序有目的地布置；四是愉悦性，即在整体上要让孩子们轻松自然地感受图画书的趣味和美。因此，图书角被贯以"享书香"模块，即在温馨雅致的阅读环境下，每个孩子在书香的蓝色海洋中，不断汲取着阅读的力量。六年磨一剑，实施班级阅读计划的过程中，通过建立常规阅读机制，开展系列特色阅读活动，促使学生养成了阅读好习惯，并按月、学期和学年进行阅读总结，阅读成效突出。

四、班级常态化阅读机制

一方面，班级教师协调分工，采用固定阅读时间和自由阅读时间相结合的方式，通过"多元阅读时间"形式开展阅读，深挖图画书的价值。科任教师依据课表，进行整体时间规划，灵活安排阅读时间，通过晨读、课间读、课中读、课后读等，将阅读和学生的一日生活和学习相结合，保证阅读活动的连续性和成效。固定阅读时间包括早读时间（8：00—8：20）、每周的阅读课时间，自由阅读时间包括课间及主题活动课的自由工作时间。除此之外，图画书阅读还会渗透到学科课程的领域中，如语言类的图画书在生活语文课堂中的应用，《首先有一个苹果》等数学图画书在生活数学课堂中加以应用，《肚子里有个火车站》等生活习惯类的图画书也被吸收到生活适应课堂中。

晨读　　　　　　　　　　　　课后指导阅读

班级多元阅读时间表

次数	时间	星期一	星期二	星期三	星期四	星期五
1	18：00—8：25		图画书阅读（分享阅读时间）			
2	9：55—10：10		图画书阅读（分享阅读时间）			
3	10：10—10：45		图画书阅读（固定阅读时间）			
4	14：15—14：30		图画书阅读（分享阅读时间）			
5	14：30—15：05	图画书阅读（课堂阅读教学）	综合阅读活动（综合实践课）			
6	15：20—15：55		综合阅读活动（综合实践课）		图画书阅读（课堂阅读教学）	
7	20：00—20：30		亲子阅读时间（分享阅读）			

　　另一方面，班级也对学生的阅读状态进行了实时跟踪记录与评价。班级老师自编"图画书阅读活动记录表"，每天对学生阅读行为和阅读质量进行细致记录，并每月开展阅读活动总结，进行班级书香少年的评选。

五、以绘本为载体的班本课程

　　班本德育课程是落实课程育人、文化育人、活动育人、实践育人和过程育人的抓手，班级依托中山市"红领巾奖章"和中山特校"博爱少年"评价系统，构建班级"彩虹少年"管理体系，包括"讲礼仪、崇品德、享书香、健体魄、弘环保、展才艺"六大模块的课程目标。如以讲礼仪模块为例，包括：形象礼仪，如系好红领巾，升旗敬队礼规范；课堂礼仪，如铃声响起，速回教室，安静坐下；尊师礼仪，如校园见老师主动问好，礼貌用语等内容。

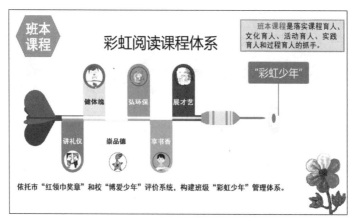

彩虹阅读课程体系

以绘本为载体，班级在实践过程中积极探索适合学生的图画书阅读教学组织形式及阅读教学策略，为最大限度发掘图画书本身价值和发挥学生学习能动性，逐渐形成了读—绘—演相结合的特色阅读活动。如以崇品德模块为例：通过对《小英雄去战斗》《我爱你中国》等绘本的阅读与教学，激发学生内在品德养成；通过学习《我爱五星红旗》，学生描绘出对党和祖国的热爱；通过讲演红色故事《丰碑》，表达对奉献精神的追求。在班级育人环创过程中，还利用学生视觉优势，实现了六大模块课程目标可视化设计。

师生阅读红色绘本　　　　　学生绘画作品　　　　　师生讲演

丰富多彩的活动课程，从挖掘中华优秀传统文化和革命传统精神入手，师生开展了形式多样的阅读拓展活动，如中秋节师生剪纸、端午节制作艾饼和香囊，品味了中国传统节日文化的精神内涵；植树节进行花生的种植，并于6月进行收获分享，让学生体验了劳动的愉悦，培养了劳动品质与习惯；美无处不在，只是缺少发现美的眼睛，在校园的木棉树下，拾掇木棉花，摆出红彤彤的爱心，形成美的熏陶，班级师生为校园美育探索出了新路径；班会课则以"我爱五星红旗"为主题，清洗红领巾，致敬革命先烈；还有劳动主题下纸箱回收等活动，不仅为学生搭建了展示舞台，还增强了学生生活适应力。学生个人德智体美劳全面发展与进步，促进了欣欣向荣的班级成长氛围。

剪纸　　　　　　　　　　制作香囊　　　　　　　　　木棉花美育

六、绘本阅读育人实效

成长进步在于平时点滴积累，图画书阅读特色在日复一日的坚持中不断完善。六年来，班级形成了紧密友爱师生关系，从陪着学生阅读，到学生自发阅读；从利用班级阅读规则督促学生，到学生内化规则自觉遵守，其间学生养成了良好的阅读兴趣和习惯，阅读量大增；学生的识字水平、理解与表达能力、演说能力、观察与分析的能力、创作能力等综合能力得到提升；学生的情绪问题，以及同伴关系、师生关系、亲子关系等得到极大改善。

童真笑颜　　　　　　　　深厚友谊　　　　　　　　　亲子阅读

而这些收获促成了班级彩虹少年评价体系的完善，在班级，每个学生都能获得属于自己的彩虹少年模块印章，以杨子轩同学为榜样，打造出班级彩虹少年、校博爱少年、市红领巾奖章、市优秀少先队员的进阶培育模式。师生及家长在班级感召下，热衷校内外志愿服务，如参与校园环保小卫士及垃圾分类活动；疫情期间在落实防疫政策之余，还积极投身社区防疫志愿活动。

此外，疫情期间，班级依托中山市课题和广东省特殊教育精品课程建设平台，通过不断积累教研成果，扩充了课程资源库，惠及更多特殊学生。师生参加中山市阅读推广活动以及与香港匡智元朗晨乐学校同上一节课等活动，推进了绘本阅读的宣传和影响。荣誉方面，师生获评党史宣讲员和阅读推广人，班级连续五年获评文明班级，成为博爱特色班，被评为中山市书香班级、中山市幸福领航特色班集体，为学校获评中山市书香校园和广东省"最美阅读空间"助力。

彩虹好少年，阅读悦成长，彩虹花阅读班历时六年打造的图画书阅读特色，还在不断积蓄、沉淀，将滋润越来越多的孩子。

七、班级德育故事分享

让每个生命开出彩虹色的花

一朵彩虹色的花，将自己花瓣都用来帮助有困难的小动物，最后自己却被覆盖在白雪之下，可是希望和梦想还在继续，当春天到来时，新的花朵又在阳光下绽放开来。这是绘本《彩虹色的花》所描述的故事，充满了爱、勇敢和奉献的精神，温暖了每个读者。也因此结缘，给班级取名为"彩虹花阅读班"，并建立起"独立、阳光、自信、乐学"的班训，希冀班里的每个生命都能开出彩虹色的花。

为了拓展学生的阅读兴趣，打造绘本阅读育人特色，教室的图书角分门别类摆放了几百本绘本，成为学生的精神家园。小益更是图书角的常驻嘉宾，他是个高功能孤独症学生，不爱和同学交往，还伴随一些刻板的身体行为，但沉迷阅读时的他竟会连打铃声都听不到，看完书还不忘刨根究底地问我们一些"难以解答"的问题。

2021年，学校为庆祝中国共产党成立一百周年，将党史故事讲给更多师生听，举行了一场"党史故事小小宣讲员"的比赛。对于孤独症学生讲好红色故事这件事，起初我是半信半疑的：半信是因为像小益这样的孤独症孩子有较好的口语表达能力；半疑则是因为平日小益总担心自己做不好，不愿参加集体活动。在这种半信半疑的心理作用下，我"鼓起勇气"找到小益，在征得他同意，并且在他信誓旦旦地保证能好好配合的前提下，我们报名参赛了。

根据小益的识字量，我们选取了红军长征的故事《丰碑》。遇到的第一个难题是小益记不住故事内容。为了让他更了解故事内容，我先一遍遍读给他听，然后再让他读，再让他尝试去复述故事。经历了两天的练习，小益才只能在提示下说出几句故事的大概，于是我心生一计，何不让小益先画一画故事的思维导图呢？当我把这个想法告诉小益时，他很惊诧地望着我，可能是他并不懂什么是思维导图。于是我向他解释画图是为了更方便记住故事。就这样大概花了1个小时，小益整理出了"部队行军图""将军思索图""老战士冻僵图""将军发怒图""敬礼图"等思维图。当小益用自己的图示时，他能很快把故事脉络讲完整。

由于距离初赛只有一周时间，从教室到宿舍，我和小益抓住了所有可能的时间和空间去练习，甚至周末居家也不忘巩固。

初尝成功，再接再厉

很快，迎来了初赛。看着前面师生绘声绘色的精彩演出，我都替小益捏了一把汗，要知道他以前几乎没有在正式场合表演过。为了少出意外，使节目衔接效果好一些，我们选择了保守的方法——让小益拿着稿子读。因为有稿子加持，小益似乎也显得信心十足，轮到他上场时，在简单地介绍了自己后，他就讲起了故事。就在我期待他能不用手稿，完整地讲完故事时，意料之中的卡壳出现了。小益先是紧张地望了望台下的我，得到我示意能看手稿后，他这才顺利地读完了《丰碑》。虽然也出现了短暂卡壳，但还算流畅，因此才有了后面的大舞台表演。

初赛后，我碰到了另一个难题：如何才能让小益更有感情地说出故事呢？

情感共鸣，渐入佳境

孤独症学生的情绪表达和共情能力比较弱，加上学生对故事背景不熟悉，所以讲故事时不容易出情感。于是在班级的图书角，我又布置了十来本红色主题绘本，每天选两本让他读给同学听，而后又细致地向学生拓展每个故事发生的背景、红军长征的历史以及长征精神等内容。这种晓之以理、动之以情的坚持很快有了回报，小益对军需处长敢于牺牲自我的崇高品德有了深入理解，带着这份理解，在一遍又一遍示范和讲解下，小益终于可以略带声色地去讲故事了。

其实，让孤独症学生突破情感难关最好的方法就是设置情境，让他们置身其中。例如，讲第一段"红军队伍在冰天雪地里艰难地前进。严寒把云中山冻成了一个大冰坨。狂风呼啸、大雪纷飞，似乎要吞掉这支装备很差的队伍"时，广东本地的孩子就可能不太理解冰天雪地的冷和大冰坨的寒。巧合的是小益小时候是在湖南长大的，见过了大雪纷飞的情景，于是我问了他三个问题："雪天冷吗""没厚衣服穿的大雪天冷吗""没厚衣服穿，没得饭菜吃的大雪天冷吗"。就这样小益对故事中的严寒和困境有了更深的认识，也对故事表达的情感也有了不一样的理解。

勇敢突破，成就自信

从容纳百人的初赛教室到容纳五百人的决赛演播厅，对孤独症学生来说绝对是个"严峻的考验"。其时正值初冬，在后台看着身穿短袖演出服，正等待演出的小益，我问道"你会紧张吗"，小益脱口而出"程老师，我紧张，怕忘记"。然而下一秒，原本是第五个节目才上台的小益，由于主持人报错，第四个节目就轮到他了，小益当时就不答应，反复嘀咕着还没轮到自己。捕捉到主持人寻求帮助的眼神，我快步走向小益，"没关系的，你准备好了，就上去"，便和他一同走向了舞台中央。这次他的手里没有稿子，只有话筒。

"1934年的冬天，山西云中山，一支红军队伍在冰天雪地里艰难地前……"舒缓了几口气的小益，开始了真正"表演"。这一次他带着理解，用声音把每处故事细节都表达了出来，时而低沉，时而激昂，仿佛冰雪中行军，又好似他只是在讲给自己听，直到故事末尾，小益突然顿了下，提起声"向那位跟云中山化为一体的军需长敬了一个军礼"，立直身体后，将右手举到齐眉处，也敬了一个标准的军礼。

台下的掌声，经久不息……

我从来没有为学生感到如此自豪过，这是一种极其震撼的感觉。一个先天受限的孩子，因为我的一点点引导和鼓励，从此迈出了自信的步伐，走出了"舒适圈"，走向了更宽广的领域。我想，这次演出经历对小益来说，改变的也绝不仅是多说了一两个红色故事，而是让小益明白他自身能做得更多，也能做得更好。自信和阳光的感觉好极了，爱和奉献本就是一个人民教师应该扛起的责任，希望我也成为一朵彩虹花，让每个生命都开出彩虹色的花！

"体育燃梦德育领航，智启未来爱育花开"

——培智学校德育教学案例

中山市特殊教育学校　冯燕婷

一、案例背景

在特殊教育领域，培智学校承载着为智力障碍学生提供优质教育、助力他们实现自身价值和融入社会的重要使命。然而，培智学生因在智力、情感、行为等方面存在显著差异，传统德育教学方式常难以达到理想成效。在此情形下，"以体育人"理念为培智学校德育教学工作开辟了新路径。

习近平总书记强调："加强学校体育工作，推动青少年文化学习和体育锻炼协调发展，帮助学生在体育锻炼中享受乐趣、增强体质、健全人格、锻炼意志。"教育家蔡元培也曾指出："夫完全人格，首在体育。"这些都深刻阐明了体育对于育人的关键意义。

在中山市特殊教育学校，身为一名体育老师兼班主任，我深切认知到体育不仅能强身健体，更具有强大的育人价值。尤其对于培智学生，通过体育锻炼增强体质的同时，培养其坚韧不拔的意志、团结协作的精神与遵守规则的意识，将深刻影响他们的未来人生。基于此，我于班级中积极践行"以体育人"理念，展开了一系列德育教学实践活动。

体验合作

你投我接

二、案例目标

（一）总目标

借"以体育人"的教学实践，增进培智学生的德育素养，推动他们全面发展，助力其更好地适应社会生活。

（二）具体目标

（1）知识与技能目标：使学生熟稔基本的体育知识和运动技能，如常见体育项目的规则、动作要领等。

学习迎面接力跑规则

绕障碍物运球练习

提升学生的运动能力，强化学生的身体素质，包括力量、速度、耐力、灵敏性等。

射门练习

跳跃练习

（2）过程与方法目标：引领学生在体育活动中学会观察、思考、模仿与实践，培育学生的学习能力与解决问题的能力；透过体育活动中的合作与竞争，锤炼学生的团队合作精神、竞争意识与沟通能力。

（3）情感态度与价值观目标：培育学生对体育活动的兴趣与热爱，点燃学生的运动热情，促使学生养成积极投身体育锻炼的习惯；借由体育活动中的品德教育，涵养学生的爱国主义情怀、集体主义精神、诚信意识、尊重他人、坚韧不拔等良好品德。

同伴互助，点燃运动热情　　　　　　运动使人快乐

三、案例内容

（一）培智学校的德育教学工作内容

（1）价值观教育：引导学生树立正确的价值观，认识劳动的价值、友谊的珍贵、诚实的重要性等。通过讲述相关故事、案例，让学生于具体情境中理解和感悟。

讲述故事　　　　　　　　欣赏美术成果

（2）行为规范教育：培育学生良好的行为习惯，如遵守课堂纪律、爱护公共财物、文明礼貌等。制定清晰的行为规范准则，通过日常监督和指导，助力学生养成良好的行为习惯。

培养行为常规　　　　　　讲卫生、爱文明

（3）社交能力培养：组织各类社交活动，如小组合作游戏、角色扮演等，让学生在活动中学会与他人交流、合作、分享，提升学生的社交能力和社会适应能力。

合作运球　　　　　　　　　　　　　合作"采蘑菇"

（4）情感教育：关注学生的情感需求，通过关心、鼓励、表扬等方式，培育学生的自尊、自信、自爱，协助学生建立积极健康的情感状态。

相互鼓励　　　　　　　　　　　　　积极表扬

（二）以体育人在培智学校推动德育教学工作的要点

1.适应性

（1）依据培智学生的智力水平和身体能力，设计契合他们的体育活动内容和形式。对于低学段的学生，选取简单易懂、趣味性强的体育游戏，如"小兔跳跳跳""蚂蚁搬家"等，锻炼他们的基本运动能力和协调能力。

（2）在活动进程中，密切观察学生的表现，适时调整活动难度和强度，确保每个学生都能参与其中，并且能够在活动中收获成就感和自信心。

2.连贯性

（1）制定系统的体育德育教学规划，自入学伊始，逐步引领学生认知体育与德育的关联，将体育活动与德育内容有机融合。例如，在篮球教学中，通过团队协作训练，培育学生的团队合作精神；在长跑训练中，锤炼学生的毅力。

（2）随着学生年龄的增长和智力的提升，持续深化德育内容，如开展体育主题的社会实践活动，让学生在实践中体验和感悟体育精神和道德品质的内涵。

3. 趣味性

（1）在体育活动中融入趣味元素，如设计"趣味接力赛""寻宝大作战"等游戏，让学生在游戏中体验体育的乐趣，同时接受德育的熏陶。

（2）设立奖励机制，对在体育活动中表现卓越、品德优良的学生予以表扬和奖励，激发学生的参与热情和积极性。

4. 引导性

（1）教师在体育活动中以身作则，示范正确的行为方式和道德观念，如公平竞争、尊重对手、遵守规则等，引导学生模仿和学习。

（2）关注学生的情感变化和心理需求，及时给予其鼓励和支持，帮助学生克服困难，树立正确的价值观和道德品质。

（三）以体育人在培智学校推动德育教学工作的困境

1. 学生个体特殊性

（1）培智学生的智力障碍程度各异，致使他们在学习能力、运动能力、理解能力等方面存在较大差距。在体育德育教学中，难以寻觅一种通用的教学方法和内容，满足每个学生的需求。

（2）部分学生存在情绪不稳定、行为问题等，如多动、攻击性行为等，这给教学活动的组织和管理带来极大挑战，影响了德育教学的成效。

2. 学生注意力分散

（1）培智学生的注意力集中时间较短，易受外界环境干扰，在体育活动中，难以长时间专注教学内容和任务，致使德育教学目标难以达成。

（2）鉴于学生的认知能力有限，对体育活动中的德育内涵理解困难，往往仅关注活动的表面形式，而忽略了其中的教育意义。

3. 师资力量的限制

（1）专业的体育和德育教师相对稀缺，教师的专业素养和教学能力有待提升。部分教师对培智学生的特点和需求了解不够深入，教学方法和手段单一，无法有效开展体育德育教学工作。

（2）教师的工作压力较大，面对众多的学生和教学任务，很难有充足的时间和精力为每个学生提供个性化的教学指导和关怀。

（四）以体育人在培智学校推动德育教学工作的开展策略

1.优化德育结合的教学方式

（1）将德育融入体育游戏和活动，如在"两人三足"游戏中培育学生的团队合作精神和相互信任，在"跳绳比赛"中培养学生的竞争意识和规则意识。

（2）根据学生的个体差异，制定个性化的教学方案。对于运动能力较强的学生，增加活动的难度和挑战性；对于运动能力较弱的学生，降低难度，给予更多的支持和帮助。

2.创新德育教学方法和手段

（1）运用故事教学法，讲述体育明星的成长故事，如姚明、刘翔等，激发学生的学习兴趣和爱国情怀，培育学生的坚韧不拔和奋斗精神。

（2）利用多媒体技术，播放体育赛事、体育动画等，让学生直观地感受体育的魅力和体育精神，提高学生的学习积极性和参与度。

3.强化培智教学德育实践性

（1）组织学生参与社区体育活动、志愿者服务等社会实践活动，让学生在实践中运用所学的体育知识和德育理念，提升学生社会适应能力和社会责任感。

（2）在校内开展"体育文化节""趣味运动会"等活动，营造浓厚的体育文化氛围，让学生在活动中体验体育乐趣，培育学生的团队合作精神和竞争意识。

4.建立科学的德育评价体系

（1）建立过程性评价和终结性评价相结合的评价体系，过程性评价关注学生在体育活动中的参与度、表现、态度等，终结性评价关注学生对体育知识和德育理念的掌握程度。

（2）采用多元化的评价方式，包括教师评价、学生自评、学生互评、家长评价等，全面了解学生的学习状况和发展情形，为教学改进提供依据。

四、案例实施

（一）利用教学内容之美，渗透爱国主义教育——领略思想美

以体育明星为学习榜样，加强思想教育。在课堂上为学生讲述我国著名体育明星的奋斗故事，如中国女排克服重重困难，在奥运赛场上展现中国运动员风采；苏炳添不断挑战自我，打破亚洲纪录，为国争光等。通过这些故事激发学生的爱国情怀和民族自豪感。组织学生观看体育赛事视频，让学生在观看比赛的过程中，感受运动员为国家荣誉而拼搏的精神，培育学生的爱国情感。

以团队协助精神为统领，培养集体主义精神。将学生分成小组，开展团队体育项目，如篮球、足球比赛等。在比赛前，引导学生明确团队目标，制定团队策略，培育学生的团队意识和协作能力。在比赛过程中，鼓励学生相互配合、相互支持，共同为团队的胜利而努力。比赛结束后，组织学生进行总结和反思，让学生明白团队合作的重要性，培养学生的集体主义精神。

相互配合——"无敌风火轮"　　　　　　相互支持——足球友谊赛

（二）优化教学设计之美，引导合作学习——感触心灵美

以循序渐进的教学模式，增强学生的自信。根据学生的实际情形，将教学内容分解为若干个小步骤，由易到难，逐步引导学生学习和掌握。例如，在教学生跳绳时，先从简单的甩绳动作开始，让学生逐渐掌握节奏，然后再进行跳绳的完整动作练习。在学生取得进步时，及时给予表扬和鼓励，让学生感受到自己的努力得到认可，增强学生的自信心和学习动力。

跳绳分解练习——甩绳　　　　跳绳分解练习——节奏下双脚跳

以同伴互助的动作练习，加强学生之间的交流与合作。安排学生进行同伴互助的动作练习，如两人一组进行仰卧起坐练习、互相纠正跑步姿势等。在练习过程中，鼓励学生相互交流、相互帮助，培育学生的沟通能力及合作精神。组织学生进行小组展示活动，让每个小组展示自己的练习成果，增强学生的团队荣誉感和自信心。

仰卧起坐　　　　　　　　　　　互相帮助——打气

（三）丰富教学组织之美，调动参与练习——塑造形体美

以现代信息技术为载体，培养学生参与运动的积极性。利用多媒体教学设备，为学生播放生动有趣的体育动画、教学视频等，让学生在轻松愉快的氛围中学习体育知识和技能；运用运动软件，记录学生的运动数据，如运动步数、运动时间、运动速度等，让学生直观地了解自己的运动情况，激发学生的运动兴趣和积极性。

播放体育教学视频、图片　　　　　体感闯关游戏

以学生展示技术动作为形式，增进学生心理健康。在课堂上，为学生提供展示技术动作的机会，让学生在同学面前展示自己的学习成果。通过展示，增强学生的自我认知和自我价值感，培育学生的自信心和表现力。关注学生在展示过程中的心理变化，及时给予鼓励和支持，帮助学生克服紧张、恐惧等心理障碍，促进学生的心理健康发展。

展示足球射门动作　　　　　　　　展示投掷沙包动作

（四）开展教学比赛之美，培养相互信任——共享行为美

以游戏规则为准绳，引导学生公平竞争。在体育游戏和比赛中，向学生明确游戏规则和比赛规则，让学生明白公平竞争的重要性。在活动过程中，严格监督学生的行为，对违反规则的行为及时进行纠正和教育。通过公平竞争的体育活动，培育学生的规则意识和诚信意识，让学生在今后的生活中能够自觉遵守规则，做到诚实守信。

滚大球接力　　　　　　　　　　　　"赶小猪"障碍赛

以比赛促进交流学习，让学生尊重对手，信任队友。组织学生参加各种体育比赛，如班级内部的篮球赛、足球赛等。在比赛前，引导学生尊重对手，树立正确的比赛态度；在比赛过程中，鼓励学生信任队友，相互配合，共同争取胜利。比赛结束后，组织学生进行交流和总结，让学生分享比赛中的经验和感受，培育学生的团队合作精神和尊重他人的品质。

亲子拔河赛　　　　　　　　　　　　足球友谊赛

（五）助力学习评价之美，树立公平理念——提升语言美

（1）鼓励学生自评，认真寻找差距。引导学生对自己在体育活动中的表现进行自我评价，让学生思考自己的优点和不足之处。例如，在跑步训练后，让学生评价自己的跑步速度、跑步姿势、耐力等方面的表现。通过自我评价，让学生学会自我反思，发现自己的问题，明确自己的努力方向，提高学生的自我管理能力和学习积极性。

（2）加强师生互评，表扬与批评相结合。教师对学生在体育活动中的表现进行评价，

及时给予表扬和鼓励，对存在的问题提出批评和建议。评价时，注重语言的艺术性和激励性，让学生能够接受和认可。鼓励学生对教师的教学方法、教学内容等进行评价，让教师了解学生的需求和想法，以便更好地改进教学。通过师生互评，建立良好的师生关系，促进教学相长。

（六）家长助力

（1）加强家校沟通，让家长了解学校的体育德育教学计划和目标，争取家长的支持和配合。定期召开家长会，向家长介绍学生在学校的体育学习和品德发展情况，听取家长的意见和建议。

（2）布置家庭体育作业，让学生在家长的监督和指导下完成。例如，要求学生每天进行一定时间的跳绳练习、仰卧起坐练习等，培养学生的运动习惯。

（3）组织亲子体育活动，如亲子运动会、亲子健身操等，增进家长与学生之间的感情，同时让家长在活动中言传身教，培育学生的品德和行为习惯。

亲子合作运气球接力   亲子彩虹伞

五、案例效果

（一）学生方面

（1）学生的体育知识和运动技能得到了显著提高，能够掌握基本的体育项目的规则和动作要领，运动能力得到了增强。

（2）学生的团队合作精神、竞争意识、规则意识、尊重他人等品德得到了有效培育，在体育活动和日常生活中能够自觉遵守规则，尊重他人，与同学友好相处。

（3）学生的学习兴趣和积极性得到了极大提高，能够主动参与体育活动，养成了良好的运动习惯和健康的生活方式。

（4）学生的自信心和自尊心得到了增强，能够勇敢地面对困难和挑战，在学习和生活中表现出更加积极向上的态度。

（二）教师方面

（1）教师的教学理念得到了更新，更加注重以体育人，将德育内容融入体育教学，提高了教学质量和效果。

（2）教师的教学方法和手段得到了创新，能够根据学生的特点和需求，灵活运用各种教学方法和手段，激发学生的学习兴趣和积极性。

（3）教师的专业素养和教学能力得到了提升，通过不断学习和实践，教师对培智学生的教育教学有了更深入的了解和认识，能够更好地开展教学工作。

（三）学校方面

（1）学校的体育德育教学氛围更加浓厚，形成了全员育人、全过程育人、全方位育人的良好局面。

（2）学校的教育教学质量得到了提高，学生的综合素质得到了全面发展，为学校赢得了良好的社会声誉。

六、案例总结

通过本案例的实践，我们深刻体悟到"以体育人"理念在培智学校德育教学工作中的重要性和可行性。在未来的教学工作中，我们将持续深入探索和实践，不断优化教学内容和教学方法，建立更为科学合理的评价体系，加强家校合作，为培智学生的全面发展和健康成长创造更为有利的条件。

同时，我们也期望本案例能够为其他培智学校和特殊教育工作者提供一些参考和借鉴，共同推动特殊教育事业的发展，让每位特殊孩子都能在阳光下健康快乐地成长。

综合实践课程促进融合教育中特需儿童综合能力发展的实践案例

中山市沙溪镇乐群小学　韩苑婷

一、课程背景

随着教育理念的不断更新和社会对特需教育的重视，融合教育逐渐成为主流。在融合教育的环境中，特需儿童能够与普通儿童共同学习和成长，促进彼此的理解和包容。然而，特需儿童在学习和发展方面面临诸多挑战，需要更具针对性的教育支持。综合实践课程作为一种综合性的课程形式，为特需儿童提供了更丰富的学习资源和刺激，学习机会和体验，能够让他们在综合实践课程环境中解决一些实际问题，增强沟通能力和人际交往技巧，促进综合能力的发展，让特需儿童更好地适应社会的各种环境和要求，为未来的生活做好准备。

二、课程总目标

（1）提升特需儿童的社交互动能力，使其能够更好地与同伴交流、合作，帮助特需儿童融入集体，增强他们对班级、学校的归属感，提高其适应社会的能力。

（2）增强特需儿童的自我认知和情绪管理能力，培养其积极的心态，增强其自信，促进特需儿童形成积极的情感体验、良好的品德。

（3）促进特需儿童对不同学科知识的培养，培养特需儿童的动手实践能力和问题解决能力，促进其综合能力的发展。

三、课程主题内容与时间安排

（一）课程主题一："小农人"会种菜——种植辣椒（第1—5周）

1.课程目标

让特需儿童参与校园劳动基地的种植和养护工作，学习农作物的生长知识，进行农作物种植实践，学习基本种植技术，掌握基本的种植操作技能，如播种、移栽、浇水、施肥和病虫害防治。学会使用简单的种植工具，如铲子、水壶和喷雾器。培养特需儿童的沟通能力、团队协作能力、责任感和耐心。

2.课程内容

（1）第1周：种植辣椒的基础知识。

教授辣椒的种类，如青椒、红椒、尖椒等，展示不同品种的图片和特点。讲解辣椒的生长周期，包括种子发芽、幼苗生长、开花结果等阶段。

（2）第2周：种植准备。

讲解土壤、光照、水分和肥料对辣椒生长的影响。准备种植工具和材料，如辣椒苗、土壤、肥料等。

（3）第3周：播种与育苗。

示范并实践如何正确种植辣椒苗，强调种植时的注意事项，如保护根系、保持株距等，控制种植密度和深度。

辣椒苗

（4）第4周：劳动基地管理。

教授特需学生如何浇水、施肥，根据不同生长阶段调整水量和肥料种类。讲解常见的病虫害、防治方法和抓虫方法。

（5）第5周：作物管理和种植体验分享。

安排特需学生参加小组合作，周期性地进行浇水、施肥、抓虫。进行阶段性种植感受分享。当辣椒成熟时，组织学生进行采摘，鼓励特需学生分享种植过程中的经验和感受。

劳动基地管理

3.课程实施方式

（1）理论讲解：通过多媒体展示、讲解和讨论等方式，学生掌握种植的理论知识。

（2）实践操作：带领学生到种植园或校园菜地进行实地操作，亲身体验种植过程。

（3）小组合作：将特需学生融入小组，共同完成种植任务，培养团队合作能力。

（4）观察记录：要求特需学生定期观察辣椒的生长情况，记录生长数据和变化。

记录表

劳动任务名称	农业生产劳动项目	提示
种植绿植／蔬菜名称		
所需材料、工具		
方法与步骤		
团队成员		
完成时间		
劳动方案		
劳动过程记录		
劳动成果		
劳动体会		
学生自评		
同伴互评		
指导教师评价		

4. 课程评价

（1）知识考核：通过问答的形式，考查特需学生对辣椒种植知识的掌握程度。

（2）实践评价：观察特需学生在种植过程中的操作技能和表现，给予及时的指导和鼓励性评价。例如，在实践操作中，一名特需学生在移栽辣椒幼苗时，不小心弄断了一些幼苗的根系，但小组成员通过及时请教老师，采取了适当的补救措施，最终大部分幼苗都顺利成活。在这个过程中，特需学生不仅学会了移栽的技能，还培养了解决问题的能力和团队合作精神。

（3）记录评价：检查学生的观察记录，评价他们的观察力和记录能力。例如，在观察记录环节，特需学生负责记录辣椒植株的生长高度、叶片数量等数据，普通学生负责画出辣椒生长的变化图，各司其职，培养他们的观察力和认真态度。

（4）小组评价：评价特需学生在小组内的合作效果和团队精神。

（二）课程主题二："小厨师"会烹饪——制作蔬菜汤（第6—10周）

1. 课程目标

（1）知识目标：特需学生能够了解蔬菜汤的制作过程，熟悉蔬菜汤制作所用到的材料、工具。

（2）技能目标：熟练掌握蔬菜汤从原料准备到成品制作的完整流程，包括配料比例、烘焙火候等关键环节，并通过小组合作制作思维导图。能够根据实际情况进行适当的创新和改进，制作出具有个人特色的蔬菜汤。

（3）情感目标：通过制作蔬菜汤，特需学生能知道食物制作不易；培养他们对健康饮食的意识和对烹饪的兴趣。同时通过团队合作和亲手制作，提升学生的自信心和成就感。

2. 课程内容

（1）第6周：蔬菜基础知识。

全体学生学习蔬菜的营养成分（维生素、矿物质、纤维等）以及常见制作蔬菜汤的蔬菜的特点及选择方法

（2）第7周：蔬菜汤的种类。

全体学生学习蔬菜汤清汤、浓汤、奶油汤等不同类型以及各类蔬菜汤的基本配方。

（3）第8周：蔬菜汤的制作过程。

学生学习蔬菜汤的制作过程，将特需学生融入小组内，并一起学习。材料准备：新鲜蔬菜的挑选与清洗。切菜技巧：切割不同蔬菜的方法。烹饪技巧：火候掌握、调味品的使用。

（4）第9周：用思维导图梳理蔬菜汤制作过程。

特需学生融入小组合作梳理蔬菜汤制作过程，四人小组，安排两名同学负责书写蔬菜汤的制作过程，另两名同学负责涂颜色和绘制蔬菜汤制作思维导图。

思维导图

（5）第10周：制作蔬菜汤并分享感受。

小组合作进行蔬菜汤的制作，可以选择不同的配方进行实践。小组成员分享制作的蔬菜汤，进行品尝和评价。特需学生与普通学生互相交流心得体会，讨论不同蔬菜汤的味道和营养，并写下感受。

制作蔬菜汤

3.课程实施方式

（1）理论讲解：通过多媒体展示、讲解和讨论等方式，介绍蔬菜的营养知识、汤的种类以及蔬菜汤的制作过程。

（2）合作实践：教师指导学生掌握切菜和烹饪技巧，学生分组进行蔬菜汤的制作，并制作思维导图，培养团队合作能力。

（3）反思分享：特需学生在小组内一起分享蔬菜汤，写下心得与体会，并在课室内交流。培养特需学生的自信。

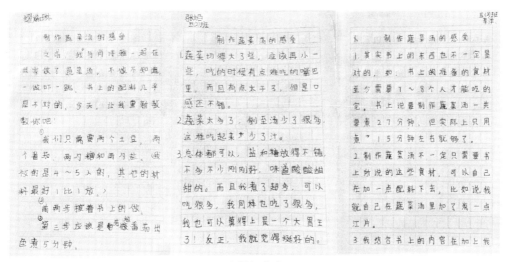

心得与体会

4. 课程评价

（1）过程性评价。

通过小组评价表，评价特需学生在实践操作中的表现，包括动手能力、团队合作、时间管理、学生对蔬菜汤制作过程的理解与掌握程度等。

（2）结果性评价。

小组成员根据蔬菜汤的味道、营养搭配和创意进行评分。特需学生对自己和他人作品的评价，鼓励自我反思与改进。

（三）课程主题三："小雷锋"会助人——学习雷锋精神（第11—15周）

1. 课程目标

（1）知识目标：帮助特需学生了解雷锋的事迹和精神，认识助人为乐、无私奉献的重要性。

（2）技能目标：培养特需学生的社交能力和情感表达能力，通过具体的实践活动增强他们的合作意识。

（3）情感目标：激发特需学生的同情心和责任感，树立积极向上的价值观，鼓励他们关心他人、帮助他人。

2. 课程内容

（1）第11周：开展学习雷锋精神班会。

召开一次"学习雷锋精神"主题班会，教师带着学生回顾雷锋的英雄事迹，寻找雷锋的足迹，讲述身边的"雷锋"。加深全体学生对雷锋精神（助人为乐、无私奉献、勤奋学习）的理解。

"学习雷锋精神"课程

（2）第12周：开展"学习雷锋精神"号召大会。

举行一次庄严的"学习雷锋精神"主题升旗仪式，让学生作国旗下讲话，并且号召队员向雷锋学习，从小事做起，不以善小而不为，争做新时代的"雷锋"。

国旗下讲话

（3）第13周：开展社区助老活动。

联动社区街道办，组织融合教育。班级成员利用课余时间走出校园，走进社区，走进老人活动中心，给老人营造一个舒心、干净的活动场所。让全体学生在日常生活中继续传承和发扬雷锋精神，让学生知道敬老爱老。

（4）第14周：组织一次爱心义卖活动。

开展一次爱心义卖活动。特需学生和普通学生小组合作，拿上自己闲置的书籍、玩具等进行爱心义卖，再将爱心义卖获得的善款捐赠给山区儿童，让特需儿童学会尊重他人，为社会做力所能及的事情。

社区助老活动

爱心义卖活动

（5）第15周：交流分享当"小雷锋"的感受。

在课上，学生分享前四周课程的学习体会和实践体验，以及当"小雷锋"的具体感受，讨论助人行为对自己和他人的影响。引导学生反思自己的行为，如何在日常生活中继续弘扬雷锋精神，并填写"助人计划"，让学雷锋活动融入日常、化为经常。

3. 课程实施方式

（1）理论讲解：通过多媒体展示、讲解和讨论等方式，介绍雷锋事迹和精神。

（2）社会实践：特需学生和同学小组合作完成社区助老和爱心义卖活动，表扬在活动中表现出助人行为和积极参与活动的特需儿童。

（3）反思分享：特需学生在小组内一起分享"学雷锋"综合实践课程学习的心得体会并在课室内交流，培养特需学生的自信。

4. 课程评价

（1）过程性评价。

观察特需学生在课堂讨论、小组活动中的积极程度，是否主动参与、发表自己的想法。留意他们在理解雷锋精神和完成相关任务时所付出的努力，是否认真倾听、尝试理解和执行。

评估学生在小组活动中与同伴协作的情况，是否能够与他人友好相处、互相帮助。关注特需学生在课程中的情感变化，如对雷锋事迹是否感动、对帮助他人是否热情等。对于遇到困难的学生，观察他们是否有坚持不懈、不轻易放弃的表现。

（2）终结性评价。

通过问答的方式，考查特需学生对雷锋生平事迹、雷锋精神内涵的理解程度。要求学生能够用简单的语言表达自己对雷锋精神的认识。

同时，评估特需学生在实践活动中所掌握的帮助他人的技能，如打扫卫生、整理物品、协助他人等。观察他们在实际情境中运用所学技能的能力。另外，观察特需学生在日常生活中是否表现出关爱他人、乐于奉献的态度，从家长和教师的反馈中了解学生在课程结束后行为习惯和价值观的转变。

结语：本课程旨在通过学习雷锋精神，让特需教育学生在实践中培养助人为乐的意识，增强他们的社交能力和情感表达能力，为他们的全面发展提供支持。

（四）课程主题四："小使者"懂文化——走进广东省博物馆（第16—20周）

1.课程目标

（1）知识与技能目标：帮助特需学生在融合教育中了解广东省博物馆的基本信息的历史、文化和人文科学知识，增长见识。培养特需学生的观察能力、注意力、记忆力和表达能力。

（2）情感与态度目标：激发特需学生对历史文化的兴趣和热爱，增强他们的自信心和自我认同感。促进特需学生在融合班级中的交流与合作，提高社交能力。培养他们的团队意识和互助精神。

2.课程内容

（1）第16周：介绍博物馆。

全体学生分组搜集有关于广东省博物馆的资料、特色以及展馆分布，小组合作汇报，由授课教师进行补充。

（2）第17周：学习如何书写研学预约申请函及邀请函。

由于是集体出游研学，班级学生需要学习如何书写研学预约函。另外，外出研学需要家长陪同，尤其是对于特需学生，他们需要家长的协助，因此教师需在本课时教授学生书写研学预约申请函及邀请函。

预约申请函

致广东省博物馆：

慈有中山市沙溪镇×××小学校×××学生于××××年××月××日至贵馆参观学习，特此预约，盼批复。

参观人数：

参观时间：

联系人：

联系电话：

×××小学

××××年××月××日

（3）第18周：安排博物馆研学任务并强调研学纪律。

教师分配广东省博物馆研学任务，并帮助特需学生妥善融入不同小组，安排适合的研学任务，强调研学纪律。

（4）第19周：博物馆实地研学。

教师和家长带学生进行博物馆研学，研学任务如下。

场馆打卡：根据场馆的名称，寻找场馆"古蜀宝藏——四川文物精品展""鼻尖上的喜悦""香港长衫故事""陶瓷展厅""中国传统山水画展厅""端砚展厅"，并与博物馆工作人员沟通协商，在任务卡上盖章打卡。

收集资料：小组合作收集场馆资料，拍照。准备回校介绍令人印象最深刻的场馆。

拍照

（5）第20周：研学感悟分享。

小组合作，在班级内分享博物馆中让人印象最深刻的场馆。特需学生可作为小组代表分享本次研学感悟。

3.课程实施方式

（1）集中讲解：集中在课室内讲解博物馆展馆资料及分布，小组合作分工及研学注意事项，预约参观申请函和邀请函。为实地研学做准备。

（2）分组参观：根据特需学生的能力和兴趣，将他们融入小组，每组配备一名教师或家长。

（3）个性化指导：教师根据每个特需学生的特点和需求，提供个性化的指导和帮助。

4.课程评价

（1）观察评估：教师在活动过程中观察特需学生的参与度、表现和情绪变化。

（2）自我评价：鼓励特需学生自我评价，分享他们在课程中的收获和感受。

（3）家长反馈：征求家长对本次综合实践研学课程的意见和建议，了解学生在课程结束后的表现和变化。

附：问卷

融合教育中特需学生参与广东省博物馆综合实践课程评价问卷

尊敬的家长/监护人：

您好！为了更好地了解特需学生在本次广东省博物馆综合实践课程中的体验和收获，以便我们进一步改进和优化课程，特邀请您填写这份问卷。感谢您的支持与配合！

一、基本信息

1.孩子的姓名：

2.孩子的年龄：

二、课程评价

1.您认为本次课程的目标是否清晰明确？

A.非常清晰

B.比较清晰

C.不太清晰

D.非常不清晰

2.您觉得课程内容对孩子的吸引力如何？

A.非常吸引人

B.比较吸引人

C. 一般

D. 不太吸引

3. 孩子在课程中的参与度如何？

A. 非常积极

B. 比较积极

C. 一般

D. 不太积极

4. 课程中的互动体验环节是否有助于孩子的学习和发展？

A. 帮助很大

B. 有一定帮助

C. 帮助较小

D. 没有帮助

5. 您认为课程的时间安排是否合理？

A. 非常合理

B. 比较合理

C. 一般

D. 不太合理

6. 孩子在参观结束后，对广东省的历史文化表现出的兴趣程度如何？

A. 兴趣浓厚

B. 有一定兴趣

C. 兴趣一般

D. 兴趣不大

7. 课程中教师和志愿者对孩子的关注和支持是否足够？

A. 非常足够

B. 比较足够

C. 一般

D. 不太足够

8. 您认为课程的难度是否适合您的孩子？

A. 非常适合

B. 比较适合

C. 一般

D. 不太适合

9. 本次课程对孩子的社交能力和团队合作能力提升是否有帮助？

A. 帮助很大

B. 有一定帮助

C. 帮助较小

D. 没有帮助

10. 总体而言，您对本次课程的满意度如何？

A. 非常满意

B. 比较满意

C. 一般

D. 不太满意

三、您的建议和意见

1. 您认为本次课程有哪些方面需要改进？

2. 您希望未来的类似课程增加哪些内容或活动？

再次感谢您抽出时间填写这份问卷！您的反馈对我们非常重要。

结语：

通过以上综合实践课程的设计，希望能够为特需学生提供一次丰富、有趣且有意义的广东省博物馆参观体验，促进他们的全面发展。

四、实际教育效果

融合教育班级中综合实践课程一共设计了 20 周，经过一个学期的教学实践，我们可以看到综合实践课程对于融合教育中的特需学生综合能力的提升具有多方面的显著帮助。

1. 认知能力的拓展

丰富知识储备：综合实践课程能够让特需学生接触到各种新的信息和知识，如种植、饮食、劳动、文化等领域，拓宽他们的视野。

提高观察理解能力：通过观察和参与实践活动，特需学生学会留意细节，更好地理解事物之间的关系和逻辑。例如，在参观博物馆时，他们可以观察文物的特征，从而培养对历史文化的理解。

2. 社交与情感的发展

增强社交互动：课程为特需学生提供了与他人交流和合作的机会，帮助他们学会表达自己的想法和感受，提高社交沟通能力。

培养情感认知：在团队活动中，特需学生能够体验到不同的情感，如成功的喜悦、合作的满足等，从而更好地认识和管理自己的情绪。

建立自信心：当他们成功完成一项任务或在活动中有所表现时，会增强自我认同感和自信心。

3. 实践动手能力的培养

精细动作发展：如思维导图和制作素菜汤等活动，有助于特需学生锻炼手部的精细动作，提高手眼协调能力。

问题解决能力：在实践中遇到问题时，鼓励他们思考和尝试不同的解决方法，培养解决实际问题的能力。

4. 适应能力的提升

环境适应：参与不同的实践活动，使特需学生逐渐适应各种新的环境和场景，减少对陌生环境的恐惧和不安。

规则意识培养：课程中的各种活动都有一定的规则和流程，特需学生在参与过程中学会遵守规则，提高适应社会规范的能力。

5. 创造力的激发

鼓励创新思维：给予特需学生自由发挥的空间，让他们能够从独特的角度思考和表达，激发创造力。

培养想象力：通过艺术创作、故事讲述等环节，启发他们的想象力，创造出属于自己的作品或想法。

例如，一个有语言障碍的特需学生在综合实践课程中，通过与小组同学共同完成一个手工制作项目，不仅提高了动手能力，还在与同学的非语言交流中增强了社交自信，学会了如何更好地表达自己的需求和想法。

总之，综合实践课程为融合教育中的特需学生提供了一个全面发展的平台，能够有效促进他们综合能力的提升，帮助他们更好地融入社会和生活。

培智体育教学中德育目标的构建与评价
——以取物往返跑游戏教学为例

中山市特殊教育学校　何红娟

党的十八大提出立德树人是教育的根本任务。党的十八届三中全会通过的《中共中央关于全面深化改革若干重大问题的决定》进一步提出"深化教育领域综合改革。全面贯彻党的教育方针，坚持立德树人"，并针对学校体育工作提出"强化体育课和课外锻炼，促进青少年身心健康、体魄强健"，为新时期学校体育立德树人指明了方向。《义务教育体育与健康课程标准（2022年版）》指出，体育与健康学科要培养的核心素养，主要是指学生通过体育与健康课程学习而逐步形成的正确价值观、必备品格和关键能力，包括运动能力、健康行为、体育品德等方面。《培智学校义务教育运动与保健课程标准（2016年版）》指出，遵照"健康第一"的指导思想，坚持育人为本，开展体育教学，两项课程标准都是落实立德树人的集中表现，要求在体育教学中培育全面发展的人。培智体育课堂主要教学对象为智力落后学生，作为特殊人群，因其身心发展的缺陷，更需要开展德育方面的渗透教育，为其树立良好的独立人格、适应未来的社会生活奠定基础。

一、培智学生开展德育的重要性

本文所研究的培智学生，是智力水平IQ值低于75的智力落后的学生。智力落后，也称精神发育迟滞，是个体在18岁之前的生长发育期，智力与适用行为两个方面出现严重缺陷的一种疾病。通过体育活动，智力落后学生能提高运动技能、改善身体素质，而且集体间体育活动的团结协作互动、活动规则的遵守、礼仪显现等体育道德精神的融入，能帮助智力落后学生获得体育运动获胜的喜悦，建立人生信心，帮助其树立社交规范，成为富有担当、具备责任心的社会公民。通过体育活动培养智力落后学生坚韧的意志品质，以便其在社会生活中予以迁移，克服生活中的重重困难，这对于提升智力落后学生适应社会的能力及综合素质大有裨益。

二、培智学生体育品德的构成元素

义务教育课程方案和标准（2022年版）明确规定，体育核心素养的内容包括运动能力、健康行为、体育品德三个方面。《培智学校义务教育课程标准（2016年版）》中关于体育德育方面还包括了培智学生的体育课堂参与，良好情绪的控制等。Bailey等在评述美国学校对学生道德和社会发展的贡献时指出，体育能够促进学生的公平竞争、个人责任、与他人合作和体育精神等道德理性的积极发展。承担个人责任、与他人合作、遵守规则和礼仪在美国将其作为体育德育课内容。对比中美关于体育德育的内容不难发现，二者既有共同目标内容，也有不同的内容，但总体而言，体育德育的最终目标均是希望通过实际的体育活动，帮助学生树立良好的社会价值观及良好的行为准则。

《培智学校义务教育运动与保健课程标准（2016年版）》将学科课程分为四个学习领域：运动参与、运动技能、身体健康、心理健康。将体育德育方面的教学归入心理健康方面，心理健康的教学目标分别为培养良好的意志品质、学会调控情绪的方法、形成合作的意识与能力、具有良好的体育道德。将义务教育体育品德教学目标与培智德育方面的教学目标进行对比分析，二者的共同目标为体育精神（包括意志品质、合作意识及能力）、体育道德，而体育品格在培智德育目标方面涉及较少，应适当予以补充完善，如通过体育活动，让学生充满自信，乐于助人，在体育比赛中能正确对待成败等。此外，研究表明，集体性的体育活动能有效改善智力落后学生的情绪行为，帮助学生有效地参与体育课堂，建议将学会调控情绪的方法列入培智学生体育德育目标。

因此，在核心素养视域下根据智力落后学生的实际特点，拟定相适应的体育德育教学内容，具体包括意志品质、合作意识与能力、良好情绪的控制、遵守运动及比赛规则、尊重同伴或对手、掌握基本的运动交往礼仪等，即体育精神，体育道德、体育品格及控制情绪四个维度。体育教师应在实际教学中设计丰富的活动，将体育德育内容融入其中，帮助智力落后学生树立良好的体育品德。

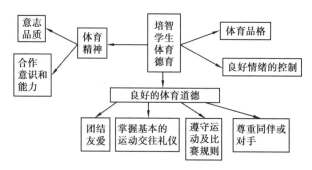

培智学生体育德育教学内容及目标

三、培智学生体育课堂德育目标的构建、实施与评价

（一）遵循教育心理学原理，可持续规划各学龄段体育德育目标

体育课程标准中就各学龄段的体育德育总体目标进行了宽泛的规定，在实际的操作中需要我们将体育课程的"立德树人"的教育目标分解到基础教育不同学段的体育课程内容中，建立相应的行为规范体系，保证价值观和行为规范教育并重。这就需要体育教师掌握智力落后学生的心理发展特点，从易到难，从低能力水平到高能力水平循序渐进，逐步增加体育德育目标的渗透教学，通过体育活动帮助智力落后学生树立良好的身心品德。体育教师需根据智力落后学生的认知能力及残疾程度，及时调整体育德育教学目标，即通过个别化教育计划的实施，满足智力落后学生的体育德育教学需求，按培智学生学段来划分体育德育教学目标，如下表所示。

各学段体育德育教学目标

学段	体育精神	体育品格	调控情绪	体育道德
学段一	尝试努力完成各项体育活动、有一定的合作意识	充满自信，乐于助人，尝试在活动中扮演好角色，有礼貌	体验体育活动对情绪的积极影响	1. 了解运动交往礼仪 2. 具有遵守运动及比赛规则的意识
学段二	坚持完成一定难度的体育任务，有团队合作意识	活动中扮演好自己的角色，有良好礼仪，有正确胜负观念	体育活动中，面对挫折与失败，尝试调节自己的情绪	1. 尝试遵守运动及比赛规则 2. 尊重同伴或对手，掌握基本的运动交往礼仪 3. 尝试公平竞争，逐步遵守比赛规则
学段三	积极进取、勇敢顽强、坚持到底、有团队合作的意识和精神	树立自尊自信、文明礼貌、责任意识及正确的胜负观念	体育活动中能主动调节自己的情绪，积极应对挫折和失败	1. 同学间团结友爱，互帮互助，表现良好的运动交往礼仪 2. 公平竞争，能遵守运动及比赛规则

注：学段一：1—3年级/低等运动能力。学段二：4—6年级/中等运动能力。学段三：7—9年级/高等运动能力。

（二）融合体育教学与德育渗透，在体育活动中习得体育品德

学生体育技能的习得注重实操性，应通过适当的游戏及情景教学帮助学生在实际的体育活动中愉快地掌握技能，并在实战中运用动作技能。同样，体育德育目标的达成，应通过实操的方式帮助智力落后学生将德育精神植根到各项体育活动及动作技能习得的过程之中，这就需要体育教师根据智力落后学生的障碍类型、障碍程度，结合实际的教学条件，为智力落后学生营造合适的发展氛围，把教学目标落实到实处，时时刻刻关注智力落后学生的品德表

现，及时评价与纠正。例如，在课堂上进行"取物往返跑接力"教学，教师要培养学生掌握取物往返跑的动作要领，学生能够理解取物往返跑接力的基本概念；并在活动中重点发展学生团结协作完成游戏，培养学生的合作能力，学生在游戏时能遵守游戏规则，与同伴单手击掌进行取物接力跑，同伴间能相互分享游戏活动给自己带来的喜悦心情，从而通过融合体育教学与德育渗透，让智力落后学生在实际体育活动中习得体育品德。

学生体育课堂德育渗透教学案例（取物往返跑接力）

班级	三年级	学生人数	10—12人	课程领域		运动与保健	课程内容	特奥·田径·取物往返跑接力
学情分析	A组	学生认知及身体运动能力较好，对体育运动感兴趣，能主动参与运动锻炼及帮助有需要的同学						
	B组	学生有一定认知及身体运动能力，能在教师的不断示范和提示下完成学习内容，自主完成较为简单的练习						
	C组	学生学习认知、运动能力相对较弱，注意力容易分散，对教师所讲、所示范的教学内容难以理解，需要教师的个别辅助，参与运动的积极性低，被动参与学习						
教学准备	田径场、接力棒							

学习目标	A层（高能）				B层（中能）					C组（低能）		
	1	2	3	4	1	2	3	4	5	1	2	3
1.学生能够清晰理解并遵守取物往返跑接力的游戏规则	√	√	√	√	√	√	√	√	√			
2.学生取物时能做出弓步下蹲动作，并保持重心稳定	√	√	√	√	√	√	√			√		
3.学生取物时眼疾手快，能准确地抓取标志物	√	√	√	√	√	√	√	√	√	√	√	√
4.学生取物后能顺势转身，腿部迅速蹬地加速跑	√	√	√	√	√	√	√	√	√			√
5.学生能够连贯完成10米以上的取物往返跑	√	√	√	√	√	√	√	√	√			√
6.学生能够在游戏中规避风险，避免跑动中碰撞	√	√	√	√	√	√	√	√	√	√	√	√
7.学生游戏时能与同伴单手击掌进行接力赛	√	√	√	√	√	√	√	√	√	√	√	√
8.同伴间能够相互合作，积极完成取物折返跑接力	√	√	√	√	√	√	√	√	√	√	√	√
9.学生能够分享取物往返跑游戏给自己带来的喜悦心情	√	√	√	√	√	√	√	√	√	√	√	√

（三）注重体育德育评价方式，基于目标多视角规范化评量

体育技能的评价可以通过动作的完成程度、实战运用等来完成，体育德育目标的达成因其宏观性不仅需要通过过程性评价、课堂终结性评价，更需要加入学生自我评价、学生同伴间的相互评价来体现。

1. 体育德育过程性评价

主要针对智力落后学生在体育教学过程中的行为表现和心理变化进行评价，以便让教学过程的评价更全面，体育教师应基于培智体育德育的四维目标，适时了解智力落后学生的品德变化情况，在课堂中全面关注学生的体育活动过程，发现问题及时调整，学生表现优异的予以肯定和表扬。例如，取物往返跑接力游戏，学段一的学生在学习游戏初期能尝试参与游戏，通过练习能主动参与游戏，良好地完成与同伴间的接力跑活动，表明学生在合作方面进步明显，应予以肯定，鼓励向更高目标迈进。

2. 体育德育终结性评价

体育德育终结性评价即体育教师对残疾学生堂课的总体表现进行的终结性评价，侧重评价的整体性，是对学生学期或者学年的体育德育方面的整体表现的总结，培智体育德育的四维目标的评价，应与过程性评价取长补短，根据实际需求选取评价方法。例如，情绪调控方面，学生在教师的耐心引导下，通过适切的个人及团体的运动干预，一个学年以来情绪逐步稳定，能正确表达出自己的需求，发脾气及哭闹的次数明显减少，说明学生在该领域取得了较大的进步。以此类推，教师可通过体育教学活动，同步观察评量学生在体育精神、体育道德、体育品格等方面的变化。

学生体育德育目标达成评价表

姓名	学段	评价内容	评价结果（他评结果）			
			优秀	良	合格	不合格
王××	学段一	体育精神				
		体育品格				
		调控情绪				
		体育道德				

3. 培智学生的自我评价

教师可以通过观察或提问、学生自述等了解学生的德育体验收获、进步与不足、改进方法，规划短期及长期体育德育目标，以便安排适宜的教学内容。例如，取物往返跑接力游戏中学生未能尽全力完成游戏，教师提示学生反思自己是否尽全力，分析未能尽全力的原因，

鼓励学生克服困难，尽全力参与体育游戏，培养学生坚强的意志品质，教师根据学生的反馈，帮助学生填写自评表。

学生体育德育目标达成自评表

姓名	学段	评价内容	评价结果（自评结果）			
			√√√	√√	√	+
王××	学段一	体育精神				
		体育品格				
		调控情绪				
		体育道德				

4. 培智学生同伴间的相互评价

智力落后学生体育德育目标的达成，一方面体现在学生自身的体验，即通过各项体育活动，学生能够逐步完成各项目标，另一方面体现在与同伴的互动中，同伴的适时感受，即智力落后学生良好品德在班级体育活动以及班级生活中的迁移运用。认知能力较好的同学能及时反馈同伴的变化，对同伴的行为予以肯定及督促，并对同伴的正向行为予以强化，因而同伴间的评价是智力落后学生体育德育目标达成的一个重要观察方法。例如，观察取物往返跑接力游戏中学生遵守活动规则的程度，学生在游戏初期不能遵守规则，在教师及同学的帮助下经过反复训练后能逐步遵守规则，使团体活动更顺利地开展，学生自己也取得较为明显的进步，在教师总结询问时，同伴能真实大声地反馈同学的变化。

智力落后学生的认知能力、智力水平发育迟缓，不能像普通学生一样准确地完成教师指令，不能清晰直观地表达需求。为全面了解学生体育德育目标的达成情况，应采用多视角规范化的评量方式，建议以总结性评价＋过程性评价为主，自我评价及学生间的评价为辅。另外，可加入家长及其他学科教师的反馈评价作为辅助评价参考。总之，需要多方面了解、掌握智力落后学生在体育课堂中的品德变化，以便为下一阶段教学目标的设定提供参考。

四、结束语

综观所有的教育，都并非一蹴而就，需要时间和辛勤付出才能获得丰硕成果。培智学生因其自身先天及后天发育的制约，在参与体育活动及动作技能的习得方面，会表现出动作缓慢，反应较为迟钝，这就需要体育教师及同伴的更多关注和支持。基于体育精神、体育品格、调控情绪、体育道德的四维体育德育目标的达成，同样需要体育教师、同伴及家长的大力支持。培智学生体育德育目标的设定，应遵循个别化教育计划的实施方式，以学生的实际能力为起点，在体育教学活动中设定个别化的体育德育目标，通过丰富多彩的体育活动塑造良好的体育品德，从而促进培智学生的全面发展。

培智学生养成教育班本课程
——以四（4）班为例

一、学情分析

（1）感知和注意力：由于存在智力缺陷，本班学生的生活自理能力普遍较差，明显低于正常学生，在学习中也会表现出一些学习障碍，如他们的认知发展低于正常学生，在注意力、观察力和记忆力方面也存在缺陷，基本无抽象思维能力，对于科学文化知识和生活技能也都无法全部理解，且接受速度慢。

（2）语言发展：学生语言发展通常较为迟缓，词汇量有限，表达不清，很难用通顺的语句表达自己的观点和意见，常常词不达意，不能与人正常沟通，人际交往能力明显低于正常学生，缺乏社交能力，影响了他们的沟通和学习能力。

（3）思维特征：培智学生的思维方式往往停留在直观形象阶段，缺乏抽象思维的能力，他们在解决问题时显得刻板，缺乏灵活性和目的性。

（4）行为特征：由于认知和情感的限制，培智学生情感发展明显低下，不愿与人交流，活在自己的世界里，心理常处于自我封闭或半封闭状态，大多存在任性、自卑、孤僻、敏感、多疑、情绪暴躁、恐惧等心理障碍。

二、课程背景

在培智教育中，培养智力障碍学生良好的行为习惯和道德品质能使其更好地适应学校的集体生活，提高学习效率，有助于提高人际交往能力，自觉遵守社会规范和秩序，提升个人素质，对于他们的成长和发展至关重要。此外，良好的生活习惯和行为方式也能促进身心的健康发展，增强自身体质和免疫力，还可以培养学生的自律性和责任心。然而，由于智障学生在智力、认知、情感和行为等方面存在不同程度的障碍，养成教育面临诸多挑战。因此，本教学案例立足智力障碍学生的成长需求，坚定"立德树人"的教育观念，旨在促进智力障碍学生全面发展，提升道德品质，规范道德行为，帮助学生养成良好的行为习惯，使其更好地适应社会生活。通过学校与家庭的共同努力，运用多样化的教育方法和手段，帮助培智学生养成良好的行为习惯，提升他们的道德品质和社会适应能力。

三、课程目标

（1）培养学生基本的生活自理能力，如穿衣、洗漱、进餐等，提高学生的自我照顾能力。

（2）引导学生养成文明礼仪习惯，如礼貌用语、尊重他人、友好相处等，提升学生的人际交往能力。

（3）帮助学生树立正确的劳动观念，培养学生的劳动意识和劳动技能，增强学生的责任感。

（4）强化学生的行为规范和安全意识，使学生掌握基本的安全知识和自我保护技能，预防安全事故的发生。

（5）促进家校合作，发挥家长的榜样示范作用，共同引导学生养成良好的行为习惯。

养成教育的主要内容

自理能力	文明礼仪	卫生习惯	劳动教育	行为规范	安全意识
穿脱衣物、鞋袜 自主大小便 饮食、进餐 刷牙、洗漱	师长问好、道别 使用礼貌用语 不随地大小便 爱护公物	衣着整洁干净 饭前便后洗手 保持食物干净 不乱扔垃圾	培养劳动习惯 树立劳动意识 家务劳动 劳动技术	不迟到、早退 课堂坐姿端正 有序排队 遵守班规校纪	团结友爱 楼道不拥挤 防溺水、出行 自我防护

四、主题选择

（1）"我能照顾自己"：针对培智学生生活自理能力较差的问题，通过日常教学和实践活动，培养学生的生活自理能力。

（2）"文明小使者"：引导学生学习文明礼仪知识，培养学生的文明素养和社交能力。

（3）"劳动最光荣"：让学生了解劳动的意义和价值，培养学生的劳动兴趣和劳动习惯。

（4）"安全伴我行"：对学生进行行为规范和安全教育，提高学生的安全意识和自我保护能力。

（5）"家校共育，助力成长"：加强家校沟通与合作，共同促进学生良好行为习惯的养成。

五、教学内容

（一）我能照顾自己

故事教学：讲述《小熊学穿衣》的绘本故事，引导学生思考如何提高生活自理能力。

技能教学：教师示范穿衣、洗漱、进餐等基本生活技能，学生分组练习。

实践活动：组织学生进行生活自理能力比赛，如穿衣比赛、刷牙比赛、整理书包比赛等。

评价反馈：学生自我评价和学生间互评，教师对学生的表现进行总结和评价，给予表扬和奖励。

（二）文明小使者

案例分析：展示一些不文明行为的案例，如在公共场合大声喧哗、随地吐痰等，引导学生分析这些行为的不当之处。让学生树立文明意识。

礼仪学习：学习礼貌用语、基本的社交礼仪，如问候、道别、道谢。

晨间问好　　　　　　　　　　　感恩母亲节

角色扮演：学生分组进行角色扮演，模拟在学校、家庭、社会等不同场景中的交往，并引导学生使用文明用语以及如何以礼待人。

名人名言分享：分享有关文明礼仪的名人名言，如"不学礼，无以立"（孔子），加深学生对文明礼仪的理解。

（三）劳动最光荣

知识讲解：讲解劳动的意义和价值，让学生了解劳动对于个人成长和社会发展的重要性。

劳动体验：组织学生参与校园劳动，如打扫教室、整理花园等；鼓励学生在家中承担一些力所能及的家务，如扫地、擦桌子、洗碗等。

清理校园垃圾　　　　　　　　　　擦玻璃

劳动榜样展示：介绍一些劳动模范的事迹，如雷锋、时传祥等，激发学生的劳动热情。

作品展示：学生展示自己的劳动成果，如绘画作品《我劳动，我快乐》、手工作品《劳动小工具》等，分享劳动的收获和感受。

（四）安全伴我行

视频观看：播放安全教育视频，如交通安全、消防安全、食品安全等，引导学生了解安全知识。

安全教育　　　　　　　　　　认识消防设施

安全演练：组织学生进行火灾逃生、地震避险等安全演练，提高学生的应急反应能力。

知识竞赛：开展安全知识小竞赛活动，巩固学生的安全知识。

安全儿歌传唱：学唱《安全歌》等安全儿歌，增强学生的安全意识。

（五）家校共育，助力成长

家长讲座：举办家长讲座，介绍智力障碍学生的身心特点和教育方法，提高家长的教育意识和教育能力。

亲子活动：组织亲子活动，如亲子运动会、亲子手工制作等，增进家长与孩子之间的感情，促进家校合作。

家访活动：教师定期进行家访，了解学生在家的表现和家庭环境，与家长共同制订教育计划。

家长志愿者活动：邀请家长参与学校的教育教学活动，如担任课堂助教、组织课外活动等，形成家校教育合力。通过加强家校沟通，家长提高对智力障碍儿童行为习惯培养的重视程度。

六、教学方法

直观教学法：通过图片、视频、实物等直观教具，帮助学生理解教学内容。因材施教，给予学生充分有效的教育和训练，以促进其良好习惯的养成。

绘本阅读　　　　　　　　　　　　衣物的指认

游戏教学法：设计一些与教学内容相关的游戏活动，如猜谜语、接龙游戏等，让学生在游戏中学习。对于能力较强的学生，教师可以提出难度更大的要求；对于能力较弱的学生，要分小步走，给予更多的支持策略，如在行为规范教育主题中，开展"规则大比拼"游戏，让学生在游戏中了解和遵守规则。

情境教学法：创设生动的教学情境，如角色扮演、模拟生活场景等，让学生在情境中体验和学习。能适当地运用强化定律，"强化定律"是一个加减法的行为，强化好习惯用加法，矫正坏习惯用减法，只要教师用好强化定律，每个学生都可以实现从"强行"到"自觉"的习惯养成。

小组合作教学法：将学生分成小组，让学生在小组合作中完成学习任务，培养学生的合作意识和团队精神，通过差异化教学，让智力障碍儿童获得良好的学习体验，并养成生活自理的良好习惯。

利用国学经典诵读的方式帮助他们养成好的习惯，每天进行一定时间的经典诵读活动，使智力障碍儿童主动学习、模仿文学诵读中的内容，形成良好的品质与意志。

小组学习儿歌

七、学生的参与和互动

（一）我能照顾自己

在生活自理能力比赛中，学生积极参与，努力展示自己的技能。有的学生虽然动作有些缓慢，但依然坚持完成任务。在评价环节，学生纷纷发言，指出自己和同学的优点与不足之处，并表示要继续努力提高自己的生活自理能力。

自理能力比赛

（二）文明小使者

在角色扮演活动中，学生认真投入，模仿不同场景中的文明交往行为。在案例分析中，学生踊跃发言，发表自己对不文明行为的看法。有的学生说："在公共场合大声喧哗是不对的，会影响别人。"有的学生表示："随地吐痰不卫生，还会传播病菌。"

（三）劳动最光荣

通过"值日小班长"活动，学生轮流当值日班长，带头打扫并检查班级卫生。在劳动体验活动中，学生干劲十足，认真打扫教室、整理劳动实践基地。有的学生说："劳动虽然有点累，但是看到自己的劳动成果，觉得很开心。"在作品展示环节，学生互相欣赏作品，分享劳动的收获和感受。

（四）安全伴我行

在安全知识竞赛中，学生积极抢答，气氛热烈。例如在上下楼梯时，知道要左上右下，不拥挤推搡等。在消防、地震安全疏散演练中，学生按照教师的指导，迅速有序地进行疏散和避险。

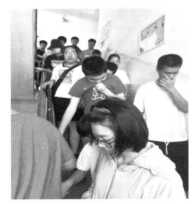 

消防疏散演练 　　　　　　　　　　地震疏散演练

（五）家校共育，助力成长

在亲子活动中，家长和学生一起参与，共同完成任务，增进了亲子之间的感情。在家长志愿者活动中，家长积极参与学校的教育教学活动，为学生带来了丰富多彩的课程和活动。家长表示，通过参与这些活动，更加了解孩子的学习和生活，也更加明确了自己在孩子教育中的责任。家长与教师统一步调，帮助孩子巩固在学校所学的内容，并及时纠正不良行为。

八、教师的引导和指导

（一）"我能照顾自己"

在技能教学环节，教师耐心地示范每个动作，详细讲解步骤和要点，然后让学生分组练习。在学生练习过程中，教师巡回指导，及时纠正学生的错误动作，鼓励学生坚持练习。

（二）"文明小使者"

在案例分析环节，教师引导学生从不同角度分析不文明行为的危害，启发学生思考如何在日常生活中做到文明礼仪。在角色扮演活动中，教师指导学生如何更好地表现角色，如何运用礼貌用语和社交礼仪。把学生培养成"说文明话，做文明事，守礼仪规，做文明人"的好少年。

（三）"劳动最光荣"

在劳动体验活动中，教师给学生分配任务，明确劳动要求和安全注意事项。在学生劳动过程中，教师鼓励学生不怕困难，勇于尝试，及时给予学生帮助和指导。

（四）"安全伴我行"

在视频观看环节，教师适时暂停视频，提出问题，引导学生思考和讨论。在安全演练环节，教师认真组织，指挥学生按照预定方案进行演练，及时总结演练中存在的问题和不足，提出改进措施。

防溺水主题班会课

（五）"家校共育，助力成长"

在家长讲座中，教师结合实际案例，深入浅出地讲解智力障碍学生的教育方法和策略，解答家长的疑问。在亲子活动和家长志愿者活动中，教师积极协调，组织家长和学生有序参与活动，引导家长和学生在活动中增进感情，提高教育效果。

家长讲座

九、课程的评价与反馈

（一）学生的自我评价

学生填写自我评价表，对自己在各个主题活动中的表现进行评价，包括生活自理能力、文明礼仪、劳动意识、安全意识等方面。学生在评价中反思自己的进步和不足之处，明确努力的方向。

（二）同学互评

开展"我眼中的你"活动，让学生相互评价对方在课程学习中的表现，如文明行为、劳动态度、遵守规则情况等。通过小组讨论、投票等方式，学生之间相互对同学在主题活动中的表现进行评价。学生互评可以让学生从不同角度了解自己的优点和不足，促进学生之间的相互学习和交流。

（三）教师评价

教师对学生在各个主题活动中的表现进行全面评价，包括学习态度、参与度、行为习惯等方面。教师的评价以鼓励和肯定为主，同时提出改进的建议和期望。

（四）家长评价

家长对学生在家中的表现进行评价，包括生活自理能力、劳动习惯、文明礼仪等方面。家长的评价可以让教师了解学生在家庭环境中的表现，为进一步改进教育教学提供参考。

（五）课程内容和教学方法的反馈

通过问卷调查、座谈会等方式，收集学生、家长和教师对课程内容和教学方法的反馈意见。学生和家长普遍认为课程内容丰富、实用，教学方法生动、有趣，能够激发学生的学习兴趣和参与度。教师也表示通过教学实践，不断总结经验教训，对课程内容和教学方法进行了优化和改进，提高了教学效果。

十、育人效果

（一）生活自理能力提升

经过"我能照顾自己"主题活动的学习和实践，学生的生活自理能力有了明显提高。大部分学生能够独立完成穿衣、洗漱、进餐等基本生活任务。

（二）文明礼仪习惯养成

通过开展"文明小使者"主题活动，学生的文明礼仪意识明显增强。学生在日常生活中努力践行文明礼仪，主动向老师、同学、家长问好，使用文明礼貌用语，与他人友好相处。校园内的文明氛围更加浓厚。

独立进餐 自己穿好衣裤

（三）劳动意识增强

在"劳动最光荣"主题活动中，学生了解了劳动的意义和价值，树立了正确的劳动观念。学生不怕脏、不怕累，积极参与班级卫生打扫和校园绿化养护等劳动实践活动，用自己的双手创造了一个整洁、美丽的学习和生活环境。学生的劳动积极性提高，能够主动参与校园劳动和家务劳动，劳动技能也有了一定的提升。

清理杂草

（四）安全意识提高

通过"安全伴我行"主题活动的学习和演练，学生的安全意识明显增强。学生掌握了基本的安全知识和自我保护技能，能够自觉遵守安全规则，校园内的安全事故明显减少。

（五）家校合作更加紧密

"家校共育，助力成长"主题活动的开展，加强了家校间的沟通与合作。家长更加了解学校的教育教学工作，更加关注孩子的成长和发展，积极参与学校的教育教学活动，形成了家校教育合力。

十一、课程的延伸与拓展

（一）我能照顾自己

布置课后实践任务，如要求学生在一周内坚持自己整理书包、叠被子等，家长进行监督和记录。推荐学生阅读《自己的事情自己做》等绘本，加深学生对生活自理能力的认识。根据每个学生行为习惯养成的情况，设置"自理小标兵"等称号或奖项，这些称号或奖项都可以激励他们继续保持下去。

（二）文明小使者

开展"文明之星"等评选活动，每周评选出一名在文明礼仪方面表现突出的学生，进行表彰和奖励。鼓励学生在日常生活中观察身边的文明行为，记录下来并与同学分享。

（三）劳动最光荣

组织学生参观工厂、农场等劳动场所，了解不同职业的劳动内容和劳动价值。开展"劳动小能手"评选活动，激发学生的劳动热情。

（四）安全伴我行

制作安全知识手抄报，让学生将学到的安全知识以图文并茂的形式展示出来。组织学生进行安全宣传活动。根据班级学生的认知水平和行为特点，参考《小学生日常行为规范》，制定适合本班学生的班规，其中包括卫生规范、学习规范、饮食规范、作息时间等。

（五）家校共育，助力成长

定期开展家长学校活动，邀请专家举办讲座，提高家长的教育水平。借助社会的力量，让更多的爱心人士参与进来，促进家校社之间的交流与合作，制定合理的养成教育目标，以促进特殊儿童全面发展，提升道德品质，规范道德行为，呵护其健康成长。

自闭症宣导活动

创建特色班集体的思考与实践

——以中山市特殊教育学校"蓓蕾花房"为例

中山市特殊教育学校　黄海珊

一、育人理念

著名教育家杜威认为，"学校即社会"，班级是特殊儿童离开家庭开始团体生活的尝试，他们在这个班级能获得哪些方面的发展，朝哪个方向成长，班主任的育人理念至关重要。要打造一个理想的班集体，就要求班主任用共同体的理论来审视理想班级，通过一系列的举措进行班级管理，使班级生活成为学生理想的生活方式，促进学生的健康成长。每个孩子就像一朵朵含苞待放的花骨朵，在精心的呵护与耐心的等待下，他们总能以不同姿态的美丽来点缀这充满希望的校园。在带班育人过程中，作者一直坚持"提升学生的生活品质，构建阳光自信的成长共同体，让每朵小蓓蕾在校园中绽放自己的光彩"的育人理念。

二、班情分析

为了能够更好地了解学生情况，制定有效的班级管理措施，作者通过实地家访、微信沟通、填写心愿卡、调查问卷等方式，结合学生在学校的各方面表现来归纳总结出学生的个性特点、行为习惯、优势特长等。通过分析发现，班上的 13 名学生，有 7 名患有自闭症、1 名患有唐氏综合征和 5 名智力障碍。这 13 名学生思想活跃，崇尚自我，规则意识薄弱，其中有 2 名学生情绪问题特别严重，伴有自残行为。虽然有两三个学生能力相对较好，但是缺乏集体意识，喜欢我行我素。大部分学生缺乏语言表达能力，仅能听懂一些简单的指令。

在家庭情况方面，由于大部分家长都忙于生计或者将重心放在健康孩子身上，没有太多的时间和精力来陪伴他们，学生缺乏安全感，内心敏感且脆弱，社交能力极其有限。

从学生的兴趣特长来分析，大部分学生没有特别的兴趣爱好，部分沉迷于电子产品，缺乏自我认同感。

三、班级发展目标

为了做好班级管理工作，作者查阅了很多关于建设特色班级的文献，向以往获得中山市特色班级的班主任取经，并与两位搭班老师进行讨论。经过思想的碰撞与充分的思考，一个承载着希望的班级诞生了，它就是"蓓蕾花房"。蓓蕾象征着含苞待放，成功在即，取名"蓓蕾花房"代表着我们对学生的美好期盼。在《中小学德育工作指南》的指引下，结合班情分析及育人理念，作者将班级发展的总目标定为优化学生的生活品质，构建阳光自信的成长共同体，并确定以下阶段发展目标：

以规为源，浇灌蓓蕾——做守规则的小蓓蕾；以食化育，塑德为上——做有品德的小蓓蕾；以能润泽，花开可期——做有才能的小蓓蕾；以爱助力，花开满园——做会发光的小蓓蕾。

四、特色创建过程

（一）班级组建阶段——做好基础建设

1. 全面分析班情，了解全员现状

（1）了解学生。当我们接受一个新班时，最重要的是尽快全面了解学生。查阅档案、召开家长会、进行家访是我们了解学生基本信息的一些主要途径，然后通过学生在学校的各方面表现来归纳总结出学生的个性特点、行为习惯、优势特长等。在我们学校，因为需要制订个别化教育计划，所以在新生入学以后，我们会让家长填写学生的基本信息，包括家庭成员、教养态度、既往病史、教育史、有效强化物等，并对学生进行评估，然后进行学业能力分析，结合日常对学生的观察，我们会对学生有基本的了解。当然，想要对学生有更深入的了解，还需要时间的支持。

（2）了解家长。对每个家长的处事风格与喜欢的交谈方式要了解到位，喜欢讲粤语的，我们要用粤语跟家长拉近关系，像作者每次只要一和家长讲粤语，他们都会反问：老师你是哪里人？这样话匣子就打开了，距离也拉近了。如果我们发现家长来接孩子时心情不太好，我们也可以用闲聊的方式问："怎么感觉你今天心情很一般呢？"有些家长对孩子比较上心，喜欢面面俱到，我们就可以私聊或者平时接送孩子时主动向家长反馈孩子的在校情况。只要我们了解家长的教养方式、家庭类型、家长诉求，以及家长参与学校教育的意愿和能力等，

就能相对容易地建立良好的家校关系。

（3）了解两位副班主任的教学风格与专长。班主任这个角色很重要，但如果没有得力的左膀右臂，想要形成一个良性的教育管理模式是一件很困难的事情。我们可以通过学校的团建活动、课堂观察、课后交流、班级活动等方式观察、了解自己的搭班老师，以便更好地安排工作，分配任务，形成育人合力。

（4）了解学生所在宿舍的生活老师。因为学生是在学校宿舍午休的，有专门的生活老师进行午休的管理，还有部分学生每周的周一至周五是在学校住宿的，所以我们是需要主动告知他们，哪些学生有攻击性行为、情绪行为，哪些学生需要多提醒上厕所，要注意哪些学生容易逃跑、躲起来，并给予生活老师一些建议，让他们能更有针对性地帮忙管理学生，并且班主任多走访宿舍，也能知道学生在宿舍的表现情况。

2.重视常规教育，培养规则意识

特殊学生在入学后都需要一段时间的适应过程，在这一阶段，我们的首要任务是让学生尽快适应学校的基本规则，遵守班级制度，为班级的良好运行打好基础。对于特殊儿童来说，有部分学生由于早期缺乏及时的康复训练、早期教育环节的缺失、家庭教育不当等原因，在入学后会存在很多问题，如生活自理能力缺乏、不懂得遵守纪律、缺乏与人合作的意识、自我约束能力差以及由于不良行为受到教师批评后的副作用等。但需要注意的是，不要一次性引入太多的规则，而应逐步引入，并给学生足够的时间来适应和学习。比如，这一周我们重点抓上课坐姿，就可以在学生形成良好坐姿后，再进行安坐训练，这样有助于减轻他们的心理压力，更好地理解和遵守规则。

（二）班级发展阶段——注重目标建设，落实实践体系建设

1.目标建设：形成共同愿景，凝聚全员共识

创设特色班集体必不可少的一步就是要将班级培养成一个育人共同体。作为育人共同体的班级，其目标是实现师生共同成长，共促班级发展，建成特色班级。因而在目标制定阶段，作者利用新生班家长的机会，收集家长对孩子的期盼，经过一段时间，作者对学生也有大致的了解。发现在生活适应课堂上，每次只要讲与食物有关系的知识，孩子们都会比较兴奋，一改往日随意走动、大喊大叫的表现，而后查阅相关资料，发现幼儿园有关于"食育"这一方面的教学，作者就在想是否也可以引入运用在培智学生身上呢？接下来作者就尝试利用各种节日契机，在班级开展对节日食物的教学，再利用周末亲子私房菜、组织研学活动、写宣传稿等方式一步一步地让家长了解食育、知道食育、支持食育。慢慢地，双方都将食育教学打造成班级特色，成为班级共同愿景。在目标实施阶段，我们也组织了

不同难度系数的食育活动来满足学生需求，给予学生自我管理、自我教育的空间，同时发挥两位副班主任及家委的力量，让家委做家长进课堂活动的牵引人，鼓励其他家长积极参与，引导大家自觉为实现班级目标贡献力量。在目标成果检测阶段，班主任要不断反思班级目标的实施情况，对获得的成绩要及时肯定，问题要及时解决，善总结善反思善解决。

2.实践体系建设：践行带班理念，形成教育合力

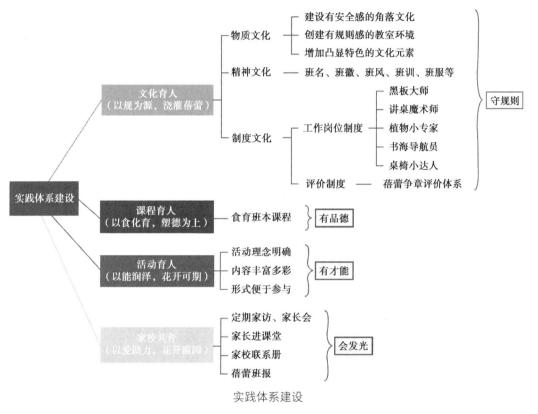

实践体系建设

在完善基础建设与目标建设后，我们开始进行班级教育实践。班级教育实践是实现班级发展目标，践行带班理念，形成教育共识的行为。主要包括以下几个操作层面的内容。

1）文化育人

文化育人是立德树人的隐性路径，主要体现在物质文化、精神文化和制度文化三个方面。

（1）物质文化。物质文化是班级内部所创造和拥有的物质环境和设施，这些物质元素不仅反映了班级的特色和风格，还在一定程度上影响着学生的学习和成长。在进行环创时，我们可从以下几个方面考虑：①建设有安全感的角落文化。由于大部分学生存在入学焦虑，适应新环境比较困难。在班级文化创建的初始阶段，我们可以鼓励学生带亲子手工合照，组建手工坊；最喜欢的绘本到班级，组建图书角；最喜欢的小动物或植物，组建自然角。

角落文化既可以让班级环境更加丰富有趣，还可以带给学生熟悉感、安全感，降低入学焦虑，帮助学生更快地适应班级集体生活。②创建有规则感的教室环境。考虑到学生的障碍类型不同，教室的布置应力求简洁朴实、具有规则感。我们会通过物品的有序摆放，以及利用各种图标、图片或者地贴来建立教室环境中的规则感。上课的规则、座位的安排、物品的安置等都通过图文结合的方式来告诉孩子们应该怎么做。③增加凸显特色的文化元素。教室文化墙的布局可以用班本课程或者其他能凸显班级特色的元素来进行设计。我们的班级是以食育课程作为班本课程，所以教室的布置主要由节日的美食、食育画作、仿真食物吊饰、读书区的食育绘本推荐、食育班本课程等板块组成。

亲子合照

教室规则建立

教室文化墙

（2）精神文化。精神文化是指班级成员在长期共同生活和学习过程中形成的，为班级多数成员所认同和遵循的精神观念、价值取向、审美情趣、思维方式、行为准则等，主要通过班名、班训、班徽、班风、班服等呈现。根据蓓蕾的特点，结合"你希望孩子如何发展"的家长问卷调查，班级最终形成了"扎根沃土，心向阳光"的班训、"守规则、有品德、有才能、会发光"的班级目标、"坚持、认真、团结"的班风。班徽的设计大赛充分调动了家长的参与度，通过作品征集、投票选择，最终确定了以"5"字花朵和七色光为主体的班徽图案，进行了定制，并投入班报、班级微信公众号、班服、班级联系手册等方面中使用。如此一来，班级文化标识就通过不同形式的途径将班级特色教育融入了学生的生活土壤。

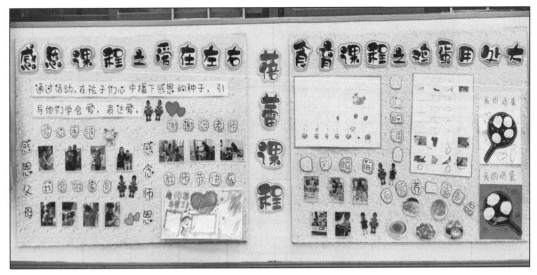

教室墙面布置

（3）制度文化。制度文化是指一个班级内部形成的规章制度、行为准则和管理模式的总和，它是班级文化的重要组成部分，对班级的整体氛围、学生的行为规范和班级的发展起到重要的作用。为了做好班级的日常管理工作，作者设定了黑板大师、讲桌魔术师、植物小专家、书海导航员、桌椅小达人等多个岗位，以图文并茂的方式结合教师的示范操作让班上的孩子慢慢地熟悉了自己的工作内容，并且根据学生的具体情况实行定期工作岗位轮换制度，形成"人人有事

"蓓蕾花房" 班徽图案

做，事事有人做"的良好氛围。多元评价能促进学生行为的内化，作者也根据以上岗位的设定及育人方针，确立了蓓蕾争章评价体系，学生可以通过完成岗位工作、家庭任务单、按时上学等方式获得小红花印章，集齐一定数量的印章可以评选为当月的蓓蕾之星，挑选自己喜欢的小礼物。

2）课程育人

在培智学校中，学生因认知、语言障碍等自身限制性条件及"食育"的缺失，普遍存在营养不良，免疫力低下等健康问题，而且在实际生活中常出现浪费粮食、不注重餐桌礼仪、不尊重他人劳动成果等现象。针对这一现象，国务院关于印发中国妇女发展纲要和中国学生发展纲要的通知（国发〔2021〕16 号）提出，"加强食育教育，引导科学均衡饮食，吃动平衡，预防控制学生超重和肥胖；加强学校、幼儿园、托育机构的营养健康教育和膳食指导"。2022 年 6 月，国家卫生健康委也再次提出要"指导学校和幼儿园等做好食育进课堂"。虽然在培智学校，教师有组织学生认识常见的食物、纠正学生不良的用餐习惯、开

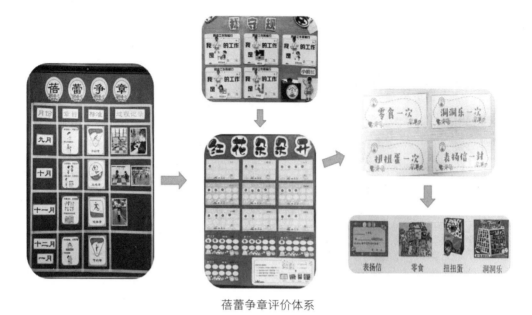

蓓蕾争章评价体系

展帮厨活动等，但并未形成系统的食育课程体系。因此以食育课程为中介，让学生在课程学习中掌握相关知识，是十分必要的。

在上述背景下，班级三位老师借鉴幼儿园及普小开展食育活动的经验成果，开始在班级进行食育课程内容的探索与实践，构建"学饮食知识、研饮食奥秘、行劳动之风、融德于心中"项目化实施路径，开发一系列食育课程资源，提供了一套具有实践操作性和普适性的实践模式。

（1）课程目标：以"以食启智，润泽童心"的课程理念为指向，以食知（知健康）、食技（乐探究）、食礼（懂礼仪）为课程目标，关注培智学生的身心健康发展。以食育课程建设和实施为抓手，培养学生良好的饮食习惯，提高身体素质，树立正确的饮食观，形成热爱劳动、崇尚文明、爱国爱党、感恩父母、乐于分享等良好品质。

（2）课程结构及内容。

学饮食知识：在班级食育环境的浸润之下，学生通过饮食习惯与礼仪、认识食物和食物有营养三大主题、两大食育班本课程的系统性学习，对正确的饮食行为、餐桌礼仪、食物的营养等方面有了初步的认知和了解。

学饮食知识——基本饮食知识课程内容

课程主题	饮食习惯与礼仪	认识食物	食物有营养
单元设置	第一节 用餐礼仪 第二节 卫生进餐 第三节 夏日冷饮不贪吃 第四节 我会用筷子 第五节 我不挑食	第一节 水果的味道 第二节 蔬菜总动员 第三节 常见的饮品 第四节 餐桌上的肉蛋奶 第五节 垃圾食品我不吃	第一节 有营养的奶制品 第二节 美味的水果 第三节 好吃的粗粮 第四节 我爱吃早餐 第五节 身体需要充足的营养

研饮食奥秘：利用元宵、中秋等中国传统节日让学生了解节日与饮食文化的联系；通过与社会机构合作，开展食育研学活动；通过教师的带领与引导，将个人饮食习惯延伸至动物的饮食习性，感受食物与自然的联系。

元宵节食育活动

行劳动之风：依托家长提供的爱心实践基地进行蔬菜买卖体验，组织开展种植体验、"亲子私房菜"等活动，实现劳动教育与食育相结合，在种植、采摘、烹饪等内容锻炼和培养学生的基本劳动能力，教会学生懂得尊重他人的劳动成果。

融德于心中：立足培养和提升学生综合素质的教学目标，通过开展宣传墙美绘、春游活动、为党献礼、母亲节活动、冬至活动等项目，进一步让学生感受饮食文化，同时将自己的所学所悟以物化成果展现出来，培育学生的美好品质，实现饮食文化融于心、化于行。

（3）课程实施的管理。

重视项目化设计，梯度推进。班级教师首先通过文献研究法分析目前在培智学校开展食育教学的理论，借鉴幼儿园及小学教学实践的经验成果，遵循食育课程内容生活化、直观性、量力性和梯度性的建构原则，结合本校实际情况，确定以项目化学习为载体，构建"学、研、行、融"四个阶段的课程教学，实现课程内容的梯度性与融合性，做到协同育人始于家庭，重在学校，终在社会。

立体化教学模式。立体化教学模式的基本原则包括坚持学生主体性原则、实践性原则和教学活动立体化原则。食育课程鼓励学生走出校园、走向社会，积极参与真实的实践，体验复杂多变的社会情境，尝试在与人交往、合作的过程中体验情感，在实际情境中磨炼意志，解决困难。

吸纳思政元素，丰富课程目标。在构建课程体系时，以"立德树人"为基点，积极吸纳与之相关的思政元素，适当扩充思想品德导向的目标，无痕地融入食育课程教学，充分发挥"课程思政"的育人作用。

量化分析与经验分享。运用多种工具积累数据，用数据跟踪、对比来促进和印证问题的解决。建立各种分享机制：开设德育讲座、校际交流讲座、校际交流研讨课、参加各类教育比赛等，定期对积累的经验进行总结及梳理提炼，重点分析教学方式的恰当与否、学生对教学内容的接受程度等内容，在反思中促进教学效果的提升。

（4）课程实施评价。

评价原则：尊重个体内差异，注重过程性评价，采用自评、互评、师评三者结合。

评价内容：除参与活动的积极性、合作意识、探究能力、活动过程中的情感体验外，还包括食知、食技和食礼三个维度的评价，具体如下。

食知（知健康）：食物营养、健康常识、饮食习惯。

食技（乐探究）：餐具使用及摆放、食物制作、厨房用品的使用、种植活动。

食礼（懂礼仪）：餐桌礼仪、传统节日饮食文化。

3）活动育人

《中小学德育工作指南》将活动育人和实践育人列入德育实施途径，并提出了相应的实施要求。首先，设计活动要有明确的理念。这两年多来，作者基本上都是围绕教学主题和食育主题开展班级亲子活动的，因为活动是凝聚班级合力的重要载体。一是作者组织的咀香园研学之旅、去烘焙学校制作重阳糕、公园野餐等亲子活动，都让作者看到了家长的多面性。而我们在足够了解的情况下为家长消除疑虑，解决困难，他们在某些我们需要的时刻自然会伸出援手，这也是作者一直信奉的理念。二是活动内容要丰富多彩，班主任要从学生成长需求出发，开展如节日纪念日活动，我与祖国妈妈合影活动、仪式教育活动、社团活动等丰富多样的教育活动，促进学生的全面健康发展。三是活动形式要便于学生参与，像班级开展的图书漂流活动、每周运动我打卡活动、插花活动等都坚持了学生的主体地位，不管是在课外还是在课上，学生都能参与到活动之中。其次，实践育人是让学生在参与社会实践活动中获得道德体验和成长。在学校和班级日常生活中要注重对学生渗透劳动教育，如组织学生到食堂帮忙擦桌子、进行餐具分类、到校园草坪中清扫落叶、劳动基地清除杂草等劳动教育实践活动。

4）家校共育

家庭和学校就是三角形的两个底角，我们支持的力度决定了孩子的高度。除家访、家长会的沟通形式外，我们还邀请家长进入课堂，尝试成为主教老师，带领学生进行游戏活动，让家长更能了解学生在学校的一日生活，增进家长对特殊教育工作的认识与理解；请一些有特殊教育相关经验的家长来给班上其他家长给予康复建议，传授经验，如我们班上就有家长专门去北京学习了言语康复治疗方法，这样的交流更能引起相互间的共鸣，也促进了家长之间的交流；班级三位老师每月一次的"家校联系册"更是记载了对学生的点滴关怀，家长也在联系册中向老师反馈学生在家的学习情况、生活习惯等，双方在文字中彼此治愈，彼此理解；蓓蕾班报则记录了学生的成长故事，每次春游、每次校运会、每次集体活动都以文字、照片的形式留住美好。我们与家长建立了相互配合、互相支持的双向沟通模式。

家校共育途径

我们这样通过各种活动，促进蓓蕾们在各自擅长的领域闪闪发光。每次的亲子活动，家长都全力支持，积极参与。学生家长还亲自绘制"食育"画作送给班级，我相信于孩子而言，这是最好的教育，因为这既有教师的付出，也有家长的支持。而这样一支教师优秀、家长给力、学生快乐的队伍，也正是我们构建幸福特校的重要基石。

培养劳动品质，创造美好生活

——中山特校九（5）班鸿途班特色班级文化介绍

中山市特殊教育学校　马天宇

一、班级概况介绍

中山特校九（5）班共有学生 14 名，男女各 7 人，年龄分布在 15—18 岁，其中唐氏综合征学生 7 名，孤独症学生 2 名，脑性瘫痪学生 1 名，智力障碍学生 4 名。班级学生相处融洽，互相学习，共同进步，逐步形成了团结友爱、阳光活泼和积极进取的良好班风，为职教开展奠定了基础。

班级外出活动开心合影

团结有爱：通过丰富多彩的活动，学生在共同成长环境中结下了深厚的友谊，彼此关心。比如，班级学生会把早餐的包子带给福利院的阿国，减少他抢零食的次数；外出活动时，班上同学结对互助，确保外出时的安全，留下许多温馨感人的瞬间。

阳光活泼：爱玩是孩子的天性，笑容是孩子最纯真的符号。鸿途班的学生爱笑爱玩爱尝试，一起玩轮滑、转呼啦圈、打乒乓球、打篮球、打羽毛球。大课间成了学生的个人秀，学生喜欢听歌，以前喜欢跳骑马舞，现在喜欢跳《小苹果》，还有中国功夫表演，充满欢声笑语，其乐融融。

勤奋进取：鸿途班学生学习认真努力，有良好的学习习惯。学生喜欢写字，每天都认真完成写字任务。有老师曾在菜市场门口拍到我们班的学生伏在妈妈的摩托车上写字，可见学生对学习的热爱。班上学生在劳动课上也表现出色，洗车、茶艺和烹饪课上，学生认真积极，能够听从要求，熟练掌握技能。班级学生有强烈的求知和表现欲望，积极参加学校组织的各种比赛和表演活动。冯志洪、陈威延和罗婉琪多次代表学校参加港澳或全国残疾人运动会比赛，取得多项荣誉。在学校组织的运动会、广播操等活动中，学生兴趣浓厚，广泛参与，表现优秀。在学校演出中，班上学生认真参加排练，努力上舞台，尤其是凌晓晴克服害羞情绪，得到了舞蹈老师的赞扬。学生积极努力，争取一切机会展现自己的才能。

班级也存在一些不足：学生不太愿意参加劳动，劳动要看心情，在家更是完全依赖父母。家长在交流中经常流露出对学生毕业后的担忧：这些做事吵吵闹闹、怕苦怕累的学生毕业后该怎么办？怎么可能参与就业呢？在对往届毕业生的跟踪调查中发现，企业对特殊学生就业的要求并不高，能遵守规范，把简单的事情做好就有机会就业。

因此，班级从八年级开始开展职前教育探索，逐渐形成了职前教育特色班级文化。班级取名"鸿途"代表我们对学生的美好祝福和希望，寓意学生能找到工作，融入社会生活，拥有美好的未来。班级目标是"为找到第一份工作做好准备"。

二、班级职前教育构建过程

勤劳是中华民族的传统美德，自强是践行社会主义核心价值观的要求。工作对特殊儿童的生活质量有着非常重要的影响。找到一份工作，参与社会分工是特殊儿童适应社会生活的一项重要指标，也是特殊儿童创造价值、实现自我的重要途径。针对学生存在的不足，鸿途班从工作意识、工作习惯和工作报酬三个方面对学生进行培养，希望他们能为就业做好准备。

1. 工作意识培养

根据学生特点，班级主要是从班级文化布置、班级教育和家长配合三个方面对学生进行工作意识熏陶。

班级文化布置围绕职教开展，设有专门的职教乐园，营造出浓烈的职教氛围。在职教乐园里藏着学生的工作梦，在这里，学生能直观感受到工作的好处，能了解怎样得到老板赏识，求得一份工作。能知道自己和他人每周工资的高低。能体验工厂管理条例，能看到工作的正确示范和荣誉。会受到兑换工资时的喜悦和兑换的目标的激励，进而为之奋斗。

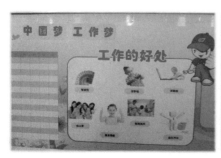

班级职教乐园文化

班级经常利用班会课、劳动课模拟企业招聘现场，开展职业心理建设。经常提醒学生什么样的表现，老板会加工资或者开除等。增设"毕业去工作""老板会招什么样的员工？""做老板喜欢的员工""跟老板、同事建立良好关系"等内容；在通识教育课教学生认识代币和真实货币使用，教学生学习书写简历、介绍自己等工作面试技能，提高特殊青少年职业素养。还专门邀请了优秀毕业生张翰艺来班上讲述自己的工作经历，激励学生毕业后去参加工作。

班级模拟工作面试

班级与家长沟通并达成共识，共同重视学生劳动习惯的培养，鼓励他们参加工作，并让家长协助拍摄学生做家务的视频，作为班级教育材料。学生非常乐意看到自己的劳动过程在班级播放，在家做家务也更积极了，进步更快。

在家校共同努力下，班级学生开始萌生就业意识，以参与劳动、找到工作为荣，也对未来职业充满幻想。

2.工作习惯培养

在对毕业生就业跟踪调查中发现，智力障碍儿童就业面临的最大阻碍不是技能缺乏，而是劳动品质差。通过对工厂负责人进行访谈，我们梳理总结了工厂对特殊学生的工作要求，最核心的就是能做到按时签到考勤、服从工作安排、专心完成任务、吃苦耐劳、追求效率、规范操作和保管工资等劳动习惯和品质。

为了促进学生适应真实工作环境，我们开展了模拟工厂管理探索，简单来讲就是让学生在洗车、茶艺和烹饪等劳动课上模拟工厂上班情景，每次上课都是体验一次上班流程，要排队签到，更换工作服。学生在模拟工作环境中，体验工作时的管理要求、人际交往、完成任务、领取工资等内容，培养学生的工作适应能力和工作品质，为就业做好准备。

劳动技能课模拟工厂管理签到

与以往的课堂比，最主要有三个变化：一是角色的转变，教师成为"老板"，学生成为"员工"。师生关系变为模拟老板和员工关系，学生之间变为模拟同事关系。促进学生对工作中人际关系的认识、熟悉，提高学生在工作中的人际沟通能力。二是学习变成完成工作任务。劳动课上，教师会根据学生的能力特点和需求，安排工作内容。学习内容变成工作任务单后，学生需要学习的不仅是知识技能，更多是按操作要求，坚持较长时间完成工作任务。培养学生服从安排，规范操作，专心工作和吃苦耐劳的工作品质。三是有"工资"奖励。为了激励学生参与劳动的积极性，及时强化学生进步，建立了代币工资激励制度。每次上班结束，"老板"根据出勤"员工"完成的任务量、参与态度和任务质量，结合员工的能力进行点评，并发放"代币工资"：未签到，不劳动者，不发放工资；不听指令、不专心、不规范、不能坚持者扣工资；表现优秀者提高工资。

通过体验模拟工厂生活，学生现在劳动态度积极，做事认真，听从教师教导，并且为获得"高工资"努力表现，在工作习惯方面有了很大进步。为了获得"高工资"，学生劳动态度和习惯有了很大转变，在家也积极参与炒菜、扫地等劳动。为了增加学生对工作的真实体验，班级与家委合作，积极寻找学生外出参观和见习的机会。

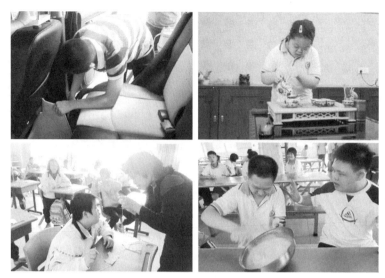

专心"工作"

3.培养理财意识

报酬是激励学生坚持工作的重要因素，保管好、规划好使用个人报酬也是学生必须掌握的生活技能。学生每个星期的"工资"会在班级的工资栏上公布，并评选出优秀员工，推荐为校园"每周之星"，作为荣誉奖励。学生保管好自己的"工资"，每个月可以凭工资在学校置禾体验园换取心仪礼品。一开始为了让学生明白"工资"的用途，每次课直接发放"工资"，然后就能兑换礼品，但考虑到在工厂工资是按月发放的，因此在学生熟悉流程后，班级也按月开展代币兑换，进一步培养学生的延迟满足，也注重引导培养学生的理财意识。

用"工资"购买心仪物品

班级职教乐园："你追我赶"工资栏

三、班级职前教育效果初现

两年多的坚持，鸿途班学生进步明显，许多学生有了毕业后去工作的意识，而且对工作充满向往，也逐渐树立了自力更生，挣钱养家的责任担当意识。大部分学生变得守时，更加勤劳积极，生活自理能力提高，家长反映学生在家也变得勤快了。班级的阿国现在也会认真洗车，因为他想用工资换饼干。轩轩也愿意帮忙做家务，因为不想得零分。邦邦不执着于零食和奖状，但他依然很卖力工作，因为他喜欢同学叫他"老板"。这两年班上毕业了一名学生，现在在灯具厂上班适应良好。班级获得了两次年度文明班集体和四次学期文明班集体荣誉称号；威威同学获得了"吴桂显"助学金；虽然这些荣誉并不是轰轰烈烈的，也没有特别惊人的个人奖，但也硕果累累，来之不易。

"成长进步，开心时刻"

四、总结与展望

学生的工作梦也是中国梦的构成部分，特殊学生就业困难重重，鸿途班将继续努力探索，对内培养良好劳动品质，对外不断寻求社会更多的关注和支持，帮助学生做好就业准备，希望机会来临时，特殊学生能成功就业。

建立校家沟通桥梁，共促学生全面发展

中山市特殊教育学校　莫阳凤

校家沟通是指学校与家庭为了共同促进学生的学习和成长而进行的信息沟通与交流、合作互动的过程，一般包括电话沟通、家长会、家访、微信群聊、在线教育平台等多种形式。通过校家沟通，学校和家长共同关注学生的在校与在家的学习、行为、情绪、生活等方面的问题，并及时进行信息交流，得到相互支持和理解并解决问题，从而共同为学生提供一个良好的学习环境。有效的校家沟通有利于促进家庭与学校之间的信任，形成教育合力，提高教育质量和学生满意度。

一、建立校家沟通桥梁的重要性

（一）双向反馈，合作教育

在校家沟通中，教师向家长传达学校的政策、计划和教育信息，又能知道家长的意见和反馈，家长能及时获取孩子的学习情况、行为表现、课程内容等信息，有助于家长了解孩子的成长过程，做出正确的引导和支持。即时双向的沟通有助于促进家长对学校的信任和参与感，更好地帮助学生的成长和发展。学校和家庭应该作为教育的伙伴，共同为孩子的学习和发展努力。建立校家沟通的桥梁可以促进双方的教育合作，共同制定教育目标和计划，分享教育资源和经验，提高教育质量。

（二）预防问题，解决问题

教师与家长的定期交流，双方均可以及时了解孩子在校、在家的发展动态，当学生的学习、行为、情绪等方面出现异常时，双方可以第一时间察觉，并深入了解学生出现问题的原因，共同对学生可能出现的问题进行早期干预，寻找解决措施，帮助学生减少问题的发生，避免问题越发严重，从苗头上扑灭，有利于学生的身心发展。

（三）家庭教育指导，个性化关注

学校可以源源不断地为家长提供各种专业的、科学的教育方法与先进的、实用的教育理念，帮助家长有效提升家庭教育的整体水平，齐心携手助力孩子养成良好的行为习惯以及树立正确的人生观、价值观。在与家长沟通交流过程中，教师也能更好地了解每个学生的个性化需求，根据家长的反馈调整教育策略，满足学生的个性化发展。

综上所述，校家沟通桥梁对孩子的全面发展、家庭与学校的合作以及教育质量的提升都至关重要。

二、建立校家沟通桥梁的渠道和途径

（一）搭建与家长及时交流沟通的平台

即时且流畅的校家沟通，是提升校家合作效率的坚实基础。如此，才能在实时沟通、处处联系之中，围绕学生的具体情况进行研讨，增强校家合作的时效性。教师及时地将学校的教育管理措施和教育理念告知家长，并把学校的教育进度与学生的学习情况反馈给家长，使家长能够实时知晓学生的成长状况，及时地配合学校对学生实施教育。同时，当学生在家庭生活中存在某些问题时，家长也可以运用即时通信手段向教师求助，进而达成个别化教育的目标。

比如，教师可以组织所有的家长建立一个班级微信交流群或者钉钉群，通过班群来发布学校或班级的各项通知、提醒以及安排等信息，以便家长随时进行查看与交流，使家长能在第一时间获悉学校的相关规定与任务等，利于督促和协助学生完成。在平常的教学或生活中，教师也可以在群聊中发送一些学生的日常动态。家长会在逐步关注孩子们的日常生活时变得积极且主动，他们会在群中越发活跃，参与度也日益提高。处于这样的环境氛围中，家长还会向教师分享学生在家中的学习状况或生活状况，并且会在群聊中向教师询问一些自己不明白的问题。在如此积极的交流与分享过程中，家长和教师都能更好地了解学生，也会逐步形成共同的教育目标。

（二）定期沟通，丰富校家沟通形式

定期沟通是校家之间保持联系的关键。我们可以利用家长会、家访、电话、微信等方式与家长保持沟通，使家长及时知晓孩子在学校的学习及生活状况。同时，我们也要鼓励家长主动与教师沟通，分享家长的感受和困惑。

1. 定期召开家长会

定期举办家长会，让家长明晰学校的活动安排以及教育理念。在召开家长会时，家长将

踏入校园，感受学生的学习与生活环境，从教师处获悉学生的学习进度、学习状态、行为表现以及学校的教学计划等，家长也可于此时提出疑问或给出建议。同时，教师能够借助家长会与家长进行面对面的沟通，向家长传递正确的教育理念，并倡导家长积极投身教育指导。

家长会

2. 定期家访

家长可以通过家访全面了解学生在校的真实情况，与孩子在家的表现进行对照比较，从而发现孩子的闪光点以及改进的方向，如此便能有针对性地给予孩子恰当的建议和有力的帮助。教师也能够从家长那里深入洞察家庭教育的具体状况，掌握学生的实际生活表现，进而采取切实有效的方法助力学生成长。

家访

3. 定期开展家长开放日活动

定期举办开放日，邀请家长走进学校，深入了解孩子的学习环境和课程设置，了解孩子在校的学习与生活情况，有利于促进家长对学校的信任。同时，教师组织家长参与到学校的教育教学活动中，同孩子们共赴课堂，同学齐思，并认真倾听家长的建议，切实提升家长在学生成长进程中的参与度，使家长形成与教师进行沟通交流的习惯，从而在良性的互动中全面提升家校沟通的效果。

家长开放日　　　　　　　　　　　亲子课堂

4. 举办亲子活动

每学期举办各类亲子实践活动，向家长普及科学的育儿活动内容和方式，让家长在实践中掌握正确的育儿方式。比如我们可以开展超市购物、爬山逛公园、郊游研学、亲子表演等活动，让家长懂得特殊孩子需要多接触社会、多参与活动才能更好地融入社会；让家长懂得特殊孩子学习各类知识的能力较弱，要提供适合他们的教育，需要更注重培养孩子的生活自理、生活适应能力，任何的教学活动都需要小步子、多循环，多给孩子一些耐心；让家长懂得特殊孩子可以通过参加体育活动、特奥活动锻炼身心，树立自信，体验成功。比如，可以举办亲子运动会，亲子运动会可由学生、教师、家长共同参与，家长与孩子一同进行热身操、接力跑、传球互动、拔河比赛等活动。一方面，能加深学生对合作理念的领悟，让教学氛围更加活跃；另一方面，也可以推动亲子、师生关系进一步提升。

超市购物　　　　　　　　　　　　郊游研学

亲子表演　　　　　　　　　　　　亲子运动会

（三）一对一沟通，关注学生个体差异

由于特殊孩子的个体性差异很大，教师需要了解每位学生的特点和需求，根据其个体差异提供相应支持和指导。在校家沟通中也是如此，教师可以与家长进行面对面的"一对一"沟通，就孩子近期的身心健康、情绪波动情况、学习情况、家庭亲子关系，父母眼中孩子的优点和改进的地方等问题进行双向沟通。在与家长一对一的沟通中，教师还可以根据每个孩子的自身情况，从学生学习能力的提升到兴趣爱好的培养，再到对性格和习惯的引导，给家长提出行之有效的对策，共同探讨孩子成长之路。

（四）发挥家委会的重要作用，凝聚家长力量

学校与家长沟通，家长委员会是促进家校沟通的重要纽带。为此，班级可以推荐 2 名热心、优秀的家长，建立家长委员会。让他们代表全体家长协调校家之间的事务，或者参与学校的管理，让他们更深入地了解学校的运营，并为学校提供支持。班级家委还可以建立年级家委群及年级家长群，负责进行家校沟通联系。班级家委组织年级家委进行日常集会，如开学初的年级活动计划制订会，学期末的工作总结会，形成一月一例会的制度。除此以外，共同商讨学生的问题行为处理、困难学生的帮扶、个别家长的心理辅导等，为更好地进行校家沟通架起桥梁。

1. 对困难学生及家庭提供生活帮助

家委会可以带动班级家长，组建爱心志愿队，对于家境困难的学生，进行物质和生活的帮扶，为有困难的学生家庭尽一份绵薄之力。在走访过程中，教师和爱心志愿队们每到一户，都与家长和学生亲切唠家常，宣传省里、市里以及学校的资助政策，与家长交流学生学习、生活状况，鼓励家长战胜困难，并表示有困难可以随时和学校沟通，学校会竭尽全力予以帮助。慰问活动不但为困难学生送去了物质方面的关爱，更给予了他们精神上的抚慰和鼓励，让受访家庭感受到来自学校的温暖。

慰问困难家庭

2.对家长提供思想上的帮助

家委会不定期地和家长沟通，利用当面沟通、家访或者电话微信等形式，关注家长的精神、心理、身体等方面的情况，循序渐进地引导家长改变"是不是做了亏心事让我有这样的孩子？是不是上天的惩罚？"等怨天尤人的负面情绪。引导家长积极面对，不要总是因为孩子特殊而放弃教育和培养；建议家长始终秉持"静待花开"的教育理念，用耐心滋养成长，用爱心呵护潜能，用信心等待蜕变。

鼓励家长积极面对

3.组织并带动家长参与亲子实践活动

家委带头通力支持与配合教师的工作。协助教师做好班级和年级的综合实践活动，如外出综合实践活动时，可以帮忙找联系人、找场所、写方案，助力班级综合实践顺利开展。除此之外，对于室内的综合实践课，家委积极帮忙购置物品，协助教师开展丰富多彩的实践活动，如端午节包粽子、冬至包饺子、母亲节制作花束、父亲节制作贺卡等，并带动全班家长纷纷参与进来。

包粽子

包饺子

母亲节送花

另外，学校可以每学期评选"优秀家长"，宣传优秀家教事迹，树立学习模仿的榜样，传递育儿正能量。通过家长榜样，传递正能量。

4.配合并带动家长完成学校、班级布置的任务

带头配合教师的各项工作，关心和支持班级教育，协助教师努力提高全班家庭教育水平，配合学习教育，提升教育合力。积极配合并带动班级家长，监督孩子完成教师布置的日常学习任务、周末劳动技能打卡、假期家庭作业等。比如在疫情期间，家委除了提醒家长做好疫情防控工作，还协助学校老师认真执行"停课不停学"线上学习活动，积极及时地反馈学习情况，带动所有家长积极参与，营造良性的学习氛围，尽可能地让孩子不掉队。

家委运用各种方式，维护班级家长内部的团结，使家长和家长之间关系融洽、互帮互助，增强沟通交流。为教师的教育教学提供助力，家长和教师之间相处和谐，共同做好校家共育。

认真写作业　　　　　　　　　　假期作业完成情况

5.组织并带动家长参加学校的志愿者义工活动

学校开展家长义工活动，提供家长参与服务、监督学校的机会。家委会可以邀请家长参与学校活动或志愿者项目，比如加入学校早上一楼大堂的爱心护学队，刮风下雨，始终坚守，有序引领学生安全进入校园，热心奉献，把暖暖的爱带给孩子。另外，还可以带动家长加入学校食堂监督，成为食堂监督员，不仅让孩子在学校吃得更好更营养、加深家长与学校的沟通，还为孩子成长路上的保驾护航贡献了家长的一份力量。

护学　　　　　　　　　　　　　饭堂监督

（五）校家共育，共同制订并落实每一个孩子的 IEP（个别化教育计划）

因特殊孩子具有独特的需求和能力，IEP 可根据其个体情况提供个别化教育，有助于满足他们的特殊需求，促进全面发展，提高教育质量和效果。在为特殊孩子制订 IEP 时，需先全面了解孩子的情况，包括身心特点、能力水平等，应邀请家长参与评估，明确需求，以及家长对孩子的期望，教师依据评估结果，与家长共同制订适合孩子能力情况的 IEP。

与家长一同评估并制订 IEP

（六）关注特殊孩子家长的心理健康，对个别家长进行心理辅导

幸福的家庭有着相同的幸福，不幸的家庭有着各自的不幸。特殊孩子家庭承受着来自经济与精神的双重压力。如何帮助家长从特殊孩子带来的阴霾中走出来，学校肩负着不可推卸的责任和义务。为此，学校可以定期开设专题讲座，疏导家长负面情绪与心理。除此之外，还可以开设"家长心理疏导"专栏，由学校心理健康教师通过当面交流或网络等形式，对学生家长进行一对一的心理疏导，对个别存在心理困扰的家长持续提供一系列的心理咨询，帮助其提升克服困难的信心，并联系有关机构予以协助，后续再通过电话形式跟进。如此做法，可有效帮助家长消解心中烦闷，积极面对现实，寻找恰当的解决方法，树立一种积极向上、健康乐观的生活态度。

学校与家庭，就像是孩子展翅高飞的一双翅膀，任何一方的缺失都会造成失衡。好的教育，需要校家联手，双管齐下，沟通且共谋，才能凝聚力量，助力孩子发展。让我们构建校家沟通桥梁，为孩子创造更加和谐、健康、快乐的成长环境，共同促进孩子德智体美劳全面发展，坚信在校家共同努力之下，教育必将更具温度、深度与效度！

创建境脉式学习路径 体验生活化德育课程

中山市特殊教育学校 史金俏

著名教育家叶圣陶先生说过："什么是教育，简单一句话，就是要培养学生良好的行为习惯。"《培智学校义务教育课程标准（2016年版）》的课标中明确了培智学校中不同学科、不同学段的目标和基本要求，并根据特殊学生的身心特点对践行社会主义核心价值观、落实立德树人根本任务作出了具体规划和安排。由此看出，德育课程对于培智学校教师和学生来说都是至关重要的。

一、境脉式德育课程的启发

班级是教师教学、学生活动的主要阵地，当代教师的职责不仅是为学生传授学科知识，培养学生养成良好的行为习惯，更要成为学生成长路上的领路人。班会课作为德育课程实施的主要阵地，更是在班级实施立德树人任务中起着重要的作用。培智学校与普通中小学一样设有班、队会课，而班、队会课作为培智学校德育的重要阵地，应有其基本的课程体系，并成为新课标的有益补充。那么如何在提升学生学科素养的同时关注学生良好行为习惯培养，如何在课堂上有效进行德育课程教学呢？

随着培智学校课程建设的日益发展，学校教学中不仅关注课堂教学成效，更关注学生利用课堂所学知识应用于生活、解决生活实际问题的能力。为达到课堂与生活的衔接，情境教学法更是培智学校教学方法中的首选。培智学校课堂中运用情景教学法时，大多以学生熟悉的场景为切入点，针对班级学生实际情况结合教学内容进行课堂教学，学生根据已有学习经验，跟随情境习得新知，并延续到生活实践中，从而达到解决问题的目的。但是由于培智学校的班会课一周节数安排较少，如何让学生在班会课中有效学习成为教师需思考的问题。在研读普通中小学班会课课程资料的过程中，作者了解到了境脉学习。境脉学习是一种以情境和脉络为核心的学习理论，强调学习的发生与情境的紧密联系。境脉学习的概念和内涵包括学习的情境和脉络的真实性与实践性，情感体验和情感认知，综合能力和跨学科学习，教学创新和方法改进等。

那么如何把境脉学习方法应用于班会课的课堂教学，并形成适合培智学校学生的班会课课程呢？受境脉主义理论的启发，作者尝试在一年级新生班开始探索把境脉学习应用于培智学校低年段的班会课中，经过三年的尝试，积累形成了适用于培智学校低年段境脉学习视域下的班会课课程。

二、境脉式德育课程的目标

通过以境脉式学习为纽带，对新课标有关目标进行解析与重构，并对班会课课程内容进行系统编排与整合，实现落实课程标准。但由于培智学校学生的特殊性，每个班级的学生也有差异，因此在实施过程中不仅要考虑学生的年龄特点，更要结合班级学生的实际情况。

在新生班初期，通过查阅相关资料和结合自身班级管理经验，班级开始尝试在以学生为主体、以"认知开发、挖掘潜能、领会技能、创造价值"为教育信条的基础上，积极探索满足低年段学生个别化教育为班级德育课程目标，创设定位为让家长放心、让学生开心、让老师凝心的班级管理模式。德育课程目标以学生身心发展的整体情况为基础，以他们的生存与发展需求为出发点，参考低年段德育目标，分别从常规养成教育、集体主义教育、爱国主义教育、文明礼貌教育、特色课程教育五个方面展开，通过与境脉学习相结合，养成良好的行为习惯，具备适应家庭、学校与社区生活的基本能力和良好品德。

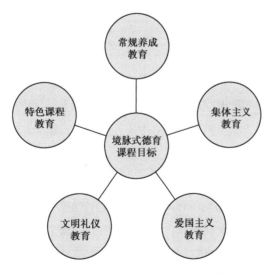

培智学校低年段境脉式德育课程目标

三、境脉式德育课程内容

班会课作为德育课程实施的主要阵地，在班级实施立德树人任务中起着重要的作用。在以往班会的授课过程中，往往以教师讲、学生听或说来完成班会课，但是班会课的授课内容大多较抽象且培智学校学生更容易接纳熟悉环境中直观的现象，因为从一年级接手新生班开始，便尝试设置情景和脉络式的境脉学习方法，并深入班会课之中。

1. 低年段班会课主题来源

班级是学校中最基本的组织形式，作为特殊学生生活的重要场所，有与普通班级管理相同之处，但因服务对象的差异而有特殊性。为了更精准把握班会课课程的主题，在课程建构过程中深度剖析了培智学校义务教育课程，结合境脉学习的条件，筛选出适合培智低学段学生身心发展的班会课课程。在选择过程中主要有以下参考。

1）教学主题贴近学生生活

无论是学科教学还是班会课，都应该着眼于学生的生活，从学生的实际需求出发，结合自身生活经验及所处家庭、校园、社区环境，以生活化的内容为核心，更利于学生知识迁移，从而达到把课堂所学落实到解决生活中的实际问题。

2）传统文化与社会主义核心价值观相结合

培智学校和普通学校一样设有班会课，然而在普通学校班会课的内容选择中会结合传统文化、节日、社会主义核心价值观的内容，因而在主题筛选过程中考虑传统文化和践行社会主义核心价值观中的立德树人根本任务，是借鉴了普通学校班会课的经验，同时这也丰富了培智班会课的课程内容。

3）教学难度由低到高呈螺旋式上升

为了让学生接受更连贯式的德育，更容易在熟悉的情景中复习旧知、学习新知，在主题选择中每学年班会课内容相近但难度呈螺旋式上升，在学习过程中通过境脉学习，学生可在教师引导下完成同主题内容的思维导图，并对不同主题进行境脉代入式分析，从而加深学生对该主题内容的学习。

4）家、师、生共议的特色主题

在班级管理过程中可能会遇到各种问题，特别是有的家长在孩子成长中发现了一些共性问题，通过家长、教师、学生共同商议，把问题列入班会课的课程内容，通过家校沟通、课堂讨论、知识传授等多种途径，进一步解决家长及学生的困惑。

培智学校低年段境脉式德育课程内容

目标	德育课程内容
常规养成教育	1. 了解学校、班级一日常规
	2. 明确作为学生的任务，养成认知学习的习惯
	3. 尊敬师长、孝敬父母和老师，友爱同学
集体主义教育	1. 知道自己是集体的一员，并在集体中听指挥、守纪律
	2. 热爱集体，并愿意为集体做好事
	3. 乐于助人，真诚待人
爱国主义教育	1. 知道自己是中国人，并知道作为中国人的责任与义务
	2. 热爱祖国、热爱家乡与人民
	3. 认真践行社会主义核心价值观
文明礼仪教育	1. 讲文明、懂礼貌，使用文明用语
	2. 爱护环境，以身作则
	3. 说话、做事注意言行举止
特色课程教育	1. 爱惜粮食，节约不浪费
	2. 了解中国传统节日及习俗
	3. 注意自身安全

2. 低年段班会课课程内容

境脉式学习中的班会课在实施过程中，不仅结合课程目标内容，更在具体课程安排中考虑学生的个性特点，实施过程中围绕指定的德育目标开展活动，再用任务分析法分成若干个活动，从第一阶段的主题活动到第二阶段的主题活动再到第三阶段的主题活动……以此类推，每次都围绕主题进行推进与深化。

培智学校低年段不同年级班会课课程内容

时间	一年级	二年级	三年级
9月	爱同学，爱老师	我们是好朋友	我可以帮助你
	班级常规要遵守	我是班级文明小卫士	校园常规要遵守
10月	践行社会主义核心价值观——爱国	践行社会主义核心价值观——文明	践行社会主义核心价值观——友善
	了解重阳节	爱老敬老我知道	让我为您做件事
11月	了解火灾的危险	发生火灾怎么办？	消防安全记心间
	了解感恩节	感恩家长	学会感恩
12月	班级中的安全用电	生活中的"电"	安全用电我知道
	垃圾不乱扔	学习垃圾分类	爱护环境我先行

续表

时间	一年级	二年级	三年级
次年1月	假期安全记心间	假期安全记心间	假期安全记心间
次年3月	了解雷锋叔叔	学习雷锋好榜样	发扬雷锋精神
	了解植树节	爱护植物	我也要植树
次年4月	课室物品摆放好	整齐校园靠大家	我是校园小主人
	走廊靠右行	安全过马路	争做谦让好少年
次年5月	自己的事情自己做	我是班级劳动小能手	维护校园卫生人人有责
	妈妈，我爱你	感恩母亲节	妈妈，您辛苦啦
次年6月	我们的节日	欢度儿童节	我的节日我做主
	爸爸，我爱你	爸爸，您辛苦啦	我为爸爸做件事
次年7月	假期安全记心间	假期安全记心间	假期安全记心间

四、境脉式德育课程组织和实施

在培智学校低年段班会课运用境脉学习，于结合班级学生实际情况的基础上，创设真实且有意义的情境，使学生在情境中可以运用自身经验，在情境活动中积极参与与体验，结合课程中的德育问题，与实际生活相结合，激发学生学习兴趣，提升解决实际问题的能力。

1. 以生活情景为切入点

联系生活情境是境脉学习中的重要热点之一，它能够帮助学生将学习内容与他们的日常生活紧密联系起来，创造出真实的情境。通过学习，学生在已有经验的基础上更深入地理解新授内容，达到提高学习效率的目的。

例如，在二年级4月的班会课主题内容"安全过马路"的教学中，通过在课前摸底了解学生对斑马线、红绿灯等知识的了解，在课上的导入环节设置以家长带孩子规范过马路的情境为切入点，使学生在班会课学习中快速进入导入的情境，不仅回顾了生活中过马路的经历，也通过本节课的学习，明白了安全过马路的重要性。

2. 根据需求设置问题情景

有趣的问题可以激起学生学习的兴趣，同样也可以成为贯穿整节课的纽带，学生在问题情境中积极思考、有效互动、深入探讨与学习，在课堂中激发学生好奇心的同时，也形成了良好的班会课学习氛围。

例如，在二年级11月的以"发生火灾怎么办？"为主题的班会课中，教师在课堂上提出"发生火灾怎么办？"这一问题在班会课中引发了大家热烈的讨论。在不同同学的回答中不仅生成了答案，同时也激发了同学学习的积极性，并对其他同学有榜样作用。在活动中通过同桌讨论、小组合作等方式，让学生有更多维度的思考火灾发生怎么办的问题，同时也促进了同学之间的交流与合作。

3. 参与情境体验活动

在班会课的活动环节设置情境体验，可以利用角色扮演，也可以利用情境再现等多种形式，让学生更好地理解学习内容，并把所学的内容在设置的情境中体验，通过亲身体验，更加深刻地理解学习内容。

例如，在二年级4月的班会课主题内容"安全过马路"中，通过在课堂创设行人道的情境，让学生体验三种不同的灯分别亮时，学生怎么做才是安全过马路。在体验情境中更加直观地明白在生活中要正确过马路，否则可能会有危险发生。

境脉学习在培智学校低年段班会课的运用中起着至关重要的作用，通过在班会课中创设真实情境，境脉学习的核心是创设真实而有意义的情境，使学生能够在情境中积极参与、体验和探索。这些情境应当与学生的现实生活和学习需求相契合，以激发学生的学习兴趣和动机，提升学生德育课程思维的整合能力。

境脉学习通过创设情境和建立脉络，将不同的主题内容通过情境脉络梳理起来，相较于以往的教学方式，这种境脉学习式的学习方式能让培智学校的学生接受与理解，在原有的经验基础上梳理学习内容，从而提升学生德育课程思维的整合能力。境脉学习将学习与真实生活情境联系起来，通过在课前、课中、课后设置与教学主题情境脉络相关的课程，帮助学生在课堂中学习德育内容，并把所学知识结合自身经验运用到生活中，学以致用，有效解决实际问题。

五、境脉式德育课程评价

德育课程强调学生行为习惯的养成，班会课是学生学习的平台，让学生在日常生活中展现良好的情绪行为习惯是衡量课程教学效果的基本方式，学生的情绪及行为不同于学科课程，是呈动态变化的，因为在评价过程中由教师与家长共同对学生的表现进行动态评价，以此检核德育课程目标的达成情况。在实际操作过程中，会针对某一主题制作学生在校、家或社区中的行为表现记录表。另外，由于学生的个体差异，班会课程在落实过程中要关注不同学生的发展需求，根据实际情况制定不同的评价标准，设置个性化的评价方式，并用发展的眼光看待学生的行为问题，尽量以正向行为支持为主，也可以在境脉式班会课的活动中进行奖励性评价，在激发兴趣的同时，也让学生享受成功的喜悦。

"我是班级文明小卫士"主题的学生行为评价表

主题: 我是班级文明小卫士		目标: 我会和老师打招呼			
学生姓名: **同学		评价人: **		评价时间: 年 月 日	
评价维度	知识技能	语言表达: ☐	笑: ☐		点头: ☐
		握手: ☐	其他:		
	意识习惯	总是☐ 经常☐ 有时☐ 偶尔☐ 极少☐			
	参与意愿	积极主动☐ 被动回应☐ 无反应☐			
	发生情境	进校时☐ 进教室时☐ 校园其他地方☐			
具体文字描述					

六、反馈与延伸

在实际操作过程中，不仅有校园内的情境，也有需要家长共同评价的内容。例如，可以把文明教育中和老师打招呼的环节延伸到家庭、社区等情境中，同时也可按照评价的不同维度进行评价，由家长记录并反馈给教师。

好的行为习惯需要长期学习与积累，并在生活中不断探索。例如，在学校的课间、在家亲子共读等时间，可以通过情境故事，引导孩子在不同的情境中运用班会课学到的知识，也可以与孩子共同探讨问题，共同学习。

俗话说："一勤天下无难事。"作为班主任，要比其他教师多留心，多下功夫，要细心观察学生情况，将他们发生的一切事务认真、妥善地处理。通过探索与实践，可以看出境脉学习下的培智学校低年段的班会课对教师和学生而言都有成长。通过三年尝试，学生也开始在生活中发现问题，并把问题在课堂中生成问题情境，从而生成由课外转向课内的班会课课程。而境脉式德育课程不只停留在低年段，在即将迈入的中年段也要开始思考，更要在此基础上探寻方法，与他们共同合作创建适合他们的德育课程，唯有经历长期而反复的研究、实践、反思、调整与完善，才能为每位学生提供更加适宜的教育。

模仿启智，游戏润心

——特殊教育学校社交行为习惯培养案例评析

中山市特殊教育学校　吴雪梅

一、案例背景

在特殊教育学校，学生因身心发展的特殊性，常面临社交技能发展的巨大挑战。他们可能因认知障碍、沟通不畅或情绪管理困难，难以在复杂多变的社交环境中自如应对。为了帮助学生克服这些障碍，提升他们的社交能力，本班教师决定开展"模仿启智，游戏润心"的社交行为习惯培养活动。通过精心设计的活动方案，我们期望能够让学生在轻松愉快的氛围中，通过模仿生活场景和角色行为，逐步掌握社交技能，为他们未来的社会生活做好准备。

结合本班学生的具体学情，我们发现学生对社交活动有着天然的好奇心和参与欲望，但由于缺乏必要的指导和练习，他们在实际交往中往往显得手足无措。因此，本次活动的另一个重要目标就是激发学生的学习兴趣，通过趣味性的游戏和活动设计，让学生在玩中学、学中玩，从而更加积极主动地参与到社交技能的学习中。我们相信，通过这样的方式，不仅能提升学生的社交能力，还能培养他们的自信心和合作精神，为他们的全面发展奠定坚实基础。

二、课程内容设计

本案例设计以个性化需求为导向，融入生活化场景，通过多样化的角色模仿与游戏化教学策略，激发学生的参与兴趣，同时采用正向激励与即时反馈机制，促进学生在轻松愉快的氛围中自然习得并巩固社交技能。

（一）需求分析——个别化教育方案制订

通过对学生社交行为的观察和评估，识别每个学生在社交技能上的特殊需求。根据评估结果，为每个学生或学生小组制订个别化的教学方案，确保教学活动与学生的能力水平和兴趣相匹配。

（二）环境模拟——生活化场景的创设

利用教室空间，模拟学生日常生活中的社交环境，如教室、食堂、操场等。
设计模拟活动，让学生在模拟的真实环境中练习社交技能，如排队、分享等。

（三）角色扮演——关键角色的模仿学习

选择学生日常生活中的关键角色，如教师、同学、家庭成员等，作为模仿的对象。通过角色扮演活动，让学生学习并模仿这些角色在社交互动中的适当行为。

（四）游戏互动——社交规则的实践应用

设计互动性强的游戏，将社交规则融入游戏过程，让学生在游戏互动中学习和练习社交技能。确保游戏具有教育意义，同时保持趣味性，以提高学生的参与度和学习动机。

（五）正向强化——激励机制的建立

在教学活动中，对学生展现出的积极社交行为给予及时的正向反馈和奖励。通过奖励机制，如积分系统、表扬、小奖品等，激励学生持续参与并展现出更好的社交行为。

三、课程结构

（一）环节一：情境模仿，启智初体验

1.教室互动小活动："友好课堂，礼貌交流"

在教室互动小活动中，我们特别考虑了特殊学校学生的特点，设计了简单的互动环节。教师首先通过夸张的肢体语言和清晰的语音，示范了如何在课堂上举手发言，并强调使用"请""谢谢"等礼貌用语。随后，学生被分为几个小组，每组围坐在一起，轮流扮演提问者和回答者。为了照顾到不同学生的需求，我们设置了简单的问题，如"你喜欢什么颜色？"或"你今天做了什么有趣的事？"确保每位学生都能参与进来。在互动过程中，教师密切关注每位学生的表现，对于害羞或表达不清的学生，给予更多的鼓励和支持，引导他们逐步克服障碍，享受交流的乐趣。

2.午餐礼仪小活动："文明餐桌，共享午餐"

午餐时间，我们模拟了一个温馨的餐厅环境。考虑到特殊学校学生的身体状况和饮食习惯，我们准备了适合他们食用的食物，并摆放了易于操作的餐具。在示范环节，教师不仅展示了如何正确使用餐具、咀嚼食物，还特别强调了餐桌上的礼貌行为，如轻声细语、不浪费食物等。学生在教师的引导下，尝试自己取餐、入座，并与同桌的伙伴分享午餐。对于需要帮助的学生，教师或志愿者会给予必要的协助，确保每位学生都能感受到参与的乐趣和成就感。

3.超市购物小活动："快乐购物，礼貌结账"

为了让学生体验真实的购物场景，我们设置了一个简易的"超市"区域。在这个区域里，摆放了学生熟悉的商品，并设置了一个模拟的收银台。在购物前，教师通过图片和简单的语言，向学生介绍了超市的基本规则和购物流程。随后，学生分组进行购物，他们需要挑选自己需要的商品，并尝试到收银台结账。在这个过程中，教师强调了购物时的礼貌行为，如排队等候、询问价格时使用礼貌用语等。对于理解能力较弱的学生，教师会给予更多的指导和支持，确保他们能够顺利完成购物任务并体验到成功的喜悦。

情境模仿表

场景编号	场景名称	场景描述	道具与布置
1	教室互动	模拟日常课堂,包括课桌椅、黑板、教材等	布置成标准教室,设置小组讨论区
2	午餐礼仪	模拟学校食堂,展现排队取餐、餐桌交流等	摆放餐桌椅,准备餐具与仿真食物
3	超市购物	模拟小型超市,展示挑选商品、结账等流程	设立货架,摆放各类商品,设置收银台

（二）环节二：角色扮演，游戏中学社交

基于特殊教育学校学生的特点，我们设计了以下三个层次递进且富有趣味性和教育性的角色扮演游戏，旨在通过模拟真实生活场景，帮助学生自然而然地学习和练习社交技能。

1.游戏一：礼貌巴士行

概述：借鉴"公交车司机"的角色特点，我们创设了"礼貌巴士行"游戏。学生分为两组，一组扮演公交车司机和售票员，另一组扮演乘客。在游戏中，司机和售票员需要模仿真实场景中的行为，如安全驾驶、提醒乘客站稳扶好等。乘客则需要在上车时使用礼貌用语购票，下车时向司机致谢。通过这个游戏，学生能够在模拟的公共交通环境中学习并实践基本的社交礼仪和礼貌用语。

2. 游戏二：森林奇遇记

概述：结合《小熊贝贝的礼貌之旅》的故事情节，我们设计了"森林奇遇记"游戏。学生分别扮演小熊贝贝、小兔子、乌龟等角色，在教师的引导下，通过角色扮演重现故事中的三个关键情节。在"遇见小兔子"环节，学生学会如何礼貌地请求帮助；在"过河遇乌龟"环节，学生进一步练习礼貌用语并学会尊重长辈；在"找到礼貌树"环节，全体学生共同学习并演唱礼貌歌谣，巩固所学内容。这个游戏不仅让学生在轻松愉快的氛围中学习社交技能，还能通过故事情节的推进，激发他们的学习兴趣和积极性。

森林奇遇记

3. 游戏三：社区小卫士

作为本环节最高层次的游戏，"社区小卫士"旨在将学生的社交技能应用到更广泛的社区环境中。学生分组扮演社区中的不同角色，如超市店员、图书馆管理员、邻居等，在模拟的社区场景中解决各种实际问题。例如，超市店员需要处理顾客的投诉和咨询，图书馆管理员需要维护秩序并解答读者的疑问，邻居之间则需要相互帮助解决生活中的小困难。通过这个游戏，学生不仅能将之前学到的社交技能进行综合运用，还能在解决问题的过程中培养责任感和团队合作精神。同时，教师作为游戏的引导者和观察者，适时给予指导和反馈，帮助学生进一步提升社交能力。

（三）环节三：心理团辅，润心促成长

1. 情感共鸣深化：信任之旅

概述：在"信任之旅"游戏中，学生两两配对，一人蒙眼扮演"旅人"，另一人则作为"引导者"，携手穿越由椅子、垫子构成的障碍赛道。过程中，教师适时引导对话，如"引导者"轻声说："请相信我，我会带你安全前行。"而"旅人"回应："谢谢你，我很放心。"这样的对话不仅增强了学生间的信任感，也让他们体会到了在社交中信任与被信任的重要性。

2. 心有灵犀一点通

进入"心有灵犀一点通"环节，学生分成若干小组，每组选出一名代表上台，通过非言语的方式（如肢体动作、面部表情）向台下队员传达教师给出的社交情境词汇（如"抱歉""感谢"）。台下队员需迅速猜出并大声说出答案。游戏中，师生间频繁互动，教师鼓励道："看他们的默契，真是太棒了！这就是我们在社交中需要的理解力。"学生则在欢声笑语中，深刻体会到了非言语沟通在社交中的独特魅力。

四、案例成效与经验总结

（一）成效评估

针对"模仿启智，游戏润心"社交行为习惯课程，我们设计了一个分为三个维度的问卷调查，以更全面地了解学生的感受和建议。每个维度包含五个问题，学生将根据自己的体验进行自评（1星至5星，其中1星表示非常不满意，5星表示非常满意）。

问卷调查表

维度	问题描述	自评（1—5星）
课程 吸引力	1. 你认为这门课程的内容有趣且引人入胜吗？	☆☆☆☆☆
	2. 课程内容激发你的学习兴趣和动力了吗？	☆☆☆☆☆
	3. 课程的讲解方式（如视频、讲座、互动等）让你觉得有趣且易于理解了吗？	☆☆☆☆☆
	4. 你觉得课程的难度适中，既有挑战性又能保持兴趣吗？	☆☆☆☆☆
	5. 课程中有让你印象特别深刻或感到兴奋的时刻吗？	☆☆☆☆☆
社交技能 提升	1. 你感到自己在社交中变得更加自信了吗？	☆☆☆☆☆
	2. 你能有效地运用在课程中学到的社交技巧与他人建立联系吗？	☆☆☆☆☆
	3. 课程中的实践活动帮助你提升了团队合作和沟通能力了吗？	☆☆☆☆☆
	4. 你能在不同社交场合中灵活应用所学的社交礼仪吗？	☆☆☆☆☆
	5. 你觉得课程对于提高你的社交情商有显著帮助吗？	☆☆☆☆☆
知识掌握 与应用	1. 你能清晰地记得课程中的关键知识点吗？	☆☆☆☆☆
	2. 你能将课程中学到的知识应用于实际生活中吗？	☆☆☆☆☆
	3. 你觉得课程提供的案例或实例有助于你理解抽象概念吗？	☆☆☆☆☆
	4. 你经常回顾并复习课程内容以加深记忆吗？	☆☆☆☆☆
	5. 你愿意将这门课程推荐给其他同学或朋友吗？	☆☆☆☆☆

本次社交技能提升课程的反馈问卷结果显示出高度的学生满意度。在衡量课程吸引力的维度上，学生给出了非常积极的反馈，平均自评星级高达4.1星，显示出绝大多数学生对课

程内容的设计、讲解方式以及整体趣味性给予了高度评价。在社交技能提升和知识掌握与应用方面，学生也给出了较为正面的反馈。平均自评星级分别为3.7星和4.0星，显示出学生在参与课程后，社交技能确实有所提升，并能够较好地掌握和应用所学知识。具体来说，超过七成的学生表示自己在社交中变得更加自信，能够更有效地运用所学社交技巧与他人建立联系。

（二）经验总结

1. 联——情境串联，构建认知网络

在本次案例中，我们通过精心设计的情境串联活动，成功地将社交技能的学习与学生的日常生活紧密结合。例如，在"教室互动"环节中，我们模拟了真实的课堂环境，让学生在小组讨论中实践提问和回答的技巧。这种情境化的学习方法不仅让学生更容易理解和记忆社交规则，而且增强了他们将这些规则应用到实际生活场景中的能力。通过这种方式，我们帮助学生构建了一个全面而连贯的知识网络，为他们在不同社交场合下的适应和反应提供了坚实的基础。

2. 仿——角色模仿，深化行为理解

角色模仿是本次案例中的一个关键组成部分。通过让学生扮演不同的角色，如教师、同学或家庭成员，他们能够更深入地理解每个角色在社交互动中的期望行为。例如，在"超市购物"活动中，学生通过模仿顾客和收银员的互动，学习了如何礼貌地请求帮助和提供服务。这种角色扮演不仅提高了学生对社交行为背后含义的认识，而且通过亲身体验，加深了他们对这些行为的情感认同和价值理解。

3. 游——游戏互动，激发学习动力

游戏化教学是本案例的一大亮点。我们设计了一系列互动性强的游戏，如"礼貌巴士行"和"森林奇遇记"，将社交规则和礼仪融入游戏的每个环节。这种教学方法不仅让学生在轻松愉快的氛围中学习，而且极大提高了他们的学习兴趣和参与度。通过游戏，学生能够在实践中学习如何在不同的社交情境中运用所学的社交技能，从而更有效地掌握和运用这些技能。

4. 正——正向反馈，促进行为固化

正向激励是本次案例中不可或缺的一部分。我们通过建立一个正向激励机制，对学生在活动中展现出的每个积极行为给予及时的反馈和奖励。这种正向的反馈不仅让学生感到被认可和鼓励，而且有助于他们建立起积极的自我形象。例如，在"社区小卫士"游戏中，当学

生成功地解决了一个社区问题或展现出了良好的团队合作精神时，他们会受到表扬和奖励，这进一步激励了他们在未来继续展现出更好的社交行为。

通过这些经验的总结，我们可以看到，情境串联、角色模仿、游戏互动和正向反馈是提高特殊学校学生社交行为习惯培养的有效策略。这些策略不仅帮助学生在社交技能上取得了进步，而且为他们提供了一个支持性和鼓励性的环境，使他们能够自信地面对社交挑战。

五、案例总结和反思

本次"模仿启智，游戏润心"的社交行为习惯培养活动在特殊教育学校中取得了显著成效，其成功之处在于将社交技能的学习与学生的日常生活紧密结合，通过情境串联、角色模仿、游戏互动和正向反馈等策略，有效地提升了学生的社交能力。这些策略不仅激发了学生的学习兴趣，还帮助他们建立起积极的自我形象，增强了自信心。此外，活动的设计注重个性化和生活化，确保了教学内容与学生的实际需求和能力水平相匹配，使每个学生都能在活动中找到适合自己的学习路径。

然而，在活动实施过程中，我们也发现了一些需要改进的地方。例如，在某些环节中，部分学生由于自身的特殊情况，可能需要更多的个别指导和支持。未来，我们将进一步细化个别化教育方案，确保每个学生都能获得足够的关注和帮助。同时，我们也将探索更多创新的教学方法和活动形式，以适应不同学生的需求，持续优化社交行为习惯培养的策略和方法。通过不断的实践和反思，我们相信能够为特殊教育学校的学生提供更加全面和有效的社交技能培养，帮助他们更好地融入社会，实现自我价值。

传承红色基因，感悟幸福生活

中山市特殊教育学校　武雷

一、课程背景

（一）设计理念

在快乐氛围中历练，在参与体验中拔高，在开展活动中育人，在幸福跃动中成长。无论开展什么样的教育活动都必须回归育人的本质，陶行知一直强调生活即教育，列昂节夫认为，活动是主体心理机能内化的中介和桥梁，是促进学生成长的重要载体。经过对特殊儿童的特质分析及长期实践证明，将生活教育与学生亲身体验的活动相结合，以一种更贴近生活、更易于接受的方式开展教育活动对学生的发展更为有利。《中小学德育工作指南》也指出，"要精心设计、组织开展主题明确、内容丰富、形式多样、吸引力强的教育活动，以鲜明正确的价值导向引导学生，以积极向上的力量激励学生，促进学生形成良好的思想品德和行为习惯"。由此，活动育人必须强化以生为本的理念，立足学生，立足实际，脚踏实地，着眼未来。

育人是一场双向奔赴，双向成就的旅程，育生、育师、育他人、育自己。通过精心谋划，各要素通力协作，搭建符合学生实际的，孩子向往的、需要的舞台，营造积极向上的氛围，让每个参与者都能够在参与体验中有所得，让每个旁观者都变成参与者，在切实的活动中提升自我，充分生长。

育人活动不是简单的活动叠加，而是一种复杂的系统性的工程，实现活动育人还必须从以下几个方面着重考量：一是"三从"，从兴趣出发就是要保障活动的吸引力，能够吸引学生主动性活动，从需要出发就是要贴合实际，真正能够促进学生的全面发展，为学生提供适切教育；二是"三注重"，注重知识教育，注重环境感化，注重情感行为内化；三是强调"三获得"，获得亲身体验，获得真切感悟，获得真实成长。活动中要注重立足需要，贴近实际，主题明确，吸引力强，内容丰富，价值观正确，形式多样，全员参与等方面要求。

本课程设计以学生成长需要为中心，以学生人身安全为前提，注重培养学生核心素养，立足身边的红色资源，让学生在参与体验中运用课堂知识，弘扬和传播中华优秀传统文化，学习传统技艺，领略优秀传统文化的魅力，进而更好地赓续红色基因，培养学生的爱党爱国情怀，让每位师生在参与中学习革命先烈的英勇事迹，感悟当下幸福生活，从而更好地珍惜当下。

（二）学情分析

本次课程服务对象以 12—15 岁智力障碍学生为主，直接经验更能够引起学生兴趣，体验、参与式课程更易于接受，同时该阶段学生缺乏必要的社会经验，让其广泛参与社会生活，不断提升生活技能十分必要，同时"爱国""感恩"等主题能够更好地丰富个人情感体验。

1. 知识储备

本学年年级主题为"我和我的祖国"，学生通过集体课堂参与主题教学，具有相应的针对此次课程内容的知识和技能储备，在教师的讲解下能够懂得革命、祖国等的内涵，同时学生对中国共产党有一定的了解，对此次课程的内容比较感兴趣，有利于深入地参与课堂。

2. 社会适应能力

本班学生属于中学阶段，已经具备了一定的理解和沟通能力，同时本班一直以来注重学生的社会实践培养，学生有一定的参加社会实践的基础，在多次的外出实践中有基础的自我保护意识，听从指令意识，在课程的外出实施活动中安全风险较小。

3. 学习能力

在学习方面，本班学生按照能力可分为 A、B、C 三组，A 组学生有一定的理解能力，能够看懂简单的任务清单，语言表达能力较好，能够在教师或任务卡的提示下，自觉地参与课堂教学；B 组学生能够在教师的帮助和示范下参与课堂活动，需要教师进行实时指导和带动；C 组学生无语言，理解能力差，但可在教师和陪读家长的带领下参与活动。学生能力互补性较强，有利于小组协作、集体活动和个别指导等活动的开展。

4.个人发展及家长需求

经过前期问卷调查,本班家长希望给予孩子更多的社会实践机会,让学生能够在参与体验中感受到快乐,习得与人沟通的能力,除希望培养孩子日常生活技能外,还希望可以培养更深层次的情感,如爱国、爱家等;同时学生处于中年级阶段,属于步入社会前的关键期,除掌握生活必备的各项技能外,为了更好地融入社会,需要给予更多的实践机会,掌握与人沟通的技巧,习得生活技能,懂得感恩,更好地理解和表达不同的情感。

(三)资源分析

板芙镇里溪村位于中山市西南部,毗邻岐江、三面环山、田园秀美。这里既是"红色热土",也是"广东改革先行地",早在1976年下半年就成为广东乃至全国最早成功推行"联产到劳"农村经济体制改革的行政村,比安徽小岗村"大包干"早两年。里溪村立足红色文化代代相传、文明新风浸润山村,充分整合挖掘资源,里溪党员教育基地设有粮食展览馆、村史馆、里溪改革精神纪念馆、中山抗日先锋队里溪中队烈士纪念亭、里溪烈士群像等设施,是重温红色历史,品味"联产到劳"改革精神,激发干事创业决心和勇气的最佳场所。服务中心设置游客服务区、轻饮食区、青年工坊、多媒体互动区、多功能会议室、培训厅、及书法绘画等作品展示区等。这一切都极大拓展了课程实施范围,为课程的实施提供了优质丰富的资源。

二、目标设定

鉴于以上课程理念指导、学生发展的现实需要及丰富有特色的研学资源的支撑,结合班级主题"我和我的祖国"及学生IEP目标,将各学科知识及学生需要进行整合,本次课程目标如下。

(1)通过教师讲述等形式了解板芙里溪的革命历史,感受红色里溪敢为天下先的开创精神和艰苦奋斗精神,激发学生对中国共产党、对祖国、对家乡的热爱与赞美之情,让学生在参与中学党史、感党恩,进而更好地珍惜幸福生活。

(2)通过外出活动,让学生掌握基本的外出安全知识,感受生活的美好,形成热爱家乡的情感。

(3)课程实施中,认真遵守规则、讲文明有礼貌,养成良好的行为习惯。

(4)能够养成互帮互助习惯,懂得团结协作,帮助同学积极参与并完成学习任务,增强小组合作意识。

(5)养成能听从指令、遵守规则、服从安排的习惯。

（6）能够在参与课程过程中体会到快乐。

（7）能在环境中主动进行询问，大胆尝试并掌握正确的沟通方式和沟通技巧。

（8）能运用智能手机、计算机等的地图软件，搜索板芙里溪的位置、路线图等。

（9）能运用智能手机、平板电脑进行拍照，记录活动过程并掌握照片的简单美图、传输、编辑等功能。

（10）能够掌握简单的乘车规则，懂得安全带的使用等。

（11）通过研学成果展示，锻炼学生手工、绘画、书写、表达等能力。

（12）通过活动增加班级、年级、家校的凝聚力与向心力。

（13）通过活动，让学生在参观游览中懂得当下生活的来之不易，懂得感恩之情，激发学生的爱国志、强国行。

同时，除以上既定目标外，还注重拓展和生成，立足学生能力、需要和表现，为学生及时增加养分，最大化促进学生发展。

三、课程实施

（一）知识技能掌握

研学前教学工作安排

阶段	项目	内容
研学前	视频教学	通过视频全方位了解里溪的地理位置，前世今生，里溪红色文化及里溪红色教育基地的场所分区、功能划分
	教师讲授	主题统整下的分科教学 （了解里溪历史文化；生活适应学习正确乘车、系安全带，人际交往能力等；劳动技能学会爱护卫生等；信息技术教会拍照、编辑等）
	家庭实践	亲子任务卡（家长带领学生去参观一些公共场所，锻炼交际能力，提升参与生活的技能，懂得规则）
	模拟训练	利用 AR 模拟真实可能遇到的所有场景
	安全教育	乘车常识
		走丢应急自救
		寻求帮助本领
		活动场所的物品安全介绍

（二）实地研学活动

红色里溪研学活动安排表

阶段	时间安排	研学课程内容		基础任务	升级任务
研学中	8：20		学校大堂集合,按照分好的小组整队集合,强调研学过程中的注意事项,拿好研学手册和任务单,准备出发		
	8：30—9：00	前往里溪	出行过程中"乘车"是安全的重要环节,尤其是高年级学生,需要具备一定的乘车知识及能力,能够有序排队上车,学会刷卡或投币,能有序到座位上坐好等;通过图示,语言提示等不同程度的辅助,结合现场教学,引导学生正确乘坐公交车,并懂得乘坐规则和安全事宜	耐心等候不喧哗,能够排队上车,懂得使用公交卡进行刷卡乘坐	在公交站牌上识别查找所需乘坐的公交车次和方向,懂得乘车规则和礼仪
	9：00—10：00	感恩先烈	本部分结合以往课堂教学知识,带领学生边游览边讲解,现场教学,让学生深刻领悟里溪村的前世今生,革命事迹,奋斗历程	了解里溪历史,感悟先烈的伟大	能够用语言介绍参观的场所
	10：00—11：00	定格最美瞬间	运用课堂上所学,化身小摄影师,记录精彩瞬间,为后期的分享留下图片素材和美好的回忆,也为他们增添更多的信心和力量	捕捉里溪美、同学情、欢声笑语	能够介绍自己拍摄的照片
展学	分享		组织学生分享收获、心情、任务完成情况等,进行知识点回顾	能够分享在研学过程中的所思所想所得	能够在研学后进行相关主题的创作
	拓展		针对学习到的知识进行拓展与运用,将研学转化为教学资源		
评学	评价		完成研学评价表(包括自评他评)		

（三）课程评价

评价的作用十分重要,本次课程评价根据特殊学生特点,采用量化评价的形式,采用可视化的量化指标,制定学生参与活动观察记录表,评价内容包括情感态度、过程与方法、认知技能等方面,如活动观察记录表、任务清单（家长、学生、教师）反馈表及课程满意度调查问卷等。注重评价主题和对象多元化,过程性评价和结果评价相结合,注重评价效能,旨在通过系统性的评价为学生的进一步发展提供更优方案。

课程满意度调查问卷

尊敬的家长、教师和爱心人士：

　　您好，很高兴和您一起进行了这场十分有意义的综合实践课程。本问卷能充分了解您对课程的满意度情况，为下一步课程的改进与提升提供参考。问卷无须填写个人具体信息，按照内心真实想法填写即可（对应选项上打√）。

1. 您的身份
□ 家长
□ 教师
□ 爱心人士

2. 您认为本次课程的内容选择、目标设定如何？
□ 内容贴近需要，目标有针对性
□ 内容较丰富，目标设定较合理，还需进一步提升
□ 内容较多，目标设定不合理

3. 您觉得本次课程的活动设计如何且对不同学生是否具有针对性？
□ 活动丰富，形式多样，针对性强
□ 活动形式单一，针对性不足
□ 活动多且乱，没有针对性

4. 您觉得本次外出活动中教师的指导、辅助作用是否充分发挥？
□ 能够根据学生需要，提供贴切的辅助与指导
□ 教师作用发挥一般，需进一步加强
□ 教师没有发挥作用

5. 您认为此次外出实践中，安全工作是否周到全面？
□ 考虑周到，安全预案详细
□ 存在一些安全隐患，但问题不大
□ 安全问题考虑不足，安全问题突出

6. 您认为课程实施过程中，学生参与如何？
□ 积极性很高，主动、全程、全员、有效参与
□ 部分学生参与度不足
□ 学生被动参与

7. 您对此次课程实施的总体评价：
□ 十分满意
□ 比较满意
□ 不满意

8. 您觉得本次课程中的学生收获如何？

9. 您对本次课程实施还有哪些建议和意见？

四、课程反思

本次课程立足中山本土资源，内容选择贴近特殊学生核心素养发展与提升适应社会能力的需要，选取集革命历史、现实功能性等于一体的红色里溪为对象，紧贴生活，具很强的可行性和可迁移性。

（1）资源利用方面，要注重资源的挖掘与整合，深入挖掘周边教育性资源，然后立足学生实际加以淬炼整合，充分了解课程适用范围，并根据当时当地具体情况进行调整。

（2）注重知识的巩固与内化。课程实施各环节要紧密连接，互为强化，要注重课程延展，内容与学生实际生活连接，在生活中巩固强化。可依据各地方各年龄段特殊学生具体情况，进行调整。

（3）目标设定过程，要充分遵循学生特点，制订既定目标，兼顾生成性目标，预设拓展性目标，防止学生"吃不饱"，参与内容和方式、作业单的呈现、辅助策略等要有针对性。同时要循序渐进，着眼未来，制订序列化目标体系。

（4）注重多元评价，从评价主体、评价维度等全方位进行，既要注重结果评价，又要注重过程性评价。

（5）实施中充分运用 AR 等技术，让学生知识习得、情景体验、情境参与及实地研学有机结合。

五、课程延展

随着粤港澳大湾区的不断推进，深中通道的开通，赋予了"名人故里"中山这座城市新的定位与内涵，中山红色资源丰富，这一切都给本课程提供更多的发展方向。鉴于此，将研学实践进行以下延展。

帮助学生巩固内化所学，并形成适应生活的更完备的课程体系。例如，开展"我和我的家乡""我是小小演说家""红色伴我行"等作为课程的延伸，在情境中对研学知识进行延展。以主人翁的视角去挖掘、发现家乡景之美，从而进一步激发学生的家国情怀。

小学孤独症儿童随班就读的实践做法及成效

中山市西区铁城小学　萧海成　王娜

目前，融合教育的主要安置形式就是随班就读。在教育实践中，特殊儿童进行社会融合的效果仍亟待改进，常见的现象包括特殊儿童在普通学校中某种程度上处于"被孤立"的地位、难以积极融入"课堂学习"场合等，以致特殊儿童出现"流失""随班坐读"等情况。究其原因，存在多个方面。比如，普通学校缺乏接纳特殊儿童的相应设施（如班级规模、物理环境等），师资力量支持不够，随班就读的教师缺乏对特殊教育基础常识的了解，同时教育主管部门关于融合教育专业知识的实践培训也相对不足。为了促进低年段孤独症儿童融入普通学校，我们尝试从生活、情感、心理、行为等多个维度入手，精准指向融合目标，采取综合性策略，经过实践检验取得了较好的效果。

一、完善前期准备与评估

在孤独症儿童入学前，家庭与学校需紧密合作，对孩子进行全面的评估，了解其能力水平、行为特征等，以制订个别化的教育计划。家庭需培养孤独症儿童在复杂环境中持续安坐的能力、基本生活自理能力、社交能力以及听读和书写能力等，为随班就读做好准备。

（一）掌握学生情况

随班就读的成效在很大程度上取决于任课教师对随班就读工作和残疾学生的认识和理解，最直接的途径就是家校沟通。在教育实践中，我们鼓励教师第一时间与学生家长取得联系，并与副班主任老师一起上门家访。通过非结构性的访谈，我们了解到学生的成长历程、家长的教育观念以及家长对孩子教育的态度。事实上，为了让我们如实地掌握学生的谱系障碍情况，包括学生在生活自理、语言、躯体运动、感觉和交往方面的情况，家长一般也都会填写学生的孤独症行为量表。

（二）理解家长焦虑

大部分特殊儿童家长都希望自己孩子尽可能在正常的环境中生活和学习，事实上这并不容易。相比待在特殊学校中，安置在普通学校中就读，儿童会更显得突兀，这让家长对自己孩子的"不正常"体会更深。家长的担忧主要在以下几个方面：第一，随班就读不被接纳。主要表现在教师对随班就读不接受，正常儿童孤立特殊儿童，正常儿童的家长不支持随班就读。第二，学习困难较难适应班级教学。课堂学习时特殊儿童处于精神游离状态，尤其是在言语表达的场合更是难以融入。第三，信心动力无法持续为继。与其他正常儿童的家长不同，特殊儿童的家长付出的努力更多，需要不断的精力和金钱投入。

二、加强融合教育环境建设

教师需接受专业培训，学习如何运用有效的教育策略（如身体类提示而非言语类提示）来辅助孤独症儿童学习，以应对可能的情绪行为问题。

（一）构建包容育人环境

为促进随班就读学生顺利融入班级教学，我们以活动为载体，依托主题班会课、家长会等抓手，多措并举，全力构建多元包容的班集体文化。第一，开展"我们都是一样的"等主题班会课，引发学生的理解和支持。例如，我们鼓励学校教师将随班就读学生的成长经历、家庭遭遇、未来期待等以第一人称的口吻制作了幻灯片。学生深受触动，对随班就读学生产生发自内心的理解，能够自觉去体谅、同情并且照顾随班就读学生。第二，通过新生家长会，学校给正常学生家长传递观念，包括普校对特殊儿童负有教育责任，随班就读儿童的就学资格是教育法定的；另外，随班就读学生就读有家长全程陪伴，不会发生教室内打扰正常学生学习的情况，从而消解来自正常学生家长的潜在压力。第三，鼓励班级开展亲子活动，帮助特殊儿童融入主流社会环境。通过紫马岭公园秋游活动，让随班就读学生与班级普通学生在互动中受益，有机会观察到较高级的社会交往行为等。

（二）凝聚家校合作力量

第一，主动与家长坦诚地沟通，舒缓其内心的焦虑。家长最关心的是孩子不被教师，尤其是班主任接纳，这情有可原，主要是因为教学负担会加重教师排斥随班就读的学生，如教学日常进度的压力、繁重的班级事务、特殊学生的各种突发状况等，使随班就读质量难以保证。学校对随班入读儿童的班级不涉及教师个人的考核与绩效，学校的教师是一支有爱且乐于接纳的教师队伍。教师对融合教育的态度是正向且积极的。第二，学校领导主动与特殊儿童所在班级的其他科任教师沟通，避免对随班就读学生采取"个人问题"的归因方式，以平等的姿态看待特殊儿童，主动发现随班就读生的内在可塑性，去除对该类学生的负面刻板印象。第三，组织教师进行专业知识学习，在校图书馆放置相关文献和资料，鼓励教师进行网络媒体学习相关专业方法和技能，丰富自身知识储备，从而方便帮助学生更好地融入普通学校。

家长会现场——家长们认真倾听

班级亲子活动——体验醉龙舞

三、制订个别化教育计划

根据孤独症儿童的具体需求，制订个别化教育计划，明确短期和长期的教育目标，开发潜能并补偿缺陷。家长与教师需要密切配合，定期沟通孩子的进步与问题，共同调整教育计划。

（一）明确融合目标

进入小学低年段，尤其是一年级新生，在一个新的环境，需要较长的适应阶段。教育者和监护人需要首先明确，随班就读的学生来到这个环境中到底要学什么。事实上，所学内容并不在于课本知识，主要包括对规则的习得、自我情绪的控制以及建立良好的社交，这三者是环环相扣的。所谓规则的习得，就是指学生能够了解和完成课堂常规。多次的哭闹、叫喊宣泄情绪必然不能获得同学的理解，并最终影响社交。

（二）寻找合适的协助者

相比幼儿园和小学阶段，学生将面对指令难度的大幅度提升。这对特殊儿童而言并不是轻松的事情。仅以"上课铃响，学生进入教室，班长喊'起立'口号，全部学生站直，向任课老师鞠躬问好"这一个环节为例，对随班就读学生来说就是一个巨大的挑战。因为以上并不是单步指令，课间铃声响了之后，随班就读学生很难将"上课"联系到自身，同时不能快速听清班长的"起立"口令，更难以分辨口令的内容到底是什么。从单步指令到多步综合指令，甚至多步综合复杂指令，其间对学生意味着的思维必须实现"多级跳跃"，中间一旦发生断裂，注意力就会立马出现偏差，甚至后续有可能导致情绪失控。孤独症特殊儿童的感觉统合失调，是其面对复杂综合指令表现出无力感的主要原因。因此，寻找合适的助学者就极为关键。一般情况，将视特殊儿童情况而定。主动与特殊学生接触（其家长同意且支持）并能够被随班就读学生从心理上接纳的一位同学安置在随班就读学生的同桌，成为"助学伙伴"，让其能够适时提醒随班就读学生。

（三）做好相应课例研发

在平时的授课中，适当地对教学方式进行调整，对教学目标、重难点相应降低。比如，对课题和板书用红蓝绿粉笔，同时尽量粉笔配画。值得一提的是，这种降低，并不是刻板地、"一刀切"式地降低教学期待，而是根据学生自身接受情况而定的，具有针对性。在讲授《比尾巴》一课时，正常学生的教学目标包括：①学会"尾"等6个生字，认识"女"等3个偏旁，认识"尾"等9个生字；②能够正确地流利地读短文，学习朗读问话句子，会背诵课文；③认识图上的动物，了解它们尾巴的特点。正常学生的重难点分别包括：学习句子词语和观察插图再读课文，培养学生读书、说话能力。在随班就读学生教学目标的设定上，作者对学生的设定是稍有偏低，同时加大辅助的力度。具体而言就是，通过看大字卡片，认识"尾"等9个生字；与助学伙伴能够合作朗读课文；认识图上的动物，了解尾巴的特点。在教学重点的设置上则是，通过倾听、个别辅导、同伴互助感受到"尾巴特点"。

课堂瞬间——师生关系融洽

四、进行专业支持与辅导

要对孤独症儿童进行定期及专项辅导，跟踪其发展情况，并动态调整教育方案，帮助他们更好地适应学校生活。

（一）支持家庭强化训练

谱系儿童学生虽然步入小学，但坚持做康复机构干预，这是值得支持的。康复干预在任何阶段都是有效果的。为了让学生更好地融入小学集体化生活，学校建议家长加强了多方面的家庭训练。例如，家庭模拟社交，因为学生无法将自身的行为与整个环境联合在一起，就单是"上课需要请假上厕所"的情境也是反复训练后习得的。又如，家庭情感训练，为了帮助学生看懂人类高级表情（紧张、焦虑等），家长可以购买人脸识别卡片图谱，创设情境让学生对人脸面部表情和非语言表情进行辨别。绘本训练也是家庭训练的一个内容。在陪孤独症的孩子读绘本的过程中，家长需要持续性地加大模块时间投入力度，选择以"图"为主的文本，交互性地引导孩子代入理解。此外，学生的家长还对应对其时间进行结构化安排，精细地规划其起床、洗漱、上学、吃饭等时间，并辅以适合的强化物和强化手段，帮助学生形成结构化的作息规律。

（二）关注情绪释放表征

一般而言，开学后的一段时间，特殊儿童会出现不愿意上学的情绪。这是因为学生习惯了家里的亲子环境，这种环境对比集体环境，约束力不大。在集体环境中，所受到的影响和环境因素，永远要比各种环境下复杂，且整体的压力更大。换言之，拒绝集体环境，并不是孩子自身的问题，不是"不愿"而是"不能"。学校为家长提出建议，一方面，需要对孩子进行各种环境体验和认知的提升，要利用潜能机制去刺激和鼓励学生；另一方面，需要帮助其找到情绪释放的渠道。要帮助学生获得良好且可持续的社交，就必须尽量避免行为上的障碍，降低其应激反应。为此，班主任会专门召开班级小干部会议，确定学生的情绪观察员，要求观察员一旦发现学生出现较为剧烈的波动，立马告知教师或陪读家长。同时，学校领导也会在第一时间赶到现场，安抚情绪。

课间瞬间——同学间的相处交流非常融洽

（三）实施家校代币策略

孤独症患者的注意力难以分配。有强迫专注度，对自己喜好的事物容易沉溺。因此，刻意培养孤独症孩子的逻辑情感就显得格外重要。要合理运用大脑的记忆机制、奖励机制、注意机制、反馈机制、警觉机制帮助孩子通过情感认知的体验、通过动作再配合少量的语言的辅导以及情景模拟剧这种方式，让孩子把情感逻辑深深地印在大脑中，并带到潜意识中。代币机制是一种途径。代币制系统以强化理论为指导，在实际操作中通过建立奖励系统来强化并塑造良好行为。针对学生在课堂中的表现，我们以家校配合为桥梁，进行代币奖赏。如果课堂上能够保持安静，做到不打扰同学听课，不发出奇怪声响，就在班级墙壁的奖励牌上盖一个章作为代币。学生积累的代币从学校那里换取自己喜欢的东西，当代币数量达到一定程度时，我们还利用班会课专门对学生进行表扬，从而达到塑造良好课堂习惯的目的。

综上，小学低年段孤独症儿童随班就读的实践做法需要家庭、学校、社会等多方面的共同努力与支持。通过科学有效的实践措施，可以显著提高孤独症儿童的适应性、促进校家关系和谐、提升教师专业能力以及优化融合教育环境等方面的成效。一是孤独症儿童适应性提高，通过个性化的教育计划和专业支持，孤独症儿童在学校的适应性显著提高，能够更好地融入集体生活。他们的社交能力、自理能力以及学业能力均得到不同程度的提升。二是校家关系更加和谐，校家之间的紧密合作与沟通，使双方对孩子的教育问题有了更深入的了解和共识，减少了矛盾与误解。家长对学校的信任度提高，更愿意配合学校的教育工作。三是教师专业能力提升，教师在面对孤独症儿童时，更加自信和有策略，能够更有效地进行教学与管理。他们的特殊教育能力得到提升，为日后教育更多特殊需要儿童积累了宝贵的经验。四是融合教育环境优化，学校通过调整物理环境、教育策略等措施，为孤独症儿童创造了一个更加友好、包容的学习环境。这种环境的优化不仅有利于孤独症儿童的成长，也促进了全体学生的共同进步与发展。

班级文体活动——小舞台表演

孔子强调"有教无类"，将这种理念落实到现下特殊儿童的教育中，就是在充分信任尊重儿童自身的特质，在此基础上予以差别化的引导和提高，使每个学生依照自己的方式进行自评，在成长中获得快乐。但随班就读学生融入主流教育并不是一蹴而就的，其中的每一点进步都来之不易。特殊儿童回归主流教育也并非单向移动，这是一次双向互动的融合，需要整个社会，尤其是一线教师给予真诚的包容与支持，更需要特殊群体以更加积极的自我认同姿态与世界相遇、互融。

班级亲子活动——一起快乐地观看文艺会演

星辰大海，逐梦而行

——九（6）"星辰班"班集体育人记

中山市特殊教育学校　肖李娟

一、星辰班简介

星辰班是由 12 名学生（男生 10 名，女生 2 名）和 4 名教师组成，其中智力障碍学生 4 名，孤独症学生 6 名，脑性瘫痪学生 1 名，多重残疾学生 1 名，他们的障碍类型不同，认知能力不同，性格秉性相异，大家相聚在一起，互相照亮彼此，创造着无限的可能。我们将班级取名为"星辰班"，是希望孩子在不断的学习和进步中，用微光点亮微光，用生命影响生命，最后成就自我，照亮彼此。"仰望星空，脚踏实地"是我们的班训，"做一个团结、勤奋、积极、健康的人"，是我们的班级目标。在孩子的不断尝试和努力学习下，在教师的用心守护下，在时间的慢慢沉淀下，小星星们开始发光发亮，形成了快乐、自信、自立的班级文化。

星辰班简介

二、班级里有了小厨房

我们在孩子七年级时与他们初次相遇，当时的小星星们暗淡无光，他们散漫、无目的让班级教师伤透了脑筋。我们一直在思考：孩子们最需要什么？我们最应该给予他们什么？我们计划从孩子们最感兴趣的"吃"入手，以烹饪作为凝聚班级力量的桥梁，带他们在创造美食的世界里享受生活、品味生活、创造幸福、发光发亮。

在大家的努力下，班级的"星光厨房"孕育而生。小星星们像是发现了新天地，开始了"小好奇"寻味之旅。这是什么厨具？你会用吗？这是什么调味料？你会洗菜吗？会削皮吗？自己煮的面条怎么这么好吃……他们沉浸流连在制作美食的世界里，也惊喜于自己的双手变得如此灵巧、有力。对于厨房里的"小门道"，小星星们乐此不疲地练习着，遇到困难，就结对子，互帮互助；遇到不会的，就又来一遍，再来一遍；练习时间不够，就家校合作，让孩子们在家里大展身手。同时，我们还开展了"厨王之星争霸赛""我会包汤圆""超市大购物"等一系列生活化、接地气的统整活动，让孩子爱上厨房，感受美食的魅力，让孩子在柴米油盐中体验生活，感受生活的乐趣。当泳棋说："妈妈你想吃啥，我来做。"当宇竣熟练地削着土豆皮，当冠廷自觉打开水龙头开始洗菜……我知道，厨房里的那些事，小星星们都已尽在掌握了，他们可以在家里闪亮着，通过自己的行动关心温暖着家人了。从食材到美食，从美食到心灵，小星星们在用心创造着幸福，在互帮互助中，变得更加团结；在不断的练习中，变得有成就感，团结、友爱、奋发、向上的班风初步形成，积极、阳光、感恩、自强的品质濡染丰盈着每颗晶莹闪亮的星星。

结对子　　　　　　　　　　在家练习　　　　　　　　　"厨王之星争霸赛"

"我会包汤圆"活动   "超市大购物"活动

三、"立白"校园公益服务队茁壮成长

从向内而生，到爱己达人，爱的春风，吹拂着星辰班每颗小星星向善向上的心灵。在学校德育处的助推下，班级成立了"立白"校园公益服务队，为美化校园贡献自己的一份力量。服务队成立之初，主要项目是清扫教师办公室。我们遇到了不少困难：孩子们能力有限，不能将办公室彻底清扫干净；有些孩子抵挡不住零食的诱惑，擅自拿取教师的食物……但与此同时，我们也欣慰地看到，孩子在为他人服务的过程中，感受到了自己的价值，感受到了被他人需要的快乐。尊重生命尊严，创造生命价值，我们倾力打造一支高品质的校园公益服务队，让小星星们在服务与奉献中弱化不良行为，矫正问题行为，增强自我价值感，获得自我效能感，为身边人带去更多的温暖与光亮。

首先，我们通过师徒制，手把手地教学，提升服务队的清洁技能。其次，建立服务队的规章制度，强化服务队的时间观念、物权观念。再次，引入评价机制，对服务队成员的清洁质量、服务态度、服务效率等进行过程性评价，激励他们内外兼修。最后，购买先进的清洁设备和工具，提升服务效率。

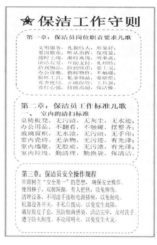

清洁技能学习   服务队规章制度

多管齐下，反复强化和练习，服务队的服务质量有了质的飞跃。每次服务队开始工作前，我们会发给成员一张清洁评价表，评价项目包括按时到岗、清洁质量、懂礼貌、服务效率和不随意乱动东西等，服务成员完成清洁后请服务对象进行评价。在大家的努力下，我们的服务队日渐专业、规范，服务范围也不断扩大。学校的各个办公室、各个电梯间、脏污的墙面、栏杆以及楼梯间，都留下了我们服务队辛勤的身影。服务队过硬的服务品质，受到了广大教师的好评。更值得骄傲的是我们的公益服务受到了来自专业"同行"——保洁阿姨的肯定。保洁阿姨盛赞我们服务队的工作质量高，还邀请我们服务队成员去帮助他们清洁顽固污渍。一路走来，小星星们习得了本领，获得了成长，班级精神面貌也焕然一新。他们更加团结一心，更加勤奋进取，也更加积极地面对生活中的困难与挑战。公益服务队激活了他们内心的小宇宙，迸发出强大的力量，成了付出者、给予者，创造了生命中更多的惊喜。

清洁办公室

清洁电梯

清洁墙面   清理栏杆   清理楼梯间

四、"衍纸工作坊"孕育而生

我们始终坚信，天赋可以让一个人闪闪发光，努力同样可以。公益服务队一直延续着，但我们的探索与成长并未止步于此。我们希望小星星们以更多元的载体和更灵动的形式和世界进行对话，有更多的本领可以立足于社会。因此，我们不断地尝试拓宽孩子与世界链接互动的领域。小星星们开始了通往精彩人生的职业探索，我们尝试了木工、钻石画、种植，尝试了衍纸工艺，其间根据孩子的学习状态和反馈，我们找到了新的努力方向——衍纸艺术。

衍纸创作

衍纸是一项简单又富有创造性的手工活动，它运用配套工具对材料进行卷、捏、拼贴组合等创作，能培养孩子的创新精神和解决问题的能力、耐力、专注力，让孩子在创意表现中"卷"出美丽新世界、艺术新天地、幸福新生活，实现以美涵德、以美促智、以美育美、以美促劳，形成立体多元的育人新方式，对特殊学生大脑发育起到康复补偿作用，为其打开全面发展的大门。

"衍纸工作坊"成为小星星们逐梦远航的新舞台，在这个新的领域，小星星们畅游其中，也许他们会碰到冰雪、会遭遇挫折，但是相信他们都能够扬帆再出发，因为团结、奋进、积极的意志品质已经融入了他们的血液，这将感召引领着他们披荆斩棘、一路向阳，去发现和收获新的美好。

五、班级环境创设

班级环境创设对于小星星们的成长和发展具有重要的价值，它不仅关乎小星星们的学习和生活质量，更深刻影响着他们的心灵，以及价值观的塑造。因此，我们围绕"星辰班"成就自我、照亮彼此的班级理念，努力和孩子们一起创造一个促进其全面发展的美好环境。班级环境创设主要分为班级"星"制度、"星"路历程、最"星"动态、星星画语等板块，班级"星"制度中，有考勤制度、值日制度、奖励制度和班级公约等。

孩子来到班级，将小星星粘在自己的头像上，就完成了一日考勤打卡；值日表上，清晰地展示出值日小伙伴，以及需要负责的工作，还可以玩垃圾分类的游戏；每当孩子在学习、品德或团队合作上有进步，就能得到一颗小星星，当星星积攒到一定的数量，就可以获得相应的奖励。班级"星"制度不仅培养了孩子良好的内心秩序感，还提升了他们的归属感。

考勤制度　　　　　　值日制度　　　　　　奖励制度　　　　　　班级公约

　　"星"路历程板块呈现了孩子过往的足迹，从星光厨房的开心烹饪，到服务队的挥汗如雨，再到手工世界的畅游，我们将这些全部展示出来。通过这个板块，可以让孩子看见自己三年来一点一滴的进步，从而使其更加了解自己，感受到自己无限的可能，建立孩子由内而外的自信，以及对承载他们不断成长的班级的由衷热爱。

"星"路历程

　　最"星"动态板块是孩子们当下正在探索的世界，这里展示着孩子们目前最感兴趣的内容，也是他们正在努力学习和掌握的内容。我们以图文并茂的形式粘贴在墙面上，方便孩子更加直观地获取知识，促进知识的整合和关联，培养思考和解决问题的能力。

　　星星画语板块是孩子的作品展示区，它为孩子提供了一个展示自我才华的平台，无论是绘画还是手工都能在这里得到展现，增强了孩子的自信心和成就感。通过展示作品，孩子们还可以互相学习，取长补短，促进班级内部的良性竞争和合作学习。作品展示区也是班级形象的一个窗口，能够展现出班级的整体风貌和特色，增强班级的凝聚力和向心力。

　　这个安全、温馨、美丽、富有内涵的班级环境创设是教师和孩子们共同努力的结果，是教师和孩子们的心灵港湾，它包容着孩子的需求，影响着孩子的心灵，让孩子在这里发现自己的成长，变得更加自信和美好。

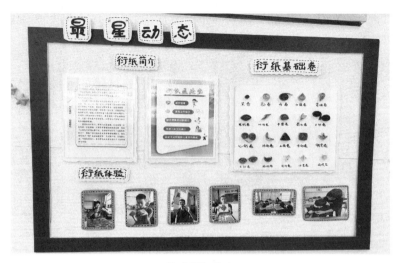

最"星"动态

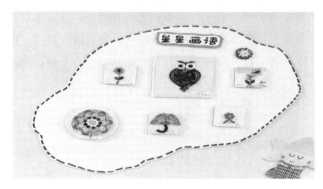

星星画语

三年时光，我们陪着孩子们一起，从兴趣出发，不断发现他们身上蕴藏的力量，找到适合他们的领域，提升他们学习的能力，让小星星们懂得照顾自己，感受付出的快乐，了解生命的美好，体验生命的价值。

星辰虽小，亦成宇宙，微光汇聚就能点亮灿烂星河；星光虽淡，难掩其明，照亮自己的同时必将温暖整个世界。这就是我们的"星辰班"，班上的十二颗小星星，温暖簇拥、交相辉映，努力地散发着耀眼的光芒，成就了独一无二的最美风景。

"四色沃土，培育幸福"生活德育课程

中山市特殊教育学校　肖智明

每个特殊儿童都是一粒种子，在入学适应的土壤里，树立信念，播撒种子；在培养习惯的土壤里，悄然成长，萌芽幸福；在亲子陪伴的土壤里，滋养情感，浇灌成才；在综合实践的土壤里，砥砺德行，幸福花开。

为深化新时代教育改革，践行立德树人的根本任务，结合中山市特殊教育学校特殊儿童的培养目标，建设"四色沃土，培育幸福"德育课程，为特殊学生铺设一条通往社会的尊严与价值之路。

一、理念先行，以生活为蓝本深耕德育之土壤

"四色沃土，培育幸福"生活德育课程根植于以人为本的教育理念，以杜威的"教育即生活"和建构主义学习理论为指导，关注德育的生活化和体验性，强调特殊学生和环境的相互作用过程。它打破传统特殊教育学科德育的局限，更加注重以真实的生活为蓝本，构建课程，让学生在日常生活和情境中体验、感悟和践行道德准则，从而使他们真正理解和接受这些准则，并在实践中形成坚定的道德情感和良好的道德行为。

2019 年 6 月，中共中央、国务院发布的《关于深化教育教学改革全面提高义务教育质量的意见》明确指出德育在教育中的核心地位，并强调要坚持立德树人，构建德智体美劳全面培养的教育体系。这一政策导向为生活德育课程的建设提供了有力的支持和指导。培智学校的学生在认知、情感、社交等方面存在的特殊挑战，使他们在理解和接受道德准则时面临更多的困难。因此，更加需要深入探索和创新德育课程的内容和形式，以满足他们的特殊需求。

"四色沃土，培育幸福"生活德育课程注重将德育与学生的日常生活紧密结合。通过模拟真实生活场景、开展实践活动等方式，让学生在亲身体验中感受道德的力量。同时，更关

注课程的灵活性和多样性，采用多种教学方法和手段，满足不同学生的需求和兴趣。通过这样的课程设计和教学实施，能够帮助培智学生更好地理解和接受道德准则，培养他们的道德情感和道德行为，为他们未来的生活和社会融入奠定坚实的基础。

二、体系构建，打造生活德育课程的四色框架

在构建生活德育课程体系的过程中，我们以"四色沃土"为脉络，将德育与学生的日常生活紧密相连，打造具有鲜明特色的四色框架，使德育内容更加贴近实际，更具实践性和操作性。课程"培育幸福"所追求的幸福生活，也是培智学生成长的最终目标和课程的愿景。

"四色沃土"中的四色分别寓意着实现这一目标的四大课程模块，承载着不同的教育使命。红色沃土——入学适应课程，以个人生活德育为主要内容，象征着信念的树立与种子的播撒，为学生开启培智学校学习生涯的新篇章；青色沃土——特色班级，以校园生活德育为主要内容，致力于学生良好习惯的养成，让幸福在此萌芽；黑色沃土——亲子课堂，以家庭生活德育为主要内容，着重情感的滋养，与家长共同浇灌学生的成长之路；黄色沃土——综合实践课程，以社会生活德育为主要内容，致力于德行的砥砺，让学生在实践中感受幸福的绽放。

"四色沃土"生活德育课程体系

通过这四个模块的融合与实施，将德育与培智学生现实生活紧密相连，让学生在学习中不断积累德行，最终实现幸福生活的愿景。

三、目标设定，明确生活德育课程的发展方向

生活德育课程的目标，是根据党和国家以及社会对少年儿童在"德"方面生活德育课程的目标设定，贯彻党和国家以及社会对少年儿童品德培养的核心要求，遵循特殊儿童品

德形成与发展的内在规律，并紧密结合特殊儿童成长的真实需求制订的。中山特校的课程总目标是培养"四会"学生——会生活、会学习、会休闲、会工作，并塑造培智学生成为具备健全人格的合格公民。基于此，生活德育课程的总目标被设定为"幸福生活"，即通过精心设计的"四色沃土"课程，滋养学生的内心，培育他们追求幸福生活的能力。同时，根据儿童发展的阶段性特点，通过设定分级目标，帮助他们学会解决现实生活中的问题。

因此"四色沃土，培育幸福"生活德育课程设定三级目标。一级目标为最高目标，即实现幸福生活。二级目标为培养学生追求幸福生活的意识、培养学生感悟幸福生活的能力、培养学生创造幸福生活的品格。三级目标也是课程各模块的目标，通过入学适应课程，树立信念；通过特色班级打造，养成良好的习惯；通过亲子课堂，滋养情感；通过综合实践课程，砥砺德行。

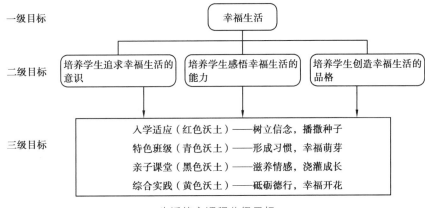

生活德育课程分级目标

四、内容整合，构筑生活德育课程的四维空间

"四色沃土，培育幸福"生活德育课程，作为培智学校的校本德育课程，是对国家德育课程的补充。其通过融入生活、实践德育等方式，充分发挥了德育的育人功能，极大提升了学校德育的自主性和实效性。本课程巧妙地将德育内容与特殊学生的日常生活相结合，让学生在个人生活、校园生活、家庭生活和社会生活等真实的生活场景中感悟、成长，课程分为4个模块。

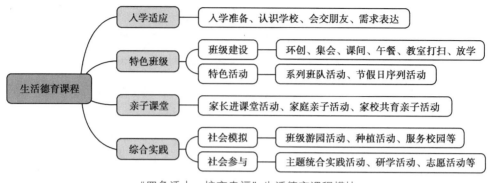

"四色沃土，培育幸福"生活德育课程模块

（1）以入学适应课程为依托，进行生活的理想信念熏陶，播撒幸福生活的种子。

　　一个人未来的生活走向，在很大程度上源自其内心对于生活的信念和追求。入学适应课不仅通过入学前的精心策划活动，帮助学生为即将到来的校园生活做好充分准备，更在入学初期引导学生深入了解学校，培养对学校的热爱之情。此外，还精心设计了一系列社会性交往活动，让学生在互动中学会交友，在体验中感知生活的美好，从而培养出真挚而朴素的情感，汲取积极向上的力量，树立追求幸福生活的坚定信念。

入学适应课程主题

主题	内容	课时
入学准备 （家长完成）	1. 我要上学啦 2. 准备上学物品 3. 养成良好的作息 4. 自己的事情自己做	6
认识学校	1. 喜欢新学校 2. 功能场室体验 3. 整理小书包 4. 学习日常时间表	6
人际交往	1. 告诉你，我是谁 2. 我的小世界 3. 亲近新老师 4. 交到新朋友 5. 一起做游戏	6
需求表达	1. 表达自己的生理需求 2. 表达自己的情绪 3. 表达自己的情感	6

（2）以特色班级打造为主线，养成生活文明礼仪，让幸福的种子萌芽。

特殊学生的校园生活主要围绕班级展开，班级的经营直接影响着学生行为习惯的养成。学校通过创建特色班级，积极构建学习共同体，陪伴并引导学生形成良好行为和积极情感，进而培养他们形成优良的行为习惯。这一过程涵盖学习训练、评价督导、内化素质三个阶段，为学生获得幸福生活积累终身受用的素养。

以特色班级的打造为依托，生成各具特色的生活德育课程。每个班级依据学生的年龄特点、障碍类别和程度，规划出独特的班集体成长路线，而课程的建设便在这一过程中自然生成。在打造班集体的过程中，需要遵循以下原则：尊重培智学生的主体地位，关注学生个体之间的差异性，强调环境建设的教育性，并充分调动学校、家庭、社会三方资源，共同营造协同育人的良好氛围。

为进一步丰富学生的生活体验，本课程还规划了特色活动作为补充，包括系列主题班队课和节假日序列活动等。这些活动根据学生的实际情况、家长的反馈以及社会热点来生成，通过特色活动课程的选择性开展，让学生在参与中感受快乐，在体验中收获成长。

（3）通过亲子课堂，让学生在家长进课堂活动、家庭亲子活动、家校共育亲子活动中滋养情感，浇灌幸福之花。

父母是孩子的第一任老师，父母在孩子的成长过程中具有不可替代的作用，一个稳定和谐的亲子关系，是特殊孩子建立健全人格的重要基石，家庭的幸福则是孩子追求幸福生活的坚实基础。亲子课堂主题见下表。

亲子课堂主题

主题	内容	课时
感恩	1. 了解家长的工作 2. 母亲节活动 3. 父亲节活动 4. 重阳节活动	8
责任感	1. 如何管理自己的事情 2. 今天我当家 3. 我会做家务 4. 让我来帮助你	8

（4）以综合实践为载体，生活中滋养德行，让幸福开花。

德育依托并融入综合实践的过程，可以让学生积极参与，亲身体验作为社会公民所应具备的品格与素养。这样的德育方式对学生的道德认知、行为塑造以及道德判断能力有着积极的促进作用。通过综合实践课程中的社会模拟和真实参与，为学生构建一条连接"学校—家庭—社会"的全方位、生活化的德育路径，从而习得知识、锻炼能力，更在潜移默化中滋养和升华他们的德行。综合实践活动主题见下表。

综合实践活动主题

主题	内容	目标	课时
趣味游园	1. 班级元旦趣味游园活动 2. 六一国际儿童节班级趣味游园活动	1. 遵守游园活动的规则 2. 在活动中学习使用礼貌用语 3. 能够在活动中进行简单兑换 4. 在活动中学会与他人互动沟通	4
开心生日会	1. 每月同学生日会 2. 校庆月活动	1. 能够给同学送上生日祝福 2. 能够自己动手布置生日会场 3. 能够打扫整理教室	4
运动会	1. 趣味运动会 2. 亲子运动会	1. 能够选择自己喜欢的运动项目 2. 能够在比赛中遵守体育规则 3. 能够在比赛中做到坚持、拼搏	4
研学活动	1. 去孙文公园找春天研学活动 2. 金钟水库徒步研学活动 3. 学雷锋志愿活动	1. 能够认识春天的特点，感受大自然的美好 2. 能够在外出的时候保护环境 3. 能够学会帮助他人、回馈社会	6
生活中的科学	1. 探索风的奥妙 2. 纸杯的妙用 3. 手工小达人	1. 能够感受到大自然的美好与神奇 2. 培养动手能力与创新思维 3. 培养学生热爱生活的情感	6
劳动勤于手，美德践于行	1. "天空农场"，种植希望 2. 包饺子小能手 3. 家政清洁我能行	1. 能够体验种植的每个阶段，并享受收获的喜悦 2. 培养动手能力，在劳动中学会合作和分享 3. 培养劳动品质和整洁卫生的好习惯	6
职业初体验	1. 我是小小快递员 2. 快乐洗车工 3. 超市售货员 4. 小小摄影师	1. 敢于承担工作任务 2. 学会思考和合作的能力 3. 培养解决问题的思维，提升解决问题的能力 4. 锻炼礼貌的表达和与人交往的能力	8

五、实施探索，评价创新，深化生活德育课程实践

"四色沃土，培育幸福"是针对培智学校1—6年级学生开发的生活德育课程，是将生活与德育进行融合的活动课程，通过本课程的学习，培养学生追求幸福生活的意识，培养学生感悟幸福生活的能力，培养学生创造幸福生活的品格，能够在生活中践行诚信、友善、爱国、敬业等社会主义核心价值观；能够养成文明有礼、团结友爱、乐于助人等行为习惯；能够提

升培智学生在实践中解决问题的能力，培养学生的责任感与合作精神。

（一）课程实施要求

（1）入学适应课程按照时间顺序来开展。入学准备、认识校园、会交朋友、需求表达，不同阶段的活动目标不同，学校以课程超市的形式发布，教师根据需要选取自己需要的课程内容。

（2）特色班集体的打造，长期践行，一年一评。既要有统一的规范要求，如遵守文明礼仪、行为规范等，更要充分发挥每个班集体的自主性和创造力，做到一班一特色。在实施过程中，要依据班级培智学生的能力特点制订适合他们发展的主题，尊重他们的差异性，同时合理协调安排班集体中的每个成员，引领学生感悟体验，最终内化为行为习惯和个人修养。在特色班集体的打造过程中，善于反思修正，形成积极的情感共同体。

（3）亲子课堂是德育的重要渠道，在实施的过程中，重在学生情感的滋养。亲子课程的实行穿插在每学年之中，根据实际的需求，结合特定的节日、活动或事件等。教师在设计活动之前就要有明确的目标意识，为每次活动设计好情感目标，联系生活实际，充分挖掘资源；注重应用和体验；善于总结德育方法和渗透技巧，并在这一过程中，总结生成亲子课堂的典型活动案例。

（4）综合实践课采取大主题下的跨学科整合活动形式开展，每周进行。如趣味游园的大主题是整合了生活语文、生活数学、生活适应等不同学科的内容设计的综合活动，每次活动通过模拟情境，让学生在不同的情景中将所学知识进行迁移运用，能够习得良好的习惯，培养良好的品格。

评价设计不仅是衡量学生学习成果的重要手段，更是推动课程持续发展的重要力量。在"四色沃土，培育幸福"生活德育课程中，评价设计不仅关注学生的学习成效，更注重对课程本身的引导。通过科学、全面的评价设计，及时发现课程实施中的不足与问题，从而进行针对性地改进与调整。在评价环节，关注多维度、多层面的评估。从学校、班级、教师到学生，每一层面都设有具体的评价标准和方法。学校评价注重常规落实和特色展示，班级评价以促进班级风貌和学生发展为目标，教师评价关注课程执行和创新能力，学生评价则强调激励、导向和多元性。

（二）课程评价设计

（1）在评价方式上，通过多样化的活动和项目来评价学生的学习与成长。

例如，实施的"争星活动"鼓励学生根据自己的能力和兴趣，积极参与各类德育实践活动，如志愿服务、劳动实践等活动劳动之星、文明之星、友善之星等。通过参与这些活动，学生不仅能在实践中锻炼自己，还能通过获得星星的形式感受到自己的进步和成就。这种评价方式既能激发学生的兴趣和动力，又能全面反映学生的道德素养。

此外，还通过开展"班级评比"活动，鼓励班级之间的良性竞争和合作。通过特色班级的评比和班级环境的布置，发现每个班级在德育方面的优点和不足，进而引导班级进行针对性的改进和提升。同时，班级评比也为学生提供了一个展示自己的平台，增强了他们的集体荣誉感和归属感。

在导师制度方面，为每位学生配备了专门的导师，负责制订个别化的学习计划，指导他们的学习和生活。导师会根据学生的实际情况，帮助学生调整德育的内容和重点。这种评价方式能够更精准地了解学生的成长轨迹，为他们提供及时有效的支持和帮助。

除上述评价方式外，还注重学生的自评、互评以及教师、家庭和社区的评价。帮助教师更好地了解课程的实施情况和学生的成长需求。

（2）在评价工具方面，采用了评价表、活动记录表、展示平台等多种形式，以全面记录学生的成长轨迹和成果。

评价表是进行量化评价的重要工具，可以通过设定具体的评价标准和指标，更加精准地评估学生的学习成果和进步情况。例如，设计的德育行为评价表，记录学生在课堂内外的行为表现，如礼貌待人、尊老爱幼、环保节约等，以此为依据进行综合评价。

活动记录表则用于记录学生在各类德育实践活动中的表现和成果。通过填写活动记录表，学生可以回顾自己的参与过程，总结经验和教训；教师则可以了解学生的参与情况和成长轨迹，为后续指导提供支持。

展示平台是我们为学生提供的一个展示自己能力和成果的空间。通过展示平台，学生不仅能展示自己的成果和进步，还能获得他人的认可和鼓励，进一步激发自己的学习兴趣和动力。

这些评价工具的使用，不仅能更全面了解学生的学习情况和成长轨迹，还能为课程的改进提供依据和支持。

童话绘本德育课《爱心树》

一、文本解读

绘本《爱心树》讲述了一棵乐于助人的苹果树与一个一味索取的孩子之间的故事。在整个故事中，树很快乐这一句话共出现五次，故事围绕小男孩的五种不同需求及大树的五次慷慨相助展开叙述，是一个关于"索取"和"付出"的故事。

在视觉表现上，绘本采用了简约的黑白线条来描绘人物，背景则故意留白，通过这种简化的技巧加强了故事的焦点和情感表达。文本语言简练而富含层次，幽默、讽刺与忧伤的情感交织其中，增强了图文之间的和谐与互补，同时也为读者提供了丰富的解读空间。

这种图文结合的方式不仅是美学上的选择，也反映了作者对于主题的深刻理解和表达。绘本通过这种独特的叙事和视觉风格，有效地传达了故事主题，为不同年龄层的读者提供了多层次的阅读体验，适合于智力障碍儿童的德育，特别是通过故事和视觉艺术来激发情感认知和道德教育。

二、学情分析

本节课的教育对象是我校低段智力障碍儿童，智力低下造成了智力障碍儿童思维能力发展缓慢，形象思维优于抽象逻辑思维、语言理解、表达能力，但远滞后于同龄水平，有相当一部分孩子还存在语言障碍。而绘本以其图文并茂深受儿童喜爱，能够帮助智力障碍儿童树立学习信心，提高学习兴趣，将枯燥的"工具学习"转化为发自内心的"需要学习"。根据儿童身心发育特点与核心障碍，设计分层目标。

本节课的教育对象是我校低年段智力障碍儿童，如上所述，这一群体的主要特点包括智力发展较同龄儿童缓慢，形象思维能力相对优于抽象逻辑思维。这些学生在语言理解与表达方面通常具有显著的延迟，部分学生还存在语言障碍。此外，他们在信息处理、注意力集中与记忆技能上也可能面临挑战。而绘本因其图文结合的特性，特别适合用于支持智力障碍儿童的学习。图像可以直观展示故事内容，减少对抽象语言处理的依赖，而简明的文本有助于提升语言理解与表达能力。此外，绘本能够激发儿童的学习兴趣，通过故事情境转化传统的工具学习为更为动机驱动的学习形式，从而帮助这些学生建立学习的信心。

基于智力障碍儿童的认知发展特点，教学设计应包括分层学习目标，旨在逐步提高他们的认知能力和社会交往技能。具体目标设置需综合考虑学生的个体差异，适应其心理与生理发展的具体需要。

三、教学目标

本教学案例旨在通过绘本《爱心树》来促进低年级智力障碍儿童的多方面能力发展。教学目标根据学生的认知与情感需求进行了分层，具体如下。

（一）A组目标（基础层）

目标：激发学生通过图文结合展开想象的兴趣，体验绘本阅读的乐趣。

具体成果：学生能够描述图片内容，并能简单地将图片与故事文本关联起来，表达自己的感受。

（二）B组目标（中间层）

目标：通过观察绘本中的画面和文字，学生能够理解并表达故事中的情感和动作，增强其观察能力、想象力和语言表达能力。

具体成果：学生能够解释大树和男孩的互动，表达故事中的情感如大树对男孩的爱与无私付出，并能以此为基础进行简单的情感推理。

（三）C组目标（高级层）

目标：使学生在阅读故事的同时，感受故事中的付出与索取关系，联系自身经验，体会到父母对自己的爱，从而培养感恩之心。

具体成果：学生能够联系个人生活经历，讨论与家庭成员之间的类似情感交流，以及如何表达对家庭成员的感激之情。

四、教学过程

（一）以图激趣，初识爱心树

1. 教师活动

（1）展示《爱心树》绘本封面，引发学生学习兴趣：今天老师给大家带来了一本绘本，书名是什么？

（2）引导复习绘本阅读方法：我们之前学过阅读绘本的方法，是什么呢？说说你在封面上看到了什么。

2. 学生活动

预设：学生从图画和文字两个方面来回答。

A组学生描述封面上可见的元素（如树、孩子）。

B组学生根据封面图画推测可能的故事情节。

C组学生尝试从封面猜测书中可能涉及的情感主题。

设计意图：通过观察封面激发学生的好奇心，同时复习绘本阅读方法，激起学生的阅读期待，自然地走进故事，为深入阅读做好准备。

（二）以图促读，展开猜想

1. 教师活动

（1）讨论预习中的关键句子和情节：课前老师让大家读了《爱心树》这本书，哪些内容给你留下了深刻的印象？哪个句子让你印象最深？

（2）特别强调"大树很快乐"出现的次数和情境："大树很快乐"这个句子在文中出现了几次？分别在哪里出现？

2. 学生活动

预设：五次。分别是男孩非常非常爱她、拿走苹果、砍下树枝盖房子、砍下树干做成船、男孩坐在树墩上。

A组学生回顾并描述记住的情节。

B组学生详细讨论情节对大树和男孩关系的影响。

C组学生连接情节到自己的经历，讨论故事的情感深度。

设计意图：通过不同层次的问题，引导学生根据自己的理解进行讨论和分享，找出重点语句和主要画面，理顺情节，从而明白小男孩的成长过程始终伴随着大树的付出，为理解故事情节和主题奠定基础。

（三）以图展读，丰富积累

1. 品读第一处"大树很快乐"

1）文本引入与情感探索

展示文本片段："小男孩儿深爱着这棵树……这份深情让大树沉浸在无比的快乐之中。"随后设问："请从哪些细微之处，我们能捕捉到大树那份洋溢的快乐？"预设的场景如同七幅生动的画卷，包括采集树叶的欢愉、王冠制作的创意、攀爬树梢的冒险、秋千摇曳的欢笑、苹果品尝的甜蜜、捉迷藏的童趣，以及在树荫下的宁静梦乡。

2）共赏"采集树叶"之趣

教师：让我们一同走进这幅温馨的画面——"采集树叶"。你从这简单的图文中，读到了哪些信息？

教师：文字很简单，画面留白也较多，所以我们应该展开想象让画面丰富起来。请你们认真观察男孩的动作，想象男孩会想什么、说什么，大树又是怎么想的。

学生：男孩来到了树下，蹲下来，捡起落在地上的树叶。他想用树叶做王冠。又有树叶慢慢飘落下来，男孩的另一只手伸得直直的，接住正在下落的叶子。他激动地说："我采集到了许许多多的树叶。"大树看到男孩这么高兴，她也十分快乐。

3）自主阅读，分享感悟

教师：接下来，还有六幅同样精彩的画面等待我们去探索，请大家边读边想象小男孩的动作、语言、心理，想象大树为什么会感觉很快乐。

4）教师总结，提升能力

教师小结：刚才我们通过七个温馨的画面，感受到小男孩很快乐，很爱大树，所以大树也很快乐。在共读中，我们学会了如何通过图文结合，细致描绘人物的语言、动作、心理及神态，让故事更加生动饱满。而接下来的阅读旅程，老师相信你们能运用所学，自主探索，享受阅读的乐趣。

设计意图：本环节旨在通过深入剖析第一处"大树很快乐"的场景，引导学生掌握图文结合的阅读策略，通过想象丰富画面内容，加深对人物情感的理解；同时，通过示范与自主阅读的结合，培养学生的自主学习能力和批判性思维能力。

2. 融合读画，共绘大树之乐

教师：刚才我们口头表述了对这七个画面的想象，现在请同学们运用刚才所学的方法，选择最感兴趣的一个画面，尽情想象大树对男孩的深情厚爱，再画下来。

学生练笔、交流。

教师点评："原本简约的图文，经由我们丰富的想象润色，变得生动而饱满。这一过程，不仅激活了我们的创造力，也让画面充满了故事与情感。"

设计意图：旨在通过先行的想象与分享，激发学生的表达热情，进而在绘画实践中深化想象技巧，实现从引导到自主的跨越，促进学生语言表达能力的全面提升。

3. 细品"大树之乐"，探索深层情感

教师："大树很快乐"还出现在哪里呢？

教师：请小组合作学习，每小组阅读一处"大树很快乐"的内容，说一说你从哪里感受到大树很快乐。

学生分成四组，分别阅读"摘走果子""砍下树枝盖房子""砍断树干做成船""坐在树墩上"的内容，并交流讨论、汇报分享。

教师：大树为什么感到很快乐？

学生：男孩回来了。

教师：（出示绘本页面）请看这一页，大树很快乐，但是心坎里却有些……那你觉得大树真的很快乐吗？

学生 1：是真的快乐，因为她觉得自己能帮到男孩。

学生 2：不是很快乐，可能会觉得男孩的要求太多了。

4. 对比文字，感受大树无私之爱

（1）梳理文字，通过表格对比大树和男孩的对话，感受男孩的索取和大树的无私付出。

教师：请阅读第二处至第四处"大树很快乐"的内容，读一读大树和男孩的对话。

大树和男孩的对话

男孩的话	大树的话
"我需要些钱。你能给我一点儿钱吗？"	"把我的苹果拿去吧，孩子，把它们拿到城里卖掉，你就会有钱，就会快活了。"
"我需要一幢房子。你能给我一幢房子吗？"	"你可以把我的树枝砍下来，拿去盖房子。你就会快活了。"
"我需要一条船，划着它到远方去，离开这个地方。你能给我一条船吗？"	"把我的树干砍断，用它做船吧。这样你就可以航行到远方去……你就会快活了。"

教师：你从这些对话中发现了哪些共同点？

预设：男孩的话带有"需要""给"，大树的话带有"快活"。

（2）反复阅读绘本，前后对比图画和文字，感受大树无私的爱。

教师：对比大树和男孩的语言、行为，你觉得可以各用一个什么词来概括他们呢？

预设：索取和付出。

设计意图：利用表格的直观性，引导学生对比分析大树与男孩的言行，明确"索取"与"付出"的对比，深化对绘本主题——大树无私之爱的理解。

（四）以图感悟，联系生活

1. 教师活动

活动设计：通过课堂互动与反思，教师引领学生深入剖析故事核心："我们能否仅以'大树很快乐'来全面概括这个故事？"引导学生认识到，故事不仅展现了大树的慷慨与快乐，更隐含了对小男孩无度索取的反思，从而启发学生理解感恩的重要性。

情感链接：随后，教师提出启发式问题，激发学生的生活联想："在我们的日常生活中，是否有人如同那棵爱心树一般，给予我们无尽的快乐、幸福与无私的爱？请分享一个让你深感触动的例子。"这一环节旨在让学生将故事中的情感与自身经历相连接，增强共鸣。

2. 学生活动

A组学生讨论故事中的行为和后果。

B组学生深入讨论故事的道德和情感层面。

C组学生分享个人故事，探讨如何在生活中实践故事教给我们的教训。

设计意图：本环节旨在通过多层次的讨论与分享，引导学生从故事中提取生活智慧，理解故事主题的深层含义，并应用到实际生活中，会珍惜与感恩，特别是对父母无私付出的理解与感激。

（五）延伸阅读，创意表达

延伸阅读，感受爱与付出

教师：回家后，请同学们完成以下两道练习。

（1）创意表达：鼓励学生以不同的形式表达对父母无私之爱的感激之情。A组学生可以通过口头讲述的方式，B组学生则尝试用画笔描绘出这份爱的场景，C组学生则撰写短文或诗歌，记录下自己的感悟与感激。

（2）阅读拓展：推荐学生利用课余时间，运用本课所学的阅读与分析方法，去阅读更多关于"爱"与"付出"主题的绘本。这一活动旨在拓宽学生的阅读视野，进一步加深他们对爱、责任与感恩的理解，培养终身阅读的良好习惯。

设计意图：作业设计须紧密结合课堂所学。创意表达作业引导学生联系生活，结合课内所学知识分层完成说一说、画一画、写一写父母对自己的爱。阅读拓展作业通过让学生扩展阅读有关"爱"的绘本，增加学生的阅读量，加深学生对爱的理解。

五、教学评价和展望

在童话绘本德育课《爱心树》的教学中，教师旨在通过故事情境培养学生的尊重与感恩的价值观，希望学生能将这些道德品质应用到日常生活中。课程设计围绕图文结合的教学法，通过故事解读、角色扮演、小组讨论、写作表达等多样化的教学方法，激发学生的参与和互动，增强了学生对道德概念的理解与实践。

从课堂反馈来看，学生普遍表现出较高的参与度和积极性。角色扮演和小组讨论尤其受到学生的欢迎，这些活动不仅帮助学生深化了对故事的理解，也有效促进了学生的想象和表达能力，使他们能够更清晰地表述个人的道德观点和日常行为。此外，课程的互动环节增强了学生之间的沟通与理解，有助于构建更和谐的班级氛围。

尽管教学取得了积极的反馈，但也存在一些挑战。部分学生在角色扮演时表现出羞涩，可能需要更多的鼓励和支持才能完全投入。此外，课后实践的参与度不尽如人意，一些学生未能持续记录或反映他们的感恩行为，表明课后延伸活动的跟进与动员仍需加强。

针对这些挑战，在未来教学中可以考虑引入更多支持性的措施以提升学生的参与度。例如，使用数字工具记录和分享课后实践活动，或建立一个"感恩墙"，让学生在上面贴上他们的感恩卡片，以增强他们的参与感和归属感。此外，教师可以通过更多的示范和引导帮助那些在表达和参与上有困难的智力障碍儿童。

雁序同行　智启未来

中山市特殊教育学校　徐烨

一、雁行班简介

雁序同行,智启未来,让雁行班的每个孩子在班级文化的熏陶下学会规则,促进他们成长,帮助他们融入社会,从而引起师生、家校共鸣。雁行班组建于 2017 年 9 月,由 12 名学生(男生 9 名,女生 3 名)和 3 名教师组成,其中孤独症学生 8 名,脑性瘫痪学生 2 名,需要家长陪读的学生 5 名。针对班级学生的情况,通过师生共同讨论,将"雁序同行"作为班级建设的主题,"雁序同行"强调了学生在学习和生活中互相扶持、共同前进的精神,"智启未来"则表达了通过师生共同努力启迪学生未来、幸福生活的班级建设目标。经过几年的沉淀,从北雁南飞、雁阵成"一"、雁阵成"人"、头雁领飞的不同维度进行班级建设,逐渐形成了"团结、勇敢、自立"的班风班训,得到师生、家长的共鸣。

二、北雁南飞——制订坚定的目标

与孩子们初见的情景历历在目,有的孩子从教室直接冲到游乐场里,在蜿蜒的管道中畅游,仿佛那是他们独有的探险之旅;有的则兴奋不已地跃上课桌,用跳跃的方式诠释着内心的自由;还有的不经意间随地解决了生理需求,伴随着哭闹声,家长的叮咛也随之响起:"我刚给孩子摘下了尿片,一会儿上课时麻烦您带他上个厕所。"面对这样的状况,如何让他们安坐在教室内,遵守课堂规则成为首要任务。同时,班级孤独症学生比例大,学生障碍程度较重,面对如此状况,需要师生树立坚定的目标,朝着共同的方向努力。在社交技能方面,增强他们的社交意识,培养学生识别他人情绪、面部表情和肢体语言的能力,帮助学生理解社交规则和情境,鼓励学生使用简单的语言、手势或图片进行交流;在自我照顾和生活技能方面，提高他们的生活自理能力，增强他们的安全意识，教育学生识别潜在的危险，如交通安全、食品安全等；在学习和认知发展方面，通过游戏、拼图等活动，培养学生的注意力、记忆力和思维能力，教授学生如何分类、排序和比较物品，以提高他们的认知能力；在情感与心理健康方面，通过表扬、鼓励等方式，帮助学生建立自信，教学生如何面对失败和挫折，如何识别、表达和调节自己的情绪，通过情绪调节训练，帮助学生学会如何控制自己的情绪反应。

三、　雁阵成"一"——规则意识培养

孤独症学生具有三大核心障碍，即刻板行为、语言障碍、情绪行为。他们在日常生活往往中表现出不能遵守规则，然而规则意识是融入社会的前提，正如红灯停绿灯行这样的交通规则不会因为我们掌握不了而改变。而孤独症学生这些核心特征的根本原因，是"不关注"，由于不关注，对规则产生忽视，也不能习得沟通性的语言；由于不关注，不能产生有效的学习，沉浸在自己的世界中，无目的性和刻板也随之产生。他们之所以未能充分展现出对周围环境的关注，以及未能如常人般根据基本需求（如饥饿时进食、疲劳时休息）做出自然反应，在于他们本体感受的失衡。实践中的诸多现象也印证了这一点，如在炎炎夏日带领他们进行爬楼梯的活动时，老师因体力消耗而汗流浃背，却发现其中有一半的孩子并未有出汗的迹象，更有甚者会出现咬伤自己手部等自伤行为。这些现象均表明，他们的本体感受能力较弱，即便身体处于疲劳或饥饿状态，也难以准确感知并作出相应的生理反应。

为此，我们精心规划了初步行动计划，旨在激发他们的内在需求，并助力其本体感受能力的恢复。第一步，我们采用爬楼梯这一体能消耗活动作为触发器，旨在通过此过程不仅激发他们的生理需求，还同步练习应答技巧和互动能力，尤其注重培养孩子有效表达自身需求的能力。

紧接着，我们实施了第二步计划——关注的具体化与深化。该计划细致分为三个维度：首先，是解读指示的能力；其次，是理解眼神交流；最后，是识别并解读面部表情中的认可或赞同等情感信号。这些训练均在个别化训练环境中进行，通过构建一个相对密闭的空间，教师能够迅速进入学生的注意范围，从而显著提升教育干预的效果。

在此坚实基础上，我们进一步引入了用餐课程，作为培养其日常生活技能的重要环节。该课程跨越三个学期，其间学生需在教室完成用餐。整个课程分为三个阶段：第一阶段，解决学生不愿进食的问题；第二阶段，教授并实践用餐规范，如左手持餐盘，右手使用勺子，禁止直接手抓食物，以及保持餐桌整洁，及时清理饭粒；第三阶段，侧重餐后卫生习惯的养成，包括端盘收凳、倾倒垃圾、擦拭桌面以及扫地拖地等。

| 指令"指" | 读懂"指" |

通过上述一系列精心设计的计划与活动，我们期望能够逐步引导并促进孩子在需求感知、社交互动及日常生活自理能力上的全面发展。

四、雁阵成"人"——社会意识萌芽

所谓社会意识，是个体能够和谐融入社会的重要前提条件，它涵盖了自我意识与群体意识两大核心要素。自我意识的建立，对于个体的社会适应及人际交往能力具有至关重要的影响。在自闭症儿童群体中，自我意识的缺乏是一个尤为显著的特征。在本班级中，这种自我意识的缺乏主要体现为两个层次：一是孩子无法清晰区分自己与环境的关系，表现出诸如自伤行为等，他们对待自己的身体如同对待厌恶的物品一般；二是孩子无法准确辨识他人与环境的关系，如在取物时，若有人阻挡其去路，他们会像对待无生命的物体一样，不顾一切地推开对方。

为了有效帮助这些孩子建立起自我意识，本班级的三位教师巧妙地利用镜子这一工具，设计并实施了一套系统的训练方法。这套方法通过视觉、听觉、触觉等多种感官途径，引导孩子们认识自己、理解表情，并学会区分自己与他人、自己与环境之间的界限，从而逐步建立起归属意识。

| 自我意识训练工具 | 自我意识训练 |

与此同时，群体意识的建立也是孤独症儿童社会融入过程中不可或缺的一环。为此，我们采用了任务驱动法，并结合自我管理的模块，将目标任务化，引导孩子在群体中找到自己的角色定位。通过创设分工合作的任务，我们鼓励孩子积极参与，相互协作，共同完成任务，从而在实践中培养他们的群体意识，促进他们更好地融入社会。

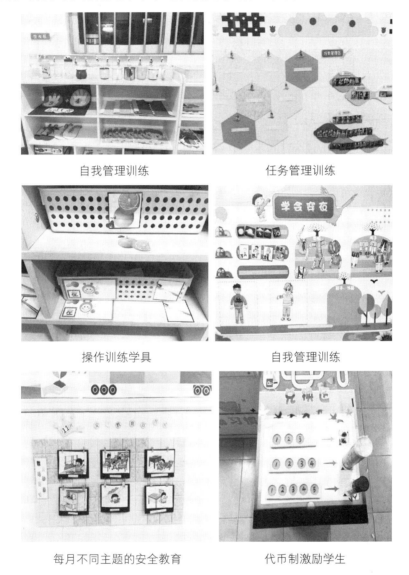

自我管理训练　　　　　　　　　任务管理训练

操作训练学具　　　　　　　　　自我管理训练

每月不同主题的安全教育　　　　代币制激励学生

五、头雁领飞——专业引领的家校关系

在作者看来，家校关系的构建，从教师的视角出发，其核心在于妥善解决两大关键问题：一是建立家长与教师之间和谐、信任且友好的关系纽带；二是确保这种家校合作能够切实促进孩子的全面发展与成长。

在与家长建立并维护关系的过程中，作者观察到了两个较为普遍且值得深入探讨的现象，它们分别围绕着家长需求的视角以及归因方式展开。具体而言，在个别化教育计划（IEP）会议中，班级老师对家长的需求进行了细致分析，发现这些需求大多聚焦于几个核心方面，如希望孩子能够开口说话、改正某些不良行为习惯等。这些期待虽看似简单明了，实则深受家长自身立场及知识结构的影响，往往难以实现。以学会说话为例，这或许是家长付出 10 年努力也难以达成的目标。另一个值得注意的现象是归因问题。不少家长倾向于将孩子完全托付给学校，认为一旦孩子出现任何问题或不良习惯，便应归咎于学校教育或教师的管理。这种单一的归因方式不仅忽略了家庭教育的重要性，也容易导致家校之间的误解与隔阂。

针对上述问题，作者结合班级实际情况，采取了专业引领的家校合作模式。作者定期为家长普及教育知识，解答他们在教育孩子过程中遇到的困惑，提供多角度观察孩子的视角。同时，作者还为孩子们制订了家庭练习方案与要求，将教育触角延伸至课堂之外，形成家校共育的良好氛围。

在家庭教育的指导下，家长逐渐学会了更合理、更全面地认识自己的孩子，调整了对孩子的期待值，使其更加符合孩子的实际情况。此外，家长也更能感受到教育的专业性与挑战性，在遇到问题时能够进行自我反思，理解并尊重教师的辛勤付出与努力。这种变化不仅有助于提升家校合作的效率与质量，更为孩子的健康成长奠定了坚实的基础。

六、雁序同行见实效

通过精心设计的成长规划与细致入微的关怀引导，学生不仅在规则意识、生活技能方面取得了长足进步，更在情感发展、社交互动上展现出了令人欣慰的改变。他们学会了更加自主地表达自己，用更加积极的态度面对困难，与同伴建立了友谊，展现出对未来幸福生活的美好憧憬。

七、班级德育故事分享

发现"碍"，守护"爱"

多年以前曾邂逅冰心的一段话："爱在左，责任在右，走在生命之路的两旁，随时撒种，随时开花，将这一径长途点缀得花香弥漫，使穿枝拂叶的莘莘学子，不觉得痛苦，有泪可流，却觉得幸福。"这段话对于初为人师的我并没有很深的领悟，但在今天读来，回首多年的特教教师之路，似乎有了真正的理解。十多年的时间，让我从首次面对孤独症学生的不知所措到今日的从容与淡定；也让我懂得了如何走进他们，帮助他们，发现他们的美好。我很庆幸当自己遇见小宇时，多了一点发现，多了一分坚持，才能守护这份属于老师的幸福。

小宇是一名孤独症儿童，特别喜欢玩手，用手抠东西、用手捻纸屑、上课时总喜欢用手摸别人的鼻子，因此在平时总能听到老师与同学的投诉。"老师，××宇又抓我鼻子了！""××宇一节课都在抠作业纸，上课总是不认真……"而我每次听到这样的投诉，总是下意识地去批评教育他："××宇，上课要认真，不要摸别人，不要……"单纯的用言语进行教育引导，没有去反思这些行为之后的需求，如此反复，却总也改变不了他的毛病。直到有一天，我在给学生上课介绍蝴蝶的时候，带了一套蝴蝶的拼图教具——简单的四块木质拼图，让学生通过拼图动手感知蝴蝶的外形特征，还没等我将拼图发给学生，小宇突然从桌位上站起来，走到我的讲台来拿拼图，我制止了他让他回座位。当我将拼图发给学生时，小宇便立马拿起拼图用手抠，很快班级里有部分孩子已经完成了拼图任务，当我在表扬其他学生的时候，小宇突然从座位上跳了起来，发出尖锐的叫声，并把手里的拼图打翻，我马上拉住他，并没收了他的拼图，他生气地用手抓我的鼻子，直到下课，他都没有平复自己的情绪。

课后，当我无意间将小宇在课上的行为与办公室的老师进行交流时，林老师的一句话给了我启发——小宇发脾气或许是他对这个拼图感兴趣，他想完成拼图但完成不了任务所以情绪失控了。孤独症学生由于自身的社交障碍、语言表达困难等方面的原因，教师常忽略了他们也存在教育需求，他们的需求体现在三个层次：第一层次是最基本的生理需求；第二层次是基本的发展需求，包括情绪管理、常规执行以及兴趣与行为三个方面的发展需求；第三层次是较高的需求，包括社会交往、言语沟通以及认知与学业三个方面。小宇的状况正好符合第二层次的发展需求，他渴望发展自己的兴趣，希望老师关注和表扬，希望获得成功。因此我抓住了拼图这一契机，利用教育支持、课余活动的时间让小宇练习拼图，运用小步子的策略教他玩拼图，从一开始的 4 片拼图，到后来的 6 片、9 片、12 片，现在小宇能够熟练地同时完成 6 份 12 块的拼图。他在做拼图训练的两年里取得了较大的进步，不仅获得了成功的体验，增强了自信心，情绪问题也得到了改善，在训练的过程中加入了需求表达训练等，他的不良行为也得到了较好的控制。

虽然小宇的许多问题行为还未彻底消除，但是我们能够慢慢靠近他、读懂他了。小宇的事件也让我学会真正去读懂我们的孤独症孩子，去发现他们的需求。每个孤独症儿童都有自己的发展特点，作为老师要善于观察分析，从他们的需求着手。我很喜欢中国台湾的张文亮教授说的一句话，"爱，就是要在别人的需要上看见自己的责任"。正如小宇这样的孤独症孩子，更多的是需要我们去发现，发现每个行为背后的需求，帮助他们解决他们的需要是我们老师义不容辞的责任。也许这个过程充满了痛苦、充满了挫折，但我相信，当我们收到学生一个意外的拥抱时、教师节收到学生的"奇怪"的贺卡时，会真正感受到虽有泪流，却觉得幸福。

手工绘情，创幸福特校
——校本德育融入特殊学校绘画手工课堂案例评析

中山市特殊教育学校　许爽

一、案例背景

德育教学是学校教育的重要组成部分，关乎学生的道德品质养成、行为习惯培养及未来的学习发展，而培智学生因其身心发展规律存在的特殊性，德育教学更是培养智力障碍学生社会适应能力的关键环节，是一种针对学生道德、情感和社会行为的系统教育，育人工作在特殊学校施行的抓手应与学生的学习技能水平和兴趣为切入点。结合对本年级学生的学情分析发现，绘画与手工课程在运用各种工具和材料，采取造型、色彩、构图等艺术手段完成作品的制作过程中，能够更好地激发学生学习兴趣，并进一步引入德育内容，将德育教学内容自然而然地融入学生的学习过程，同时促进学生的手眼协调，培养他们的视觉、观察、绘画与手工制作能力，发展审美情趣，提高审美能力，最终促进学生适应生活、融入社会。

2019年11月恰逢中山市特殊教育学校建校30周年，为培养学生爱校情怀这一校本德育理念，同时展示六年级学生的绘画与手工能力，组织学生以年级为单位，以喜迎校庆为契机开展将德育融入特殊学校绘画与手工课堂的系列教学。通过学生动手制作超清黏土仿铜画，提高学生的动手操作能力以及手眼协调力，同时达到教育康复的意义，让学生切实体验作为学校一分子，积极为学校的美好明天添砖加瓦，更好地培养学生的主人翁精神，使学生的自我价值认同感得以体现。结合本年级培智学生的认知特点和身心发展规律，以特殊儿童喜欢的手工操作活动为载体，中山特校六年级学生从9月中旬至10月中旬，集中开展了超清黏土仿铜画的制作课程，过程中学生需在教师指导下完成制作100幅单板仿铜画作品，最后师生携手共做一面超轻黏土仿铜画墙。

（一）案例对象

案例对象为中山市特殊教育学校六年级学生，六年级共有 5 个班级，每班 11 名学生，共 55 名学生，涵盖了孤独症、智力障碍、脑性瘫痪等不同障碍类型的学生，学生差异性较大，存在认知能力与动手操作能力发展不均衡的情况，具体如下。

（1）本年级学生普遍在动手能力方面存在差异。一些学生可能具有较好的小肌肉控制能力，能够完成简单的绘画和手工任务，而另一些学生可能需要更多的时间和教师辅助来掌握这一技能。

（2）小部分学生在绘画和手工课堂中表现出独特的创造力。他们的作品往往体现了个人的情感和理解，虽然技术上可能不成熟，但能传达出他们的内心世界。

（3）对于绘画和手工课堂，学生在理解任务指令和步骤方面可能面临挑战。视觉和触觉辅助材料能帮助他们更好地理解和执行任务。

（4）大部分学生在绘画和手工活动中可能难以保持专注，时间较长的活动可能导致他们感到疲惫或分心。因此，设计适合他们耐心和专注时间的活动尤为重要。

（5）手工和绘画课堂为学生提供了与同伴互动的机会，能够促进他们的社交技能发展。通过合作项目，他们可以学习团队合作与沟通的技巧。

（6）绘画和手工课堂是学生情感表达的一种途径。这门科目可以帮助他们抒发内心情感，减轻焦虑和压力，并促进心理健康。

（7）每位学生的能力和需求都是独特的，教师在设计活动时会考虑到这些差异，为其提供个性化的支持与指导。

综合来看，本年级学生在绘画和手工能力的发展上具有潜力，但需要适当的支持和资源来帮助他们克服挑战，发挥他们的特长和创造力。

（二）知识储备

本学年学校大主题是"校庆"，学生通过集体课堂参与主题教学，具有相应的针对此次课程内容的知识和技能储备，学习过程中能够掌握学校的历史与文化，同时会渗透校庆期间的人际交往与沟通技巧学习，参与校庆的艺术与创作，懂得感恩和责任感，通过这些课程的学习渗透，校庆不仅是学校的一次盛会，更是学生成长和发展的重要契机，学生学习兴趣浓厚，课堂学习互动参与性大幅提升。

（三）设计理念及目标

（1）主题明确。"校庆"大主题下会有很多分支教学主题，本次活动明确分支主题为"我和我的朋友"，让学生通过课程学习理解这一形象设定背后所传递的德育价值观，同时鼓励学生在创作过程中融入自己的情感和对主题的理解，鼓励学生回忆和思考与朋友之间的故事和情感，这为后续的创作提供了情感基础。

（2）情感表达。通过绘画和手工艺品的形式，鼓励学生用艺术的方式表达他们对友谊的理解与感受。可以引导学生讨论友谊的意义，如支持、理解、快乐等。

（3）合作创作。设置小组活动，让学生与朋友共同创作作品。在这一过程中，增强团队合作精神，培养沟通能力和团结协作的意识。

（4）文化交流。通过介绍不同文化中友谊的表现形式，拓宽学生的视野，增进他们对多元文化的理解与尊重。

（5）关爱他人。引导学生思考如何在生活中帮助朋友和关心他人，可以设计一些相关的手工课活动，如制作朋友的生日卡或感谢信，增强他们的关爱意识。

（6）展示与分享。在课堂结束时，组织一个"友谊展"，让学生展示自己的作品并分享创作过程和感受。这不仅能提升自信心，还能增进彼此之间的了解和情感。

（7）反思总结。通过引导学生反思在创作中的体验和收获，进一步加深对友谊和人际关系的理解，培养他们的自我认知能力。

通过以上设计，绘画手工课堂不仅能提升学生的艺术素养，还能在德育方面帮助他们建立更深厚的友谊观和人际关系。

二、案例中课程 IEP 目标

（1）能够用撕、揉、折、压、粘等方法进行手工制作。

（2）能够尝试用丙烯颜料进行绘画。

（3）能够尝试用线条画出简单图形。

（4）能够独立选出合适颜色进行涂画。

（5）能够运用线条色彩、线条、简单图形进行造型活动，尝试表现肌理效果。

（6）能够手眼协调、安全、灵活地使用各种工具材料。

（7）能够选用合适材料，运用图形模仿和制作简单的生活用品。

（8）能够采用自主与合作学习的方式，进行仿制、设计与制作活动。

三、案例实施过程

（一）实施环节1：仿金铜像制作——塑形

班级	六(4)班	科目	绘画与手工	课题	仿铜像制作——塑形
教学地点	课室	教学时间	2019年9月	课时	第1课时

学情分析	A层	洋：认知和语言理解能力较好，学习能力较强，精细动作发展正常，具有一定的学习自主性
		钰：精细动作较好，记忆力非常不错，学习主动性较差，语言表达能力较，注意力易分散
		妹：手工操作能力较好，理解能力较好，语言表达能力稍弱，上课的积极性高
		苗：精细动作、理解能力较好，学习主动性较好课堂积极性高，咬字发音不清
	B层	宇：理解能力稍差，动手操作能力正常，需要在协同教师的辅助下进行学习
		秀：受肢体残疾障碍影响，动手操作能力较差，需要有协同教师辅导，或有些粗大动作，如填充涂色类
		杰：理解能力稍差，精细动作发展稍好，课堂积极性较高
	C层	裕：精细动作差，可发展其相大动作，如充涂色
		怡：学生理解能力较差，主动性较弱，需要时常提醒才能继续学习任务
		泰：精细动作较好，理解能力差，不能在指令下完成指定操作，画作单一，难以改变
内容重点		通过本次课程学习理解主题形象设定背后所传递的德育价值观，并完成超轻黏土仿铜制作
内容分析		本节课属于自编教材，但是源于学生的真实需要，通过陶艺和雕塑精品欣赏与跨科学知识有机结合的教学，使学生在黏土造型设计的学习中掌握雕塑技能，提高学生的综合素质，促进知识迁移，培养创新精神和实践能力。培养学生爱校情怀这一校本德育理念，同时展示六年级学生的绘画与手工能力，组织学生以年级为单位，以喜迎校庆为契机开展将德育融入特殊学校绘画与手工课堂的系列教学。进行个人与集体的设计以及欣赏与评比活动，提高学生的学习兴趣，树立关爱他人意识，培养自主探究精神和团体协作品德，共享创作成果与经验。本次活动主题旨在通过学生与教师间默契配合，引导学生通过手眼协调、共筑仿铜像墙饰提高学生综合实践能力，能够知道如何制作仿铜像底模、上色、涂漆，来提高学生动手能力，体味共筑"家校"的美好学习体验

教学活动过程	教学资源
一、课程导入 1.图片导入 教师：今天在上课之前，许老师要请同学们回忆一下，开学典礼时。芮老师告诉大家今年是我们学校多少岁生日？俗话说三十而立，如今我们学校也即将迎来30岁生日了，在即将举办30周年校庆活动中，届时会有很多很多各种各样的活动，同学们开不开心，期不期待？那作为学校重要一员的我们想不想要为我们的学校添砖加瓦，作出自己的贡献，今天我们就来为校庆献礼，一起来制作校庆展示墙——超清黏土仿铜像制作 2.引出课题 仿金铜像制作——塑形	校庆图片

续表

教学活动过程	教学资源
二、课程新授 1. 绘本故事《我的好朋友》 教师：在刚才的绘本故事中我们了解到了朋友之间友谊的珍贵，同学们朝夕相处，早就成为彼此间的珍惜好友，为了我们同学间这份真挚情谊，今天我们一起来里身边的同学为原型制作仿金铜像。	课件
2. 微课展示制作过程 3. 知识巩固 制作步骤： ①绘制底板（底板颜色可自行选配填充） ②用铅笔来绘制定型，这部分要求突出人物主要形象特点进行绘制，大致形似即可 ③沿着定型来填充超轻黏土 ④待超轻黏土边干，涂上丙烯颜料即可 3. 操作注意事项 ①底板颜色尽量选用深色系，以便于青铜色丙烯形成对比 ②底板上色完全干化在进行描画 ③轻黏土没有完全粘牢时，可以用白乳胶进行加固 ④青铜色丙烯颜料需要反复多次刷涂，确保颜色均匀上色 4. 分组任务 三、综合活动 1. 展示作品互评 展示仿金铜像塑形，并评析总结制作过程 2. 拓展提升 请学生通过作品分享自己与朋友间的故事 3. 家庭作业 完成作业单，并做一张贺卡或者写一封信送给好朋友	《我的好朋友》绘本故事视频 微课视频 绘制底板、修型工具、铅笔、颜料笔、超轻黏土、丙烯颜料 作品展台

作业单设计如下图所示。

请按照正确制作流程标记顺序：

绘制底板
（　　）

让我们用铅笔来绘制定型
（　　）

黏土填充定型
（　　）

我们用青铜色的丙烯颜料来为它上色
（　　）

作业单设计

（二）实施环节2：仿金铜像制作——上色封胶

班级	六(4)班	科目	绘画与手工	课题	仿铜像制作 ——上色封胶
教学地点	课室	教学时间	2019年9月	课时	第2课时

学情分析	A层	洋：认知和语言理解能力较好，学习能力较强，精细动作发展正常，具有一定的学习自主性				
		钰：精细动作较好，记忆力非常不错，学习主动性较差，语言表达能力较，注意力易分散
		妹：手工操作能力较好，理解能力较好，语言表达能力稍，上课的积极性高
		苗：精细动作、理解能力较好，学习主动性较好课堂积极性高，咬字发音不清
	B层	宇：理解能力稍差，动手操作能力正常，需要在协同教师辅助下进行学习
		秀：受肢体残疾障碍影响，动手操作能力较差，需要有协同教师辅导，或有些粗大动作，如填充涂色类
		杰：理解能力稍差，精细动作发展稍好，课堂积极性较高
	C层	裕：精细动作差，可发展其相大动作，如充涂色
		怡：学生理解能力较差，主动性较弱，需要时常提醒才能继续学习任务
		泰：精细动作较好，理解能力差，不能在指令下完成指定操作，画作单一，难以改变

内容重点	通过本次课程学习理解主题形象设定背后所传递的德育价值观，并完成超轻黏土仿铜制作
内容分析	本节课属于自编教材，但是源于学生的真实需要，通过陶艺和雕塑精品欣赏与跨科学知识有机结合的教学，使学生在黏土造型设计的学习中掌握雕塑技能，提高学生的综合素质，促进知识迁移，培养创新精神和实践能力。进行个人与集体的设计以及欣赏与评比活动，提高学生的学习兴趣，树立环保意识，培养自主探究精神和团体协作品德，共享创作成果与经验。本次活动主题旨在通过学生与教师间默契配合，引导学生通过手眼协调、共筑仿铜像墙饰提高学生综合实践能力，能够知道如何制作仿铜像底模、上色、涂漆，来提高学生动手能力，使学生感恩学校，体味共筑"家校"的美好学习体验

教学活动过程	教学资源
一、课程导入 1.图片导入 今天就让我们继续来完善我们的作品，我们这节课学习——上色封胶。 2.引出课题 仿金铜像制作——上色封胶 二、课程新授 1.微课展示制作过程 制作材料：青铜色丙烯颜料、滴胶、颜料刷、软毛颜料刷、调色盘、洗笔小水桶 2.材料使用作用讲解 ①青铜色丙烯颜料是我们制作仿金铜像的关键，使用时应兑少量清水稀释，这样上色均匀无结块，且干化较快 ②滴胶的使用目的是让上色作品保持色彩鲜艳，防止水渍对作品的破坏，以及因时间变化对作品的损坏，可以延长作品保存时间	待完成图片、各原材料图片 课件 微课视频

续表

教学活动过程	教学资源
3. 制作流程 ①少量取用青铜色丙烯颜料放置调色盘 ②风干上完青铜色部分, 修补底板颜色区 ③待上色部分干化, 取用干净且没有水渍的软毛颜料刷, 均匀取用滴胶 ④风干作品 4. 知识巩固 总结一下上色封胶的步骤 5. 分组任务 ①分发工具 ②分别上色涂胶 ③组内上色涂胶比赛, 先完成的同学帮助后完成的同学 三、综合活动 1. 展示作品互评 展示仿金铜像成品 2. 布置家庭作业 3. 合照结束课程	绘制底板、修型工具、刷胶刷、封胶剂 作品展台

作业单设计如下图所示。

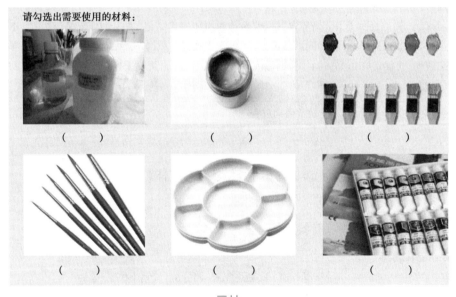

画材

（三）案例剪影

案例剪影如下图所示。

提升学生独立自主塑形能力

锻炼学生独立上色能力　　　　　　师生携手完成作品

作品墙题目　　　　　　作品墙粗具规模

成品展

（四）案例反思

在设计绘画手工课程时，德育目标应与艺术创作相结合。例如，鼓励学生通过作品表达主题教学内容的看法，培养他们关爱社会、爱护校园、感恩教育等意识，让学生通过绘画和手工表达自己的理解与感受，同时组织小组活动，增强学生之间的合作精神，培养他们的团队意识。

在创作前要引导学生讨论与主题相关的问题，尽量让学生主动思考并表达自己的观点。鼓励学生在完成作品后分享创作背后的故事，增强他们的表达能力和思维深度。通过观察，学生在参与艺术创作的过程中，能够更加深刻地理解德育主题。同时，学生在分享自己作品的过程中，能够感受到自信心的提升。

在课程设计中，需要考虑到不同学生的兴趣和能力，以确保每位学生都能在德育方面有所收获。根据学生的反馈和作品质量，调整课程内容和形式，使德育培养更加有效。

实践发现将校本德育融入绘画手工课堂，能够有效培养学生的价值观和团队精神。未来需要在课程设计和教学实施中不断探索和完善，以更好地促进学生的全面发展。

公车你先上，礼让我最行

——培智学校德育课程实施案例

中山市特殊教育学校　杨轲

德育课程是在中小学阶段开设的以培养学生品德为根本任务的课程。与普通中小学不同，培智学校在德育课程的设置上需要更多地考虑到学生障碍程度，且教学效果高度依赖授课教师的专业素养。而在德育课程内容的选择上，社会主义核心价值观教育是最重要的德育板块之一。在面向培智学校学生讲授社会主义核心价值观内容时，同样需要把国家层面的价值目标、社会层面的价值取向、公民个人层面的价值准则逐一渗透到各科教学活动和各种教育活动中。本文以社会主义核心价值观内容中的"文明"为例，从选题原则到教学设计进行全面说明。

一、选题原则

在德育课程的实际课堂教学中，授课内容的问题来源最好是班级真实发生且近期正在发生的问题，授课目的是解决这一实际问题。以问题为导向，以活动为载体，可以达到事半功倍的效果。以四（2）班为例，班主任根据日常观察和科任老师反馈，了解到班级学生在校园生活中多次出现争抢玩具，遇到同学挡到路时推搡或者用肩膀挤开等行为。学生的校园活动中的表现表明班级学生在"讲文明、懂礼貌""了解个人和集体之间的关系"等方面都存在欠缺，需要班主任针对这种情况进行深入的引导。文明的内涵非常丰富，涉及个人生活、家庭生活和社会生活的方方面面，班主任考虑到班级学生的认知能力，以及班级近期有在综合实践活动时带学生乘车外出观影的计划，选择了文明搭乘公交车这一内容进行授课。

二、班级学生情况介绍

四（2）班共 12 名学生，其中孤独症学生 4 名，智力障碍学生 8 名。其中孤独症儿童 4 名，智力发育迟缓儿童 7 名，脑性瘫痪儿童 1 名。12 名学生中程度差异较大，程度较好的学生能流利表达并有一定的逻辑思维能力，程度较差的学生无语言能力，但可以模仿同学的行为。因此，在实际教学中需要按照学生程度进行细化。但与学科教学的分组教学不同，此次分组为了保证每组学生在教学体验环节都能有互相帮助、文明礼让的可能，在分组时确保程度较好和较差的同学平均分配。

三、课程内容设计

根据《中小学德育工作指南实施手册》的指导意见，教师在重视提高学生道德认知水平的同时，更要重视让学生获得积极的道德情感体验，并为学生提供道德实践的机会。故而，本案例在设计时充分考虑了班级学生能力现状，融入搭乘公交车这一生活化场景，通过不同的游戏设计激发学生思考文明礼让可以得到什么结果、生活中为什么要文明礼让等问题，让学生在活动中学，在活动中思考，在活动中实现文明这一价值观的内化，也在情境模拟和接下来的综合实践中完成价值观的外化。

环节一：单向过独木桥（引发思考）

将同学分为两组，在限定时间内全部通过独木桥，看哪组同学能先全部通过。在引入比赛前，先让学生自行体验游戏两分钟。待教师发出"开始"的指令，两组学生迅速通过独木桥，从桥面掉落则视为失败，需要从起始处重新过桥，如下图所示。在游戏过程中助教拍录像，游戏完毕回放视频，让学生自行观察自己在游戏中的表现，教师引导学生对表现进行总结，并分析从桥面掉落的原因。

单向过独木桥

环节二：双向过独木桥（深入验证）

两组学生均在独木桥两侧等待，待教师发出"开始"的指令，学生需快速通过独木桥，最先通过独木桥的一组为胜利，从桥面掉落则视为失败，需要从起始处重新过桥，如下图所示。该环节的游戏难度比第一个环节游戏难度有所提升，需要学生在双向过桥的同时展开思考才能顺利通过。

双向过独木桥

环节三：搭乘公交车（检验练习）

创设搭乘公交车的情境，两组学生分别在不同车站等候，助教老师充当司机，助教老师在第一轮游戏时先带着学生上下公交。第二次教师只做报站不参与游戏，请一位学生做小司机，其他学生自行上下公交车，观察能否做到文明礼让，如下图所示。助教老师把同学们第二次上下公交的情景拍下来，回放给同学们看，引导学生通过观察总结出上下公交时应该文明有礼、不推不挤、排队上下车。

搭乘公交车

四、案例总结与反思

在实际教学中，本节课的课堂气氛非常活跃，学生基本可以达到全部参与；并且在各环节学生都能主动思考并寻求解决办法，如在单向过独木桥环节，在比赛开始后每组都出现了从桥面掉落的情况，同学们发出"不行啊""别挤，会掉（下去）"的呼声，在努力通过独木桥的过程中会开始思考，产生"要慢一点""××先过"的结论，在参与活动的过程中完成了对"为什么会掉落"和"怎么样才能更有序"的思考；而在双向过独木桥环节，授课老师设计了"两个人都非常着急要到河的对面去"的游戏背景，当两个人同时踏上独木桥时发现狭窄的桥占据两端谁也无法通过，在等待和思考的过程中，其中一名学生自发出现"你先来"的声音，这是德育过程中最想达到的效果。而在视频回放环节，学生于笑笑闹闹中就在教师的引导下完成了对搭乘公交车这一活动中文明内涵的提炼。

该活动设计也存在一定的局限性，如对班级学生程度要求比较高，需要有部分学生拥有相对较好的逻辑思维能力，既能带动小组成员参与活动，又能在活动中完成主动思考。同样的教学内容在程度更重的班级里无法完成复刻，而在程度更轻的班级里游戏又过于简单。这也是在培智学校德育过程中要求授课教师熟练掌握德育规律，基于学生生活实际，掌握学生身心发展特点，充分了解学生兴趣爱好、实际困惑与需求，并依此来设计教学内容、选择教学方法的原因。

以食育为媒介，实现德育的"隐形"渗透

——以培智学校中学段食育课程为例

中山市特殊教育学校　张银川

一、课程背景

饮食文化不仅与身体健康、独立生存密切相关，更在潜移默化中塑造个体的品德与价值观。特殊教育学生在认知、情绪管理及社会适应方面存在特殊性，传统德育方式难以取得预期效果。因此，通过饮食教育实现德育的"隐性"渗透，既能培养健康的生活习惯，又能塑造责任感、团队协作精神和感恩意识。

二、课程理念

该课程以"活动即教育"为核心，结合学生的生活实践，将饮食教育与德育深度融合。通过真实情境的体验与跨学科结合，培养学生的品德素养与行为规范。课程注重尊重个体差异，通过家校合作、社区参与等方式，为学生创造适合其发展的全面支持体系。

三、课程目标

本课程以促进特殊需要儿童德、智、体、美、劳全面、协调发展为核心，以国家课程的一般性课程和选择性课程为主体，以学生真实的生活为主线，属于生活与劳动领域为核心的综合课程。

本课程旨在通过综合化的劳动教育和食育实践，全面培养特殊教育学生的德、智、体、美、劳五个方面的核心素养，确保学生能够获得均衡发展。课程目标具体如下。

（1）培养健康的生活习惯：通过学习基本的个人餐桌礼仪、饮食自理，以及餐前准备和餐后收拾的基本技能，学生能够形成良好的饮食习惯和卫生习惯。

（2）增强生活自理能力：让学生通过参与食物的准备、分发，以及简单的烹饪活动，提高他们的生活自理能力，理解服务他人的重要性。

（3）理解劳动的意义和价值：通过种植、食品加工、参与服务劳动等活动，让学生深刻理解食物的来源，培养对自然和劳动成果的尊重，以及积极参与劳动的意识。

（4）掌握基本的劳动技能和知识：包括使用厨房工具、食品安全知识、简单的烹饪技能等，以及在高学段阶段能够制作较为复杂的菜肴，为未来的生活和就业奠定基础。

（5）发展核心素养：课程强调在劳动教育和食育实践中培养学生的自我管理能力、社会责任感、团队协作能力、创新思维和解决问题的能力。

（6）促进学生自尊、自信、自强、自立地全面发展：通过各种教学活动和实践操作，增强学生的自我服务能力，提升他们的社会适应能力和终身学习能力。

（7）融入社会和文化理解：教育学生通过劳动和食活动深入了解和体验本地区的文化和传统，加强对健康饮食文化的认识和实践。

培智学校中学段食育课程目标

学段	生活劳动	服务劳动	生产劳动	核心素养
中学段	1.提升食物选择和营养平衡的认识，学会根据食物金字塔选择健康食品 2.学习简单食物的热量计算和营养标签阅读，增强对健康饮食的意识 3.能够掌握聚餐的餐桌礼仪	1.能够使用简单的厨房用具和厨房电器 2.能够掌握基本的食材加工技能 3.能够掌握基本的厨房清洁技能 4.能够掌握广东基本的沏茶、倒茶的礼仪和技巧 5.能够参与学校食堂的服务工作，了解餐饮服务的基本流程	1.能参与从播种、灌溉到收获的全过程，深入理解食物的生长周期 2.能够参与饲养家禽、家畜等小型动物 3.能够食品进行简单的加工 4.能够制作简单的饭菜	1.具备一定的动手操作能力，掌握一定的劳动技能 2.具备良好的劳动习惯 3.能够主动参与家务劳动和部分生产劳动 4.能够在饮食活动中掌握一定的社会共识、习俗、道德准则 5.学生能够参与家庭厨房劳动、聚餐等需要集体活动、决策的过程 6.能够在集体饮食活动活动中理解他们的想法，进行交互性的对话

四、课程对象

该课程主要面向培智学校学生，涵盖轻度、中度和重度智力障碍的学生。由于这些学生在认知水平、行为控制、社会适应能力和情感表达方面存在较大差异，课程的设计必须考虑到学生的多样化需求。为此，课程采取分阶段实施的方式，并提供个性化支持，确保每位学生都能在自己的能力范围内取得进步。

五、教学策划

（一）课程学习方式的个性化

多感官教学：对认知能力较弱的学生，课程提供视觉、听觉和触觉的多重感官体验，如通过食物模型或触觉板感知食材特性。

（二）分层教学

对学习能力较强的学生，教师设置进阶任务，如自主完成简单食材切配或制订个人饮食计划。

（三）任务分解

教师在设计任务时采用"任务分解"法，将复杂任务拆解为多个小步骤，循序渐进地引导学生完成，以提升学生的自信心和参与感。

（四）教学进度的个性化

针对不同学生的学习速度，教师为每人设定不同的学习目标和任务。例如，对于反应较慢的学生，可适当延长实践时间；对表现积极的学生，则可给予更高要求的任务。

（五）情绪与行为支持

对情绪不稳定或自控力较弱的学生，课程设置安抚环节，如在活动中使用舒缓的音乐或设立"安静角"供学生短暂休息。教师还会通过鼓励性语言和表扬机制，增强学生的自信心与参与感，帮助他们在合作中逐渐发展情绪管理能力。教师提前设计活动的流程图，并给出明确的指令和示范，减少学生的焦虑感。此外，建立情绪预警系统，让学生能随时使用安抚卡片或表达卡与教师沟通情绪。

（六）家庭与社区的参与支持

为巩固学校中的学习成果，课程鼓励家长在家中协助孩子完成与课程相关的小任务，如餐后整理、协助家长烹饪等。社区参与也是重要一环，通过组织学生参观超市、农场等场所，帮助他们了解食物的来源，培养对劳动的尊重和感恩意识。

六、课程实施方式

为了更好地满足学生的个性化发展需求，课程采用项目式、绘本教学、综合实践与社团活动等多种教学方式，将知识学习与实践活动有机结合。基于"做中学、学中做"的教育理念，课程注重学生在真实场景中的参与和体验，以学生为中心，遵循其身心发展规律和特点，确保他们在快乐学习的同时实现全面的健康成长。

（一）项目式教学：任务驱动与团队协作

项目式教学以解决问题和完成任务为主线，让学生在完成具体项目的过程中获得知识与技能。这种方式培养了学生的团队合作精神、问题解决能力和责任感，同时增强了他们对学习内容的掌握和应用能力。

实施方式：

任务设计：教师将任务设计为实际可操作的项目，如"设计一日三餐""筹备茶文化体验活动"等。

分组协作：学生分组完成任务，每组成员扮演不同的角色，如食材采购、菜谱设计、烹饪及摆盘。

任务反馈与展示：每组在完成项目后分享成果，其他组进行反馈，鼓励学生互相学习。

（二）绘本教学：视觉化学习与情感共鸣

绘本教学通过生动形象的故事和图画，引导学生理解复杂的概念或行为规范，尤其适合认知水平较低的学生。绘本教学不仅能增强学生的理解力，还能激发他们的想象力和表达能力，帮助他们在轻松有趣的环境中掌握知识。

实施方式：

选用合适的绘本：教师选取与主题相关的绘本，如《吃蔬菜吧》《科学饮食》《不能乱吃东西》等，帮助学生理解饮食礼仪和卫生习惯。

角色扮演与互动：学生在教师的指导下，根据绘本故事进行角色扮演，重现绘本中的情境，如模拟如何邀请朋友共进晚餐。

延伸活动：绘本学习结束后，学生可以进行创作，如绘制自己的健康饮食故事，或编制简单的菜谱。

（三）综合实践活动：真实情境中的体验学习

综合实践活动通过让学生参与实际操作和生活任务，帮助他们在真实情境中学以致用。

综合实践活动不仅提升了学生的动手能力，还增强了他们的社会适应能力和生活技能。

实施方式：

模拟餐厅实践：教师设置模拟餐厅，让学生轮流扮演顾客、服务员和厨师，体验餐厅服务的全过程。

社区探索活动：带领学生参观超市、农场或茶馆，了解食品的生产和供应链，增强他们对劳动和自然的尊重。

节日活动：在春节、端午节等传统节日开展食品制作与分享活动，如包饺子或粽子，体验节日文化与家人团聚的温馨。

（四）社团活动：兴趣培养与个性发展

通过设立烹饪、茶文化、餐桌礼仪等社团活动，激发学生的兴趣，鼓励他们探索自我和发展特长。社团活动帮助学生发展兴趣爱好，增强自信心，同时培养了他们的协作意识和社交能力。

社团课程安排：于每周固定时间进行社团活动，学生根据兴趣选择加入，如烹饪社团、茶文化社团等。

展示与评比活动：定期举办社团作品展示，如学生展示自制点心或茶艺表演，鼓励他们分享自己的学习成果。

社团间合作：不同社团之间合作开展活动，如烹饪社团和茶文化社团共同举办"茶点下午茶"活动。

七、课程内容

课程结构和内容设计：本课程目标分为生活劳动、服务劳动、生产劳动、核心素养四个维度，内容设计结合学生的生活经验和学校、家庭、社区的实际情境。课程内容面向不同年龄段的学生，低年段学生以生活劳动为主，中年段学生以服务劳动为主，高年段学生以生产劳动为主，实现了学段间的内容前后衔接和递进。

培智学校中年段"好喝的健康饮品"

课程主题	课程目标	课程内容
"好喝的健康饮品"	1.学会制作各种简单健康饮品 2.认识各种饮品的营养价值和健康益处 3.培养自我服务的能力和对劳动的尊重	1.健康饮品介绍：介绍不同种类的健康饮品及其营养价值 2.简单饮品制作教学：教授如何制作几种简单的健康饮品，如水果冰沙、奶茶、果茶 3.营养与健康：讨论健康饮品对身体的好处，对比商店购买饮料与自制饮品

续表

课程主题	课程目标	课程内容
"好喝的健康饮品"	4.增进团队合作,通过小组活动共同完成饮品制作 5.了解食品安全和卫生知识,保证制作过程的安全与清洁	4.团队合作饮品制作:通过小组合作完成饮品制作任务,强调团队协作 5.食品安全与卫生教育:教育学生在制作饮品时的卫生和安全注意事项

八、课程评价

为了全面评估食育课程的教育效果,确保学生在知识、技能、品德和社会能力等方面的成长,课程设计了过程性评价、结果性评价以及多元评价体系。这种综合评价方式不仅关注学生在课堂和实践中的表现,还涵盖家庭和社区参与的反馈,确保课程效果的延展与持续优化。

(一)过程性评价

过程性评价主要关注学生在实践过程中的表现与参与度。教师通过课堂观察与记录,评估学生是否积极参与活动,是否按指令完成分配的任务,以及在团队合作中的专注度。即时反馈和鼓励机制在此过程中尤为重要。教师会在活动中针对学生的表现及时表扬,增强他们的参与感和自信心。同时,学生在活动中使用礼貌用语,如"请慢用""谢谢"等,教师通过观察和记录,评估他们的社交礼仪与沟通能力,并根据需要调整教学策略。例如,对于礼仪表现欠佳的学生,教师会进行个别指导和示范。

(二)结果性评价

结果性评价关注学生的学习成果与技能掌握情况。教师通过设计任务完成度测试和操作展示,评估学生对所学知识的掌握程度。例如在水果茶制作环节,学生需展示从食材准备、切配到茶水冲泡的完整过程,并在品尝环节分享自己的制作心得。这一评价方式不仅能检验学生的操作能力,还能帮助他们锻炼表达能力和自信心。同时,教师还会评估学生的责任感与自我管理能力,如通过记录学生在餐后整理环节的表现,判断他们能否按要求保持环境整洁。

(三)多元评价

多元评价是课程评价的重要补充,通过整合家校与社区的反馈,确保教育的全面性与延展性。在家校合作方面,教师通过"家校联系本"或家长微信群收集学生在家庭中的表现反馈。例如,学生能否主动在家中协助父母进行水果茶制作、完成餐后整理等任务。此外,学校还会举办亲子水果茶比赛，让学生与家长共同展示学习成果，增进亲子关系，增强学生的成就感与责任感。在社区实践中，学生的社会适应能力也得到重点关注。学校会组织学生前往社区中心、超市或果园，参与服务与分享活动。教师根据社区参与者的反馈，评估学生的服务态度和社交能力，并记录他们在不同社会情境中的表现。

总体而言，食育课程的评价体系以过程性、结果性和多元评价为核心，通过教师、家长和社区的共同参与，构建了全方位的评价框架。该体系不仅关注学生当前的表现，更着眼其长期成长，通过积极反馈与正向激励，帮助学生在实践中不断提升自我管理能力和社会适应能力。这种全面、真实的评价方式为学生的未来发展奠定了坚实基础。

九、课程延展与社区实践

食育课程通过家校合作、社区实践和节日活动推广的方式，实现了课堂与生活的无缝衔接。这种延展模式旨在帮助学生在家庭和社会环境中巩固所学知识与技能，培养责任感、礼仪意识与社会适应能力，从而促进其全面发展。

（一）家校合作

在家庭中，家长的支持与参与能够帮助学生将课堂上学到的技能与礼仪规范转化为日常习惯。学校鼓励家长参与课程活动，如组织亲子水果茶制作，家长与孩子分工协作完成水果茶的各项任务。这种亲子互动不仅增进了家庭关系，还使学生得以在实践中不断巩固操作技能。学校还通过家校联系平台，收集家长对学生在家中表现的反馈，关注学生在家能否主动参与餐后整理或使用礼貌用语，并根据反馈为学生提供个性化指导与激励。同时，教师与家长合作设计家庭膳食计划，鼓励学生参与一日三餐的搭配与制作，培养健康饮食习惯。

（二）社区实践

社区实践则让学生在更广阔的社会环境中体验劳动的价值与文化的传承。学校组织学生参观茶馆和农场，让他们了解茶叶的种植、加工过程及食品的生产流程。通过参与茶艺表演或果蔬采摘，学生体会到劳动的艰辛与成就感，并增强了对自然资源和劳动成果的珍惜。同时，学校还安排超市购物实践，学生自主选择水果与配料，锻炼其决策能力、时间管理和社交技能。这种实践活动不仅提升了学生的生活自理能力，还增强了他们的社会适应能力。

在节日活动推广中，学生通过参与社区的文化活动，增强了对传统文化的认同感与归属感。学校在社区举办茶文化展示活动，学生展示课堂所学的茶艺技巧，并向社区居民介绍水果茶的制作过程及营养价值。这一活动不仅锻炼了学生的表达能力与自信心，还促进了他们的社会融入。此外，学校还组织学生在社区进行茶点义卖，将义卖所得捐赠给公益组织，帮助学生在实践中体会到奉献精神与社会责任感。在端午节、春节等传统节日期间，学生与社区居民一起包粽子、制作年糕或分享水果茶，进一步体会节日文化的内涵与家庭团聚的温馨。

通过家校合作和社区实践的延展，学生在多维环境中不断实践和提升所学技能，形成了自我管理和团队协作的意识。家庭的参与使学生在温馨的环境中巩固礼仪与健康习惯，社区实践则拓展了他们的社会适应能力与文化认知。节日活动的推广帮助学生加深对中国传统文化的理解与热爱，并增强了他们的社会责任感。

课程案例：《水果茶》——品味健康，体验劳动与合作

"水果茶"课程案例设计旨在帮助学生通过动手制作水果茶，学习基本的生活技能与饮食礼仪，并在实践中培养责任感、团队合作精神和感恩意识。水果茶制作集果蔬认知、饮品搭配与劳动实践于一体，让学生在轻松愉快的氛围中，感悟劳动的价值并提升自我管理能力。这一课程特别适合培智学校的中年段学生，根据其认知和身体发展特点，设置了多感官体验与分工协作任务。

课程目标
1. 掌握基本生活技能：认识不同水果及其特点，学习清洗、切配食材的基本技能
2. 培养合作与沟通能力：通过小组合作制作水果茶，锻炼团队协作精神
3. 提高自我管理与责任意识：参与餐前准备和餐后整理，学会管理时间和任务
4. 增强健康饮食意识：了解水果的营养价值，培养健康饮品的选择习惯
5. 感受劳动的意义：在动手实践中体验劳动的乐趣与成就感，提升学生的责任心。

课程对象
中山特殊教育学校五年级四班
1. 学生背景与特点
五年级四班的学生属于中段培智教育对象，学生的能力水平、情绪管理和行为控制存在一定的个体差异。大多数学生具备一些基础的生活自理技能，如洗手、使用餐具等，但在精细动作、沟通表达和团队协作方面仍需进一步提升。针对这类学生，课程设计需要基于他们的先备技能和优势领域，以保证学习的有效性和参与度
2. 先备技能
基础生活技能：部分学生已经掌握简单的清洗、切配和整理任务，如能够在教师的指导下进行基础的食材清洗和简单操作
情绪和行为管理技能：经过前期训练，学生能够较好地执行教师的指令，并能在集体活动中保持一定的专注度
社交礼仪技能：学生已初步学习了一些基础的礼貌用语，如"谢谢""请""对不起"等，具备与人友好互动的潜力

课程对象

感官与操作能力：一些学生对食物、颜色和香味的感官敏感度较高，对动手操作表现出较大的兴趣和积极性

3.学习优势领域

视觉与触觉感知能力较强：学生对实物模型和颜色鲜艳的物品反应较快，适合通过动手操作与直观演示进行教学

兴趣导向型学习：对烹饪、食品制作等实践活动表现出浓厚兴趣，有助于提高他们的参与度

重复训练有效：学生习惯通过多次重复练习掌握技能，这种方式有助于他们在活动中获得进步并内化行为规范

教学策略

1. 多感官教学策略

目的：增强学生的感官体验，通过视觉、触觉和嗅觉的多感官刺激，提高学生对水果茶制作过程的理解和参与度。这种策略帮助学生在动手实践中更好地理解水果的特点，并提高他们对活动的兴趣

应用情况：

①视觉：教师展示水果模型或实物，帮助学生认识不同水果的形态与颜色

②触觉：学生通过切配水果、触摸果皮，感知不同食材的质感

③嗅觉：学生闻一闻柠檬、橙子等水果的香味，体验嗅觉刺激

2. 任务分解策略

目的：将复杂的水果茶制作过程拆解为多个小任务，让学生逐步掌握每个步骤，减少认知负担，增强任务的可操作性。通过任务分解，学生在逐步完成简单任务的过程中增强了自信心，并通过实践积累了操作经验

应用情况：

步骤一：水果清洗——由学生完成简单的清洗任务，确保食材的卫生

步骤二：水果切片——使用安全刀具进行切片，教师在旁指导，确保安全

步骤三：茶水冲泡——学生根据教师指示将水果放入茶壶，并加入热水

步骤四：餐后整理——学生负责摆放茶具，并整理桌面，学会保持环境整洁

3. 小组合作策略

目的：培养学生的团队协作意识与沟通能力，增强他们在集体活动中的参与感和责任感。这种策略通过分工与合作，让学生在活动中学会如何与他人沟通、协作，并感受到团队合作的意义

应用情况：

①学生分为4人小组，每人负责不同任务，如清洗、切片、冲泡和服务，为同学倒茶

②每组成员轮流担任"组长"，负责协调组内任务，锻炼他们的领导能力和表达能力

③组内成员之间需要互相配合，如服务员为顾客倒茶时说"请慢用"，顾客要用"谢谢"进行回应

4. 过程性评价策略

目的：通过观察和记录学生在活动过程中的表现，及时发现问题并进行调整，确保每位学生都能在参与中获得进步。这种评价方式帮助教师在活动中不断调整教学策略，确保学生的个体需求得到满足，并通过正面激励促进学生的持续进步

续表

教学策略
应用情况: ①教师根据学生在不同环节的表现即时进行反馈,如完成清洗任务后给予表扬和鼓励 ②每次活动后,教师与学生共同回顾过程,并针对表现进行自评与互评 对于表现优异的学生,设置"水果茶小能手"称号,增强学生的自信心和成就感

课程实施方式
综合实践活动是一种注重动手实践、真实情境和跨学科结合的教育方式,强调在生活中学习,在实践中提升能力。它通过让学生参与具体的生活任务与操作活动,培养其责任感、合作精神、自我管理能力以及解决问题的能力。对于培智学校五年级的学生,这种方式尤为适用,能有效提升他们的动手能力与社会适应能力,让学生在参与中感悟劳动的价值与意义

课程实施

1.活动准备
    教师准备:介绍水果茶的制作步骤及所需的材料,如苹果、柠檬、橙子、蜂蜜等。准备安全刀具、砧板、茶壶及杯具
    知识讲授:教师向学生讲解不同水果的特点及营养价值,强调餐具使用的安全要点
    分组安排:学生被分为若干小组,每组分配明确的任务,如水果清洗、切片、茶水冲泡及摆盘服务
2.课程实施
    水果认知与选择:学生在教师引导下选择自己喜欢的水果,并讨论不同水果的搭配
    分工合作制作:
清洗组:负责将水果清洗干净,确保饮品卫生
切配组:学习如何使用安全刀具,将水果切片
冲泡组:负责将切好的水果放入茶壶,用热水冲泡,制作水果茶
    模拟服务场景:学生轮流扮演服务员,为同学倒茶,并使用礼貌用语,如"请慢用",同学以"谢谢"进行回应
3.饮用与分享
    饮用环节:学生一起品尝自己制作的水果茶,并交流心得体会
    感恩分享:每位学生向小组成员表达感谢,分享在活动中的收获与感悟
4.餐后整理
    清洁与收纳:学生分组整理餐具与桌面,学习如何保持环境整洁,并养成良好的生活习惯
5.评价
    自评与互评环节:教师引导学生回顾各自的表现,分享活动中的收获与不足,并给予表扬与鼓励
    即时反馈:对于表现优异的学生,设置"水果茶小能手"称号,增强学生的成就感

课程评价
1.过程性评价:观察学生在小组合作中的表现,记录他们的参与度、责任心及礼貌用语的使用情况
2.结果性评价:通过水果茶的完成度与摆盘的整洁程度评估学生的操作能力及合作效果
3.自评与互评:学生在活动结束后分享自己的表现,并对同伴的表现进行鼓励和反馈

课程延伸与社区实践
1.课程延伸：从课堂到生活的实践拓展 　　为了让学生将课堂上学到的知识和技能应用于实际生活，课程设计了延伸活动，帮助学生在家庭和学校之外进一步发展生活能力、社交礼仪和健康饮食意识。延伸活动通过家校合作和校园内的节庆推广，让学生不断强化行为习惯，实现知识与实践的深度结合 1）家校合作：巩固生活技能与礼仪 　　①家庭水果茶制作任务：教师鼓励学生与家长在家中共同制作水果茶，通过实际操作巩固课堂上学到的技能。家长可以分配简单的任务，如水果清洗、切片和茶水冲泡，并在家中实践餐后整理和用餐礼仪 　　②家长反馈与支持：学校建立"家校联系平台"，家长在平台上分享孩子在家中的表现与进步，教师根据家长反馈为学生提供针对性指导 　　亲子水果茶比赛：学校定期举办亲子水果茶制作比赛，让学生和家长一起展示学习成果，增进亲子关系，激发学生的自信心与责任感 2）校园节庆活动：推广健康饮食文化 　　①水果茶推广日：在学校举办水果茶分享会，学生制作的水果茶可以供全校师生品尝，学生负责讲解水果茶的制作过程及营养价值，锻炼其表达能力 　　②节日活动结合：在校园的传统节日，如元宵节、端午节等，增加水果茶制作环节，让学生在体验节日文化的同时，巩固健康饮食的意识 2.社区实践：扩展学生的社会适应能力 1）社区探索与社会参与 　　①参观果园与茶馆：组织学生参观本地果园或茶馆，了解水果种植与茶叶加工的过程，增强学生对食材来源的认知和劳动的敬畏感 　　②超市购物实践：教师带领学生前往超市挑选水果和冲泡茶的配料，帮助学生练习自主购物和选择健康食品的能力 2）社区服务与社会责任感培养 　　①社区分享活动：在社区中心或敬老院举办水果茶制作分享活动，学生亲手为社区居民或长者冲泡水果茶，锻炼服务意识与社交能力，并培养感恩和奉献精神 　　②健康饮食宣传：学生在社区活动中，通过海报或展板宣传水果茶的营养价值和制作方法，提升他们的语言表达与组织能力，并增强社会责任感
课程反思
"水果茶"课程案例通过动手实践和真实情境的参与，展现了饮食教育在德育中的隐性渗透效果。学生不仅在活动中掌握了生活技能，还逐步内化了责任感、合作精神与感恩意识。课程设计以生活为核心载体，贯穿学校、家庭和社区的实践，形成了跨学科结合与多方协同合作的教育生态 1.在实践中成长，促进学生全面发展 　　通过课程的实施，学生在参与具体任务的过程中掌握了基本生活技能，如水果的认知、茶水冲泡及餐具整理。这些生活实践培养了他们的自理能力和责任意识，让他们在自我管理中获得成就感和独立性。此外，课程通过小组合作的方式，让学生在互动中体验团队合作的价值，在礼貌用语的交流中提升了社交礼仪和沟通能力。

续表

课程反思
2. 多元化教学方式的有效性 　　该课程充分利用了项目式教学、综合实践活动和小组合作策略,通过任务分解降低学生的认知负担,确保了每位学生的参与感。教师通过多感官体验激发学生的兴趣,在"做中学、学中做"的过程中,帮助学生更好地掌握技能,并在反复实践中内化行为规范。同时,家校合作和社区参与的延展实践,使课程的教育效果得到巩固和深化 3. 家校社区协同,实现教育的可持续性 　　课程延伸至家庭和社区,通过家长的支持与社区实践,让学生在校外也能应用所学技能。家长参与家庭水果茶制作任务,社区探索活动和服务实践,让学生从不同的生活场景中体验劳动的价值与奉献的意义。亲子活动和社区服务不仅增强了学生的责任感和感恩意识,还提升了他们的社会适应能力 4. 满足特殊教育学生的多样化需求 　　课程的设计考虑到学生的个体差异,通过分层任务、个性化支持和情绪管理策略,满足了不同学生的学习需求。在教学过程中,教师通过即时反馈和正面激励,帮助学生逐步建立自信心,并在团队协作中学会管理情绪与行为。这样的设计不仅提高了学生的学习成效,还能使他们逐渐学会适应社会环境 5. 为未来发展奠定基础 　　"水果茶"课程的实施,使学生掌握的不仅是技能,更是一种积极向上的生活态度和价值观。这一课程为学生的社会融入、人格塑造与终身学习奠定了坚实基础。学生在体验中成长,在反思中进步,为他们未来的生活与就业提供了必要的支持 　　"水果茶"课程以饮食教育为媒介,将德育的隐性渗透贯穿生活实践、社交礼仪和团队合作。课程的多元化设计和家校社区协同合作,为学生的全面发展创造了理想的教育环境。学生在实践中逐步学会自立自强、感恩奉献和团队协作,在成长中积累社会适应能力和生活智慧。课程不仅满足了特殊教育学生的个性化需求,更为他们的未来发展提供了有力支撑,真正实现了教育与生活的融合

小手描绘童话，大胆追逐梦想

——开发学生潜能，落实个别化教育，创设以学生为主体的班级文化氛围

中山市特殊教育学校　尹嵩

我们 2010 级 3 班也叫星梦班。说起星梦班，可能大家首先会想到孤独症，都说孤独症儿童是来自星星的孩子，但我相信在我们教师的眼中，我们的每位孩子都是闪亮的一颗星。星梦班就有着这样闪亮的 12 颗星，他们年龄不同、性格各异，有着自己的小世界、小梦想。作为他们的班主任和任课老师，我们努力保护他们纯净又多彩的小世界，鼓励他们用努力和无限潜能实现自己的小梦想，期望他们无论在班级、学校还是以后走向社会，都能带着梦想找到属于自己的位置，并像星星一样发光。这就是我们星梦班的由来。

一、班级情况介绍

自 2013 年 9 月开始和孩子们朝夕相处已经有 3 年多的时间，回想第一次见他们仿佛还是昨天的事情。记得当时有人问我："你带哪个班啊？""四（3）班，""你们班好安静啊，课上都听不到声音。"是啊，印象里初接手这个班，班里有语言能力的孩子实在是太少，学生安静的坐在座位上，对什么都缺乏兴趣，如果不是偶尔出现个别学生情绪大爆发，课堂上经常只能听到老师热情洋溢又无奈的声音。三年时间过去，当现在再有人说到我们班级时，他们会说："你们班学生手好巧啊，又有礼貌，之前我看到你们教室里的大白和机器人，实在太像了！还有各种甜点，好想吃掉。"

三年时间能改变什么？现在我心里有了答案。三年时间，足够帮孩子们发现自己的特长，并守护着它慢慢成长；三年时间，足够呵护他们的小梦想慢慢成真；三年时间，足够让星梦班的每颗星都找到自己的位置并开始慢慢发光。同时，三年的时间也足够形成了星梦班文明有礼、团结友爱的班风。再加上有礼貌、守纪律、听仔细、看认真、勇实践、贵坚持、勤争先、好少年的班规，才有了星梦班充满梦想和手工制品的班级文化，以及小手描绘童话，大胆追

逐梦想的班级精神。

二、特色班级的创建

在最初和孩子们的接触过程中，发现他们具有语言沟通能力的仅有 1 人，有语言模仿能力的仅有 3 人，其他学生或是只能发出无意义的声音，或是完全不能发声，在引导学生利用手势语等方式进行简单沟通的同时，也发现班级学生大多展现出注意力的广度窄、不持久、易分散，记忆力不牢靠、易忘记的学习特点。根据学生的认知发展水平和学习特点，我们寻找可以让孩子们更好参与课堂活动的内容和方式。

热爱是最大的动力，兴趣是最好的老师。学生感兴趣，那么注意力相对就会容易集中一些。我们便挖掘学生感兴趣的教学具，经过不断尝试，色彩鲜艳、无须语言、仅动手就可以操作的涂色、绘画、刮画、DIY 手工制作、轻黏土等内容是孩子们主动性和参与度最高的活动。在这些活动中，学生能够集中注意力到自己操作中，有时下课铃声响起都不舍收起，即使最开始的作品可能在他人看来很简单，但学生的满足和骄傲是显而易见的，这些活动就成为引导学生更好地学习知识和技能的切入点。

学生记忆力不牢固、易忘记，便利用美工课、大课间、主题活动课等时间，不断巩固加深学生的印象，并逐渐养成良好的收纳整理习惯。从单一的随意涂色逐步提高难度，按指定颜色涂、画；从简单线条逐步到模仿简笔画、自由绘画；利用逆向链接法，提高学生自信心；从一步步地进行 DIY 手工制作，到独立拼起各式各样的房屋、动物，或是按具体要求拼出指定的图案；从各自完成后相互观看作品，到分工合作，学生间无声地互动多了起来；从揉、搓、按、压到自主创作，在学生掌握基本的方法后，利用课间播放各类学习内容的儿歌视频，利用综合实践的机会走进周边的公园，开拓学生视野。看到更多更丰富的信息，部分学生的创造力得到了提高，也逐渐开始了自主创作。

| 学生绘画 | 学生做手工 | 学生拼豆豆 |

同时也和其他学科课堂活动相融合，如制作教学主题相关的绘画或手工作品；在生活数学课上利用学生制作的轻黏土作品进行形状、数量的学习；在生活语文课上鼓励学生利用画作或手工作品进行非语言的沟通；在劳动技能课上，使用学生的作品进行超市商品摆放和买卖的情境演练；等等。

在集体活动中，我们也一直坚持个别化原则，尊重他们的个性，真切以学生为中心，照顾到每个孩子的潜能开发和个性发展。班级所有老师通力合作，发掘每位学生的特长和潜能，并制订相应的计划，用个别规定、小单元递进的模式，增加体验式教学和能让他们充分发挥的"创造发明课"，一步步提高学生能力。最开始对任何事物似乎都不感兴趣的他们，逐渐在一对一的辅导、一对多的教导下，可以拿起笔在绘画板或纸上描画自己的作品；坐不住的他们，逐渐可以使用一种颜色、两种颜色、多种颜色去涂色或手工 DIY；喜欢沉浸自己小世界的他们，逐渐会和他人合作共同完成一个作品，或是奇思妙想出一些个人作品来表达自己的想法。

个性发展并不是无限制的，所以我们坚持在守秩序、守规则的基础上给予学生最大的自由发展空间。帮助他们理解在生活中基本道德价值准则并遵守，并养成受益一生的良好行为习惯。守规则基础上的自由可以让他们发现自己、发展自我。如班级教室内设有图书角、手工作品展示区、材料摆放区。学生在课余时间，可以根据自己的喜好，在保证不损坏、用完归还原位的情况下自由取用，既能挖掘学生潜能，也能培养学生的自治能力。这些也是为今后的职业教育做好准备。

在班级老师和学生的共同努力下，进行了班级文化布置。教室内除常规板块外，还设有"追梦路上""童梦成长""走进梦的童话"特色板块。"追梦路上"是学生评比栏，学生头像照片和纸壳 DIY 的身体组合成了学生赛跑的样子，直观的形式督促和鼓励学生勤争先，更好地进行校园学习生活。"童梦成长"展示了学生们在学校学习生活中的代表性照片，特别是同学们一起布置教室过程中的珍贵回忆。"走进梦的童话"即为学生的作品展示区，将几年来学生独立完成或合作完成的作品展示出来，包括学生的学校生活或是天马行空的绘画作品，轻黏土制作的卡通动漫或各类美食，手工 DIY 的房屋、花草等，学生经常在课间美滋滋地看着自己的照片，或是满足地看着自己的作品，当有客人进入教室，还会指着照片或是作品，向客人表示"这是我""这是我的作品"。

此外，在教室里还可以看到星梦班班训：小手描绘童话，大胆追逐梦想。班级特色也是在于利用潜能开发和落实个别化教育，创设以学生为主体的班级文化氛围，努力让每位学生都找到自己闪亮点，并闪闪发光。

追梦路上

童梦成真

走进梦的童话

学生作品

学生摆放作品

学生介绍自己照片

三、班级成绩

三年来，随着学生在绘画和手工方面潜能的不断发展，学习兴趣和自信心不断提高，在其他方面都有了不同的进步，经常哭着抓挠自己手臂的她有了喜爱的活动，经常笑呵呵地将自己的作品送给班级同学的家长；在教室里到处走动的他有了秩序意识，可以坐下来认真地分类整理手工材料；没有语言的他们，也经常在不经意间能哼唱各种曲调；还有家长表示在生活中，孩子们会去主动发现并向家人展示自己学习过，或感兴趣的事物，在家中的规则意识也增强了许多，主动整理物品；等等。此外，在每年的校运动会以及其他各类比赛中，学生都能积极参与、努力不放弃，部分学生也取得了优异成绩。星梦班也连续多年获得学校年度文明班级。

我们为星梦班的孩子们骄傲，也期望星梦班的孩子们能够继续用小手描绘出梦的童话，坚持追逐自己的梦想，并怀揣梦想遇见更精彩的自己。

绘本教学促进随班就读班级同伴关系的实践案例

火炬开发区第四小学　张荣芳

一、课程目标

通过绘本教学与多样化的活动,促进随班就读班级学生之间的友善、合作、沟通、理解、感恩等品质提升,从而增强同伴关系,培养学生的社会交往能力和正确的价值观。

二、课程内容与主题选择

主题选择:"携手同行——构建和谐的同伴关系"。

内容概述:围绕"友善、合作、沟通、理解、感恩"五大主题,精选适合中低年级学生的绘本作为教学材料,如《小蚂蚁搬大象》《小船的旅行》《神笔马良》等,通过生动的故事情节,引导学生认识到同伴之间如何更好地相处,具体课程如下表所示。

课程内容

携手同行——构建和谐的同伴关系		
序号	主题	教堂内容
1	友善启航	团体启动:绘本共读《小蚂蚁搬大象》
		团体转换:小蚂蚁合作游戏:按摩与协作挑战
		团体工作:友善与合作的初分享
		团体结束:总结
2	友谊的种子	团体启动:绘本共读《小船的旅行》
		团体转换:创意启航——设计"友谊之船"
		团体工作:邀请朋友——共同绘制"友谊之船"
		团体结束:教师小结

续表

序号	主题	教堂内容
3	沟通的桥梁	团体启动：《神笔马良》(改编)故事分享
		团体转换：神笔合作游戏阶段
		团体工作：再挑战阶段
		团体结束：总结与反馈阶段
4	理解与包容	团体启动：《好伙伴不要吵》绘本导入
		团体转换：角色扮演
		团体工作：模拟和解
		团体结束：总结与反馈阶段
5	感恩与回馈	团体启动：感恩故事分享
		团体转换：能里卡分享环节
		团体工作：感恩卡制作与赠送
		团体结束：总结与反馈阶段

三、教学过程

第一周：友善启航

课程目标

（1）通过《小蚂蚁搬大象》绘本的引入，让学生初步理解友善和团队合作的重要性。

（2）通过"小蚂蚁合作游戏"，加深学生对友善和合作的实际体验。

（3）在游戏中培养学生的沟通能力、信任感和团队协作能力。

课程内容与环节

（一）绘本引入：《小蚂蚁搬大象》

教师活动：展示绘本封面，讲述故事背景，激发学生好奇心，并引导学生思考小蚂蚁如何凭借团结合作的力量完成看似不可能的任务。

学生活动：聆听故事，积极思考并讨论小蚂蚁的智慧和勇气，以及团队合作的力量。

（二）小蚂蚁合作游戏：按摩与协作挑战

环节一：友情按摩

场地布置：清空教室中央的过道，确保空间安全。

游戏规则：学生分组，每组排成一列，后面的同学轻轻搭在前面同学的肩膀上，形成"小蚂蚁"队伍。首先，前面的同学闭上眼睛，享受后面同学的按摩，放松身心。之后，队伍向后转，前面的同学为后面的同学按摩。教师指导：确保按摩动作轻柔，引导学生感受同伴间的关怀与友善。

友情按摩

环节二：合作挑战

视频准备：提前准备一段包含障碍物（如虚拟河流、高山等）和金币的视频，视频中的金币代表团队合作的奖励。

游戏规则：学生队伍跟随视频中的指令，进行左右摇摆（模拟避开障碍物）和跳跃（模拟收集金币）的动作。队伍须保持队形不散，共同完成任务。

教师活动：播放视频，观察学生表现，适时给予鼓励和指导，确保游戏安全有序进行。

学生活动：团结协作，克服困难，收集金币，体验团队合作的乐趣和成就感。

左右摇摆

（三）绘本主题分享：友善与合作的初分享

学生活动：每组选派代表或全体成员参与讨论，分享在游戏中如何体现友善（如按摩时的细心与关爱）及小伙伴回馈的细心和关爱、如何通过合作完成任务（如共同避开障碍物、收集金币），以及这些经历对自己理解友谊和团队合作的新认识。

（四）教师总结

总结学生的分享，强调友善和合作在人际关系中的重要性，鼓励学生将这些积极品质带入日常学习和生活。

第二周：友谊的种子

课程目标

（1）通过《小船的旅行》绘本故事，引导学生理解友谊的力量和团队合作的重要性。

（2）围绕绘制"友谊之船"的主题活动，激发学生的创造力和想象力。

（3）在邀请朋友共同参与的过程中，培养学生的社交能力和团队协作能力。

课程内容与环节

（一）绘本之旅：《小船的旅行》故事分享

教师讲述：生动讲述《小船的旅行》绘本故事，重点突出小船在旅途中遇到的困难以及朋友们的无私帮助。

情感共鸣：引导学生讨论故事中的友情瞬间，提问如："小船为什么能克服困难？""你觉得哪些场景最让你感动？"

（二）创意启航：设计"友谊之船"

个人构思：学生根据绘本故事的启发，构思自己的"友谊之船"。

草图绘制：学生将自己的构思转化为草图，注意画出船的特色和友谊的象征物（如握手的手、心形的图案等）。

（三）邀请朋友：共同绘制"友谊之船"

1）邀请信的精心筹备

学生满怀热情，着手撰写邀请信，诚邀朋友共赴"友谊之船"绘制活动。

2）诚挚邀请的传递

学生亲手将邀请信交给朋友，用最真诚的话语发出邀请，希望朋友能加入这场充满乐趣与意义的创作之旅。

3）团队创作的和谐融合

在约定的时间，学生与朋友共同绘制"友谊之船"。船上有旗帜上，彰显着"合作、包容"等友谊主题。

4）上船原则的设定

学生在友谊之船上设定了邀请原则，强调礼貌、友善、乐于助人等品质，确保友谊之船承载的是真挚与美好的情感。

合作绘制"友谊之船"

（四）展示与分享：我们的"友谊之船"

作品展示：各组学生展示他们共同绘制的"友谊之船"，并简短介绍创作过程和团队合作的经验。

感受分享：邀请学生分享关于友谊和团队合作的体会。

（五）教师总结

教师总结活动，强调友谊的力量和团队合作的重要性，鼓励学生在未来的学习和生活中继续珍惜友谊、学会合作。

第三周：沟通的桥梁

课程目标：

（1）通过改编《神笔马良》绘本故事，培养学生的阅读理解能力和创造性思维能力，使学生能够灵活运用故事元素，融入新的主题——沟通。

（2）理解沟通的重要性：帮助学生认识有效沟通对于解决问题、达成目标的重要性。

（3）团队合作与表达能力：在小组讨论和分享过程中，锻炼学生的团队合作能力，同时提升他们的口头表达和倾听能力，促进班级内的积极交流氛围。

（一）引入阶段（5分钟）

教师开场：教师向学生介绍今天的课程主题，即改编《神笔马良》的故事，故事中特别强调沟通在合作中的关键作用，并引入沟通的主题。

简单提问："你们在和朋友合作完成任务时，觉得合作中最重要的是什么？"

（二）神笔合作游戏阶段（10分钟）

（1）教师引导："如果你们有一支神笔，需要一起合作写一幅字画，你们会如何沟通，确保每个人都明白要画什么？"

游戏过程：教师分发绘画材料，每组一支"神笔"（可以是彩色粉笔或大号画笔）、一张纸。各组开始自由合作绘画，教师鼓励学生在写字过程中不断沟通，调整思路，确保画作符合所有人的想法。

（2）合作的发现

教师分享在游戏中发现的各个小组的优秀的表现，并询问是如何做到的。

学生代表分享。

教师提问：接下来如果再次要求合作完成创造会如何做？

学生代表分享。

教师小结：小组内成员必须首先沟通明确共同的目标，并根据目标同心协力，在过程中遇到任何困难主动协调、尝试理解和包容。

（三）再挑战阶段（15分钟）

分组讨论：每组讨论刚刚进行过程中的优缺点，并请学生代表分享。

再挑战：根据讨论分析，每组重新开始完成"神笔马良"作品。

共同绘制"神笔马良"作品

（四）总结与反馈阶段（10分钟）

在总结与反馈阶段，教师精心挑选几组学生代表，邀请其上台展示他们的创作作品，并分享在合作过程中遇到的沟通挑战与成功经验。学生不仅展示着色彩斑斓、创意无限的"友谊之船"画作，更生动讲述着如何在意见不合时找到共识，如何在创意碰撞中激发新的灵感。教师则适时穿插点评，强调沟通在团队合作中的核心作用，它不仅是信息传递的桥梁，更是情感共鸣的纽带，能够激发团队凝聚力，推动项目向成功迈进。

反馈与调整：全班在倾听中思考，在思考中总结，共同探讨如何根据不同情境调整沟通策略，以达到更高效、更和谐的沟通效果。教师引导学生认识到，有效的沟通不仅是技巧的堆砌，更是对他人情感的尊重与理解，是建立在真诚与信任基础上的艺术。

通过这一阶段的深入交流与反思，学生不仅收获了关于沟通的新知，更在实践中锻炼了沟通技能，学会了如何在团队中更有效地表达自己的观点，倾听他人的声音，共同推动项目的成功完成。

第四周：理解与包容

课程目标：

（1）增进情感认知：通过观看或听取关于理解与包容的短片／绘本片段，加深学生对不同情感、观点和行为差异的认知，促进情感智慧的发展。

（2）培养同理心：引导学生从多个角度分析问题，培养同理心，学会站在他人的立场思考问题，增进对他人的理解和尊重。

（3）理解冲突与和解：通过分析情境中的冲突与和解过程，使学生认识到冲突是不可避免的，但理解和包容是化解冲突、促进和谐的关键。

（4）提升沟通能力：在分组讨论中，锻炼学生的沟通技巧，包括倾听、表达、反馈等，以促进更深入、更全面的交流。

（5）实践应用：鼓励学生将所学到的理解与包容的理念应用到日常生活中，建立更加积极、包容的人际关系。

课程内容：

（一）导入阶段（5分钟）

（1）分享绘本《好伙伴不要吵》片段。

（2）教师提问："绘本中的冲突是如何产生的？""大熊、驼鹿、河狸最终如何解决困难？"

（二）角色扮演（10分钟）

（1）角色分配：依据绘本的丰富情节与细腻描绘，教师巧妙地为学生分配了各自的角色，使他们能够深入绘本世界，体验不同人物的心路历程。

（2）情境重现：角色扮演与情感雕塑。

在这一环节，巧妙地融入了"家庭雕塑"技术，学生以身体为媒介，用动作雕塑出冲突中多样化的情绪状态——愤怒如同即将喷发的火山，伤心则如同凋零的花瓣，困惑则如同迷雾中的行者。这一系列生动的雕塑，不仅让学生直观地感受到了情绪的力量，更促使他们在情感上产生了深刻的共鸣。

（3）回归现实：情感链接与自我反思。

当角色扮演与情感雕塑的浪潮逐渐平息，教师引导学生回归现实，邀请他们静下心来，回想自己在生活中是否也曾遭遇过类似的情境。学生纷纷拿起笔，将那些或温馨或苦涩或困惑的经历，记录在本子上。

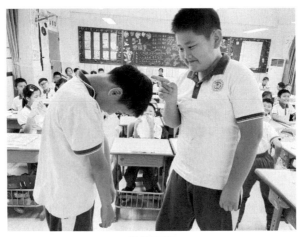

动作雕塑

（三）模拟和解过程（15分钟）

（1）分享：我们诚挚邀请几位学生勇敢地走上台前，分享他们在"家庭雕塑"中所捕捉到的情绪瞬间，以及那些雕塑动作背后可能隐藏的深刻感受。学生敞开心扉，用真挚的话语搭建起一座座心灵沟通的桥梁，让彼此的理解与共鸣在教室中流淌。

（2）智慧火花的碰撞与和解策略的孕育。

紧接着，学生依据雕塑所展现的情绪状态，化身为智慧的使者，为台上的同学提供贴心的办法与坚实的支持。他们或提出倾听与理解的建议，或分享个人经验，用温暖的话语抚平心灵的创伤，用智慧的火花点亮和解的希望。这一过程，不仅是对台上同学的帮助，更是对全班学生情感智慧与解决冲突能力的一次锤炼。

（3）旁观者的洞察与记录：教师角色的微妙转换。

在这一环节中，教师化身为敏锐的旁观者，用细致入微的观察与记录，捕捉着学生在模拟和解过程中的每个细微表现。他们关注的不仅是学生解决问题的语言与行为，更深入学生情绪变化的微妙之处，用专业的视角审视着学生们在情感智慧上的成长与蜕变。这份记录，将成为教师后续指导与反馈的宝贵资料，助力学生在未来的日子里，能够更加自信、更加智慧地面对生活中的矛盾与挑战。

朋友支持

（四）总结与反馈阶段（10分钟）

（1）教师点睛：角色演绎与情境再现的深度剖析。

教师引导学生认识到，真正的和解源于内心的深刻理解与无私包容。

（2）学生分享。

学生纷纷打开心扉，分享着自己在角色扮演中的真实感受与宝贵收获。他们讲述着如何在角色的世界中体验到理解与包容的力量，如何在冲突与和解的交织中，学会了换位思考，学会了倾听与尊重。这些感悟，如同璀璨的辰星，点亮了他们前行的道路，也温暖了彼此的心房。

（3）后续思索：理解与包容的日常实践。

教师趁热打铁，提出了几个富有启发性的后续讨论问题，如"在日常生活中，我们如何以更加细腻的心态去理解和包容他人？""面对冲突，我们又能采取哪些具体而有效的行动，来展现我们的理解与包容？"这些问题，如同思考的种子，播撒在学生的心田，鼓励他们课后继续探索与实践，将理解与包容的理念融入生活的每个角落。

第五周：感恩与回馈

课程目标：

（1）强化正面情感：通过感恩故事分享活动，激发学生对生活中美好事物的感激之情，培养学生的正面情感和积极心态。

（2）促进自我反思：鼓励学生回忆并反思自己在过去几周中的成长与变化，特别是友善、合作、包容等积极行为的表现，增强自我认知和自信心。

（3）培养感恩意识：引导学生认识到感恩的重要性，学会珍惜身边的人和事，培养一颗感恩的心。

（4）提升表达能力：在准备和分享感恩故事的过程中，锻炼学生的口头表达能力和语言组织能力，使其能够清晰、流畅地表达自己的感激之情。

（5）增进班级凝聚力：通过共同参与感恩故事分享活动，增强班级成员之间的相互理解和支持，提升班级的整体凝聚力和向心力。

课程内容：

（一）感恩故事分享（7分钟）

教师开场，简短介绍感恩的意义和今天课程的目的。

根据近10周的观察，分享几个学生友善、合作、包容的具体事例，强调这些行为对班级氛围的积极影响。

邀请同学上台进行匿名表扬点赞活动，每人写下一位同学的名字和他/她值得感谢的行为，然后投入"感恩箱"。

（二）能量卡分享环节（10分钟）

（1）悄悄点赞。

教师引导学生闭眼回忆这段时间同学对自己的帮助和获得的温暖，之后趴下，在老师数"1、2、3"后，有收到同学的帮助的就竖起自己的大拇指给那些同学悄悄点赞。

（2）感恩之心，温暖传递。

紧接着，我们邀请学生拿出自己精心收集的"能量卡"。这些卡片，或是在之前的活动中获得的表扬卡，或是来自同伴的鼓励卡，每张都承载着满满的正能量与深厚的情谊。学生手捧这些珍贵的卡片，深情讲述着卡片背后的动人故事，以及那个给予他们力量与温暖的人。

悄悄点赞

（3）能量卡分享，温暖传递：在全班分享环节，学生手持能量卡，用真挚的话语讲述卡片背后的故事。这些故事，有的让人感动落泪，有的则让人会心一笑，而它们都传递着一个共同的信息——感恩让生活更加美好。

通过这一系列的活动，学生不仅学会了感恩，更在彼此的分享中感受到了温暖与力量。他们开始懂得珍惜身边的人，学会用一颗感恩的心面对生活中的每个瞬间，让感恩之心成为他们成长路上最坚实的后盾。

（三）感恩卡制作（18分钟）

（1）鼓励学生发挥创意，用独特的方式表达感谢之情，可以画画、写字、贴照片等。

提供一些制作感恩卡的技巧和建议，比如如何布局、选择颜色等。

学生活动：开始制作感恩卡，用心设计并写下感谢词；在制作过程中，相互交流和分享创意，增进友谊。

（2）感恩仪式与分享环节。

教师活动：引导全班举行感恩仪式，每位学生上前赠送感恩卡并说出自己的感谢词。在学生分享时，给予积极的反馈和鼓励，营造正面的班级氛围。

分享感恩卡

（四）课程结束（5分钟）

教师总结今天的课程，强调感恩的重要性，并鼓励学生将感恩之心融入日常生活。

反馈与总结：仪式结束后，教师收集学生的反馈意见，总结课程成果，强调感恩与回馈在人际关系中的重要性。

四、课程评价

（一）学生评价

自我评价：学生自评，评估自己在课程中的成长与变化。

同学互评：小组内相互评价，指出同伴在活动中的亮点与改进空间。

（二）教师评价

观察记录：记录学生在活动中的参与度、合作情况及行为变化。

总结反思：教师撰写课程总结，反思教学方法的有效性及改进方向。

五、实际教育效果

经过10周5次课程的实施，随班就读班级的学生在同伴关系上取得了显著进步。学生之间的沟通与理解加深，合作与包容的氛围更加浓厚。学生开始主动关心他人，积极解决冲突，班级整体氛围变得更加和谐融洽。此外，学生的社会交往能力和道德观念也得到了有效提升。

六、课程的延伸与拓展

课后实践：要求学生记录自己主动帮助他人或展现友善行为的事例，并在课程中分享。

推荐阅读：提供与课程内容相关的绘本或书籍清单，鼓励学生进行课外阅读，深化对主题的理解。

社区活动：鼓励学生参与社区服务活动，将课堂所学应用于实践，进一步培养学生的社会责任感。

黄莺诵读班：用诵读之声，育德育之花

中山市特殊教育学校　张晓丽

一、学生现状与教育理念

（一）学生困境待突破

黄莺诵读班由 3 位敬业的老师和 12 名充满梦想的学生组成。在培智教育领域，这些学生个体差异显著，面临着诸多学习障碍，普遍存在发音不准、词汇贫乏、语言理解和表达困难等问题。从教育心理学的角度来看，这些问题可能源于学生的认知发展迟缓、语言环境匮乏或学习方法不当等因素。此外，他们在社会融入方面也面临挑战，由于语言能力的欠缺，他们在社交场合中常感到困惑和不安，表现在难以表达自己的需求和情感，难以与他人建立良好的关系等方面。

黄莺诵读班集体照

（二）教育理念引方向

教师们结合学校的育人理念和《培智学校义务教育生活语文课程标准》，秉持着以学生为中心的教育理念，关注每个学生的个体差异和发展潜力，决定以"诵读"为切入点，开启特色班级的创建之路。诵读作为一种综合性的语言学习方式，能够调动学生的多种感官和认知能力，促进语言的输入和输出，符合建构主义学习理论，强调学生在学习过程中的主动建构和意义生成。

二、课程目标与课程内容

（一）目标明确促发展

知识目标，让学生掌握一定数量的经典诗文、童谣和故事，了解中华文化的基本知识和传统美德，丰富学生的知识储备；能力目标，提高学生的口语表达能力、阅读理解能力和写作能力，培养学生的观察力、想象力和创造力；情感目标，培养学生对诵读的热爱和兴趣，激发学生的民族自豪感和文化自信心，让学生在诵读中感受道德的力量，树立正确的人生观、价值观和世界观。

（二）内容丰富助成长

1. 经典诗文润心灵

选取适合培智学生的经典诗文，如《三字经》《弟子规》《唐诗三百首》等，让学生在每日诵读中感受中华文化的博大精深，汲取传统美德的营养。教师结合诗文内容，讲解其中的道德故事和人生哲理，引导学生理解和践行传统美德。

2. 童谣创编激兴趣

结合学生能力情况和素材，创编与生活适应、劳动技能、运动保健、道德品质等有关的童谣，让学生在轻松愉快的氛围中感受诵读的乐趣，同时培养学生的道德意识和行为习惯。

3. 主题活动塑品德

开展系列主题活动，如"献给爸爸的诗——父亲节主题活动""学会赞美——赞美他人主题班会""植树节 春光好——爱绿护绿主题活动"等，让学生在诵读中感受生命的能量，收获怡心的体验和感受，培养学生的亲情意识、动手能力、人际交往能力和社会适应能力。

三、课程结构与教学方法

（一）结构合理提效率

1.课程安排有条理

黄莺诵读班的课程安排分为日常课程和主题活动课程两部分。日常课程包括每日晨读、诵读课和阅读课，每周安排 5 课时。主题活动课程根据不同的主题和节日，每月安排 1~2 次。

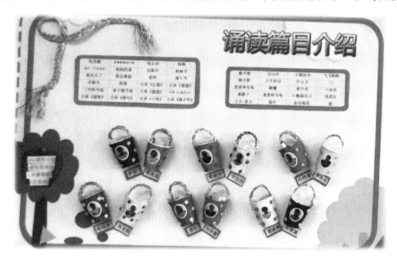

主题诵读篇目

2.教学环节扣心弦

趣味导入激兴趣，通过故事、图片、视频等方式导入课程内容，激发学生的学习兴趣和好奇心；深入学习增理解，教师讲解诗文、童谣的内容和意义，引导学生诵读和理解。同时，组织学生进行小组讨论、角色扮演、主题演讲等活动，让学生在实践中加深对课程内容的理解和掌握；总结归纳固成果，教师对课程内容进行总结和归纳，强调重点和难点，引导学生回顾所学内容，巩固学习成果。布置课后作业，让学生在课后进一步拓展和深化学习内容，同时推荐相关的阅读材料和活动，鼓励学生自主学习和探索。

（二）方法多样增实效

1.情境教学入佳境

创设生动有趣的教学情境，如角色扮演、情景模拟、实地参观等，让学生在情境中感受和体验道德情感，提高学生的学习兴趣和参与度。

2.问题导向启思维

教师提出问题，引导学生思考和讨论，培养学生的思维能力和解决问题的能力。例如，在学习《弟子规》时，教师提出"为什么要尊敬长辈""在日常生活中如何尊敬长辈"等问题，让学生结合自己的生活实际进行思考和讨论。

3.合作学习共进步

组织学生进行小组合作学习，让学生在合作中相互交流、相互学习、相互促进，培养学生的团队合作精神和人际交往能力。例如，在创编童谣时，让学生分组讨论，共同创作，然后进行展示和交流。

4.多媒体教学添趣味

运用多媒体教学手段，如图片、音频、视频等，丰富教学内容，增强教学的直观性和趣味性。例如，在学习经典诗文时，播放相关的音频和视频，让学生感受诗文的韵律和意境。

四、课程实施与课程评价

（一）实施多元显成效

1.文化营造氛围浓

黄莺诵读班以"乐诵、自信、成长"为班训，以"坚持不懈、永不言弃"为班风，以"爱读书、乐于听、学会问、会做事"为班级目标，这些都体现了班级师生对美好未来的共同期待。从文化学的角度来看，班级文化是一种微观的文化形态，其承载着特定的价值观和行为规范。黄莺诵读班的班级文化，旨在培养学生积极向上的人生态度和学习精神。"乐诵"强调了对诵读活动的热爱和享受，"自信"则关注学生的心理健康和自我认知，"成长"体现了对学生不断进步和发展的期望。

黄莺诵读班简介

班徽的设计更是寓意深远，蓝色圆圈代表学生们在知识的海洋中遨游，深绿色的书本则象征智慧的源泉。中间的小黄莺形象活泼可爱，它代表班级的学生们，寓意他们像小黄莺一样勇敢地放声歌唱，通过诵读表达自己，展翅翱翔，快乐自信。班徽作为班级文化的视觉象征，具有凝聚人心、激发情感的作用。它以生动形象的方式传达了班级的核心理念和价值追求。

黄莺诵读班班徽

2. 活动丰富兴趣高

（1）每日经典养习惯

每日诵读经典，让学生受到情感、态度、价值观的熏陶，养成懂礼貌、知礼仪的良好习惯。经典诵读对于学生的品德修养和人格塑造具有重要意义。从德育的角度来看，经典作品中蕴含着丰富的道德教诲和人文精神，能够潜移默化地影响学生的思想和行为。

学生晨读

《包云吞》

（结合劳动技能学科）

云吞皮面来和

云吞馅肉来剁

铺好皮放点肉

1 2 3　　捏着走

4 5 6　　卷成团

哈哈——我的云吞包好喽！

创编童谣

（2）童谣创编展个性

结合学生能力情况和素材，创编与生活适应、劳动技能、运动保健有关的童谣，让学生在轻松愉快的氛围中感受诵读的乐趣，这种因材施教的教学方法体现了教育的个性化原则。每个学生都有其独特的学习需求和能力水平，通过创编适合他们的童谣，能够更好地满足他们的学习兴趣和发展需求。

（3）主题活动促发展

开展系列主题活动，让学生在诵读中感受生命的能量，收获怡心的体验和感受。主题活动能够为学生创造一个综合性的学习情境，促进他们在知识、情感和技能等多方面的发展。例如，"献给爸爸的诗——父亲节主题活动"培养了学生的亲情意识和感恩之情，"学会赞美——赞美他人主题班会"则有助于提高学生的人际交往能力和社会适应能力。

父亲节主题活动

3. 家校共育平台建

黄莺诵读班还积极利用现代科技手段，搭建家校共育的平台。在当今数字化时代，信息技术在教育中的应用日益广泛。班级创建了"爱诵读"公众号，教师定期发布诵读篇目和诵读音频，为学生布置诵读的家庭作业。家长们也积极参与到诵读中来，与孩子们一起朗读、一起分享，共同感受诵读带来的快乐。这种亲子共读的方式，不仅拉近了孩子和父母之间的距离，更让家长们深刻体会到了诵读的重要性。

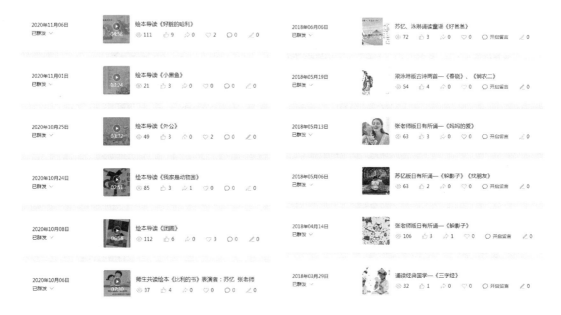

公众号篇目展示

从教育生态学的角度来看，学校和家庭是学生成长的两个重要生态环境，二者的协同合作能够为学生提供更加全面和有力的支持。亲子共读促进了家庭文化与学校文化的交流与融合，营造了良好的教育生态。

4.探索创新材料成果

在校级课题《运用诵读法提高中度智力障碍儿童口语表达能力》的引领下，黄莺诵读班的教师团队进行了深入的教学研讨和实践。教育研究对于推动教育改革和创新具有重要意义。通过开展课题研究，教师能够深入探究教育教学中的问题，寻找有效的解决方案，并将研究成果应用于实践。

结合学生的实际情况，形成了一套系统的班本诵读材料，并总结出了一套科学实用的诵读方法。这些方法和材料不仅提高了学生们的诵读效果，更为他们的口语表达和沟通交往能力打下了坚实的基础。同时，个性化的教育材料和方法能够更好地满足学生的特殊需求，提高教育教学的针对性和有效性。这体现了以学生为中心的教育理念，关注每个学生的个体差异和发展潜力。

班级诵读材料集

（二）评价多维促提升

1. 学生评价多维度

自我评价明方向，学生对自己在课程中的学习态度、参与度、学习成果等进行自我评价，培养学生的自我反思和自我管理能力；同学互评共成长，学生之间相互评价，评价内容包括合作学习中的表现、诵读水平、道德行为等，促进学生之间的相互学习和相互监督；教师评价全反馈，教师对学生的学习过程和学习成果进行全面评价，评价内容包括知识掌握、能力发展、情感态度、道德品质等方面，及时反馈学生的学习情况，给予肯定和鼓励，提出改进建议。

2. 课程评价全方位

教师反思促改进，教师对课程的教学设计、教学方法、教学效果等进行反思，总结经验教训，不断改进教学；学生反馈知需求，通过问卷调查、访谈等方式收集学生对课程的感受和建议，了解学生的需求和期望，为课程的优化和改进提供依据；家长评价助发展，邀请家长对课程的内容、教学方法、教育效果等进行评价，听取家长的意见和建议，加强家校合作，共同促进课程的发展。

五、课程效果与课程拓展

（一）效果显著展风采

1. 学生进步显著

持之以恒的诵读训练给学生们带来了显著的变化。学生们的词汇量不断丰富，口语表达能力和沟通交往能力得到显著提高。在诵读中，学生们不仅学会了正确的发音和表达方式，还培养了专注力和记忆力，提高了学习效率。

学生们在诵读中感受到了语言的魅力，体会到了中华文化的博大精深。他们对经典诗文和童谣产生了浓厚的兴趣，主动参与到诵读活动中来，逐渐养成了良好的阅读习惯和学习习惯。在诵读中，学生们的道德观念得到了提升，他们学会了尊重他人、关爱他人、感恩他人，社会责任感和公民意识不断增强。

2. 班级氛围和谐

通过开展系列主题活动和社会实践活动，班级的凝聚力和向心力不断增强。学生们之间相互帮助、相互支持、相互鼓励，形成了良好的班级氛围。在这个温暖的大家庭里，学生们感受到了关爱和尊重，自信心和自尊心得到了极大的满足，学习和生活的积极性也得到了充分的调动。

3. 家长认可支持

黄莺诵读班的教育成果得到了家长们的高度认可和好评。家长们看到了孩子们在语言表达能力、道德品质、社会交往能力等方面的显著进步，对老师们的辛勤付出表示衷心的感谢。家长们积极参与到班级的各项活动中来，与老师们密切配合，共同促进孩子们的成长和发展。

（二）拓展延伸创未来

1. 实践任务强应用

布置课后实践任务，如帮助父母做家务、关爱社区老人、参与环保活动等，让学生将所学的道德知识和行为规范运用到实际生活中，强化课程效果。

2. 阅读活动拓视野

推荐相关的阅读材料和活动，如阅读道德故事书籍、观看道德教育影片、参加主题演讲活动等，拓宽学生的学习渠道，丰富学生的学习体验。

3. 交流分享共进步

与学校其他班级或者兄弟学校开展交流分享活动，介绍黄莺诵读班的课程经验和成果，促进班级之间的相互学习和共同进步。

六、总结展望与未来期许

黄莺诵读班的成长历程充满了挑战与希望。在老师们的精心指导和学生们的努力坚持下，他们不仅取得了显著的进步，更在诵读中收获了自信和快乐。班级多次荣获文明班荣誉称号，多名同学在各种比赛中取得了优异的成绩。

在未来的日子里，黄莺诵读班将继续展翅高飞，闪耀生命之光。他们将以更加饱满的热情和更加坚定的信念，在特色班级创建之路上不断探索和创新。相信在全体师生的共同努力下，黄莺诵读班将创造更多的辉煌，为特殊教育事业贡献更多的智慧和力量。同时，也希望黄莺诵读班的成功经验能够为其他特殊教育班级提供有益的借鉴和启示，共同推动特殊教育的发展，让每位学生都能在关爱和教育中绽放出属于自己的光芒。

"培芳润绿"劳动主题班本课程概览

中山市特殊教育学校　郑焕艳

一、课程背景

2019 年颁布的《中共中央 国务院关于深化教育教学改革全面提高义务教育质量的意见》中提出，"五育"并举是对于素质教育的创新定义，劳动教育成为必修课。2020 年 3 月中共中央、国务院颁布的《关于全面加强新时代大中小学劳动教育的意见》中强调，劳动教育是中国特色社会主义教育制度的重要组成部分，是影响社会主义建设者和接班人劳动精神面貌、劳动价值取向和劳动技能水平的重要因素。2022 年 4 月，国家发布了《义务教育劳动课程标准》，可见劳动教育越来越受到重视。

智力障碍学生作为学生群体的重要组成部分，也是义务教育阶段思想政治教育教学的主体之一。劳动是德育的重要载体，加强劳动教育可以让智障学生掌握一定的劳动技能，这些技能也是他们生存的必备技能。劳动教育能调度智障学生注意力，激发他们的想象力，在良性刺激下促进其智力发展。我校以社团形式开展农业生产劳动种植课程已 3 年有余，开辟了具有 600 多个种植盆的开心农场劳动实践基地。多年来一直致力于构建以社团为依托的劳动与多学科融合班本课程。

二、课程理念

全方位、全学科培育德智体美劳全面发展的时代新人，是当前时代发展对教育提出的新要求。劳动教育的主阵地应不只局限于劳动课课堂，更应将教育活动进行整合，发挥教育合力。中山市特殊教育学校"培芳润绿"社团以劳动实践基地开心农场为依托，开展了以"开心农场变形记"为主题的多学科教学与劳动教育融合活动，将育人目标在课堂教学中加以落实。

主题活动一"我给农场变变身"将语文学科教育与劳动教育相结合，引导学生在真实的劳动中去体会古诗"谁知盘中餐，粒粒皆辛苦"的内涵，进而做到珍惜劳动果实、尊重劳动者。主题活动二"我把秋天装进罐"是在劳动教育中融入生物知识，在学生动手收集叶子，做成标本的过程中，培养学生认真细致的科学态度和勤于动手的劳动习惯。主题活动三"我给农场画张画"是劳动教育与美育相结合，在绘画过程中体会大自然的神奇和美好，同时提升审美能力。主题活动四"我是小小售菜员"将数学知识渗透到劳动教育中，通过称重、计算金额等活动将数学知识运用到生活中、感受劳动成果变现的喜悦。主题活动五"我把农场请回家"是德育和劳动教育、学校教育与家庭教育的双结合。同学们将劳动果实带回家中，做成美食与家人分享，在一餐一饭间真正理解中国传统文化中"孝"字的真谛，并身体力行将感恩之心变为实际行动，传承中华传统文化的精髓，真正做到文化自信。课程实践中所有活动都围绕一个中心，即立德树人，做有本领、有担当、有理想的时代新人。

三、课程目标

（1）正确的价值观、积极的人生观：在劳动过程中感受到劳动最光荣，劳动最幸福，为自己是劳动者的一员而自豪。

（2）探究实践和劳动能力：激发学生自主学习、合作探究的积极性，提高学生运用所学知识解决实际问题的能力，培养学生在完成劳动任务过程中的操作能力和团队合作能力。

（3）态度责任和劳动精神：培养学生的责任意识、担当精神和在劳动中不怕苦不怕累、坚韧不拔的劳动精神。

（4）综合能力和核心素养：能够掌握多学科渗透的综合知识与技能，实现三全育人，切实提高学生的综合能力和核心素养。

四、课程实施过程

（一）主题活动一："锄旧布新"之"我给农场变变身"

1. 活动目标

（1）了解农场除草活动的重要性，知道平整土地是种植活动的先决条件，懂得各种除草工具的使用方法。

（2）能使用除草工具将杂草拔出，并将种植盆整理平整。

（3）通过古诗的学习和劳动活动的开展，体会祖国语言文化的博大精深，学习先辈们不怕苦、不怕累，坚韧不拔的劳动精神。

2. 活动重难点

种植活动与语文学科相融合，提高学生古诗鉴赏能力、写作能力。

3. 活动准备

场地：教室、开心农场。

材料：黑板、作文本、除草工具等用品。

4. 活动过程

【环节一】劳动古诗知多少

师生一起学习古诗《悯农》

1）教师活动

（1）让学生描述当天的天气，你想到了哪些古诗？接下来我们要进行的劳动活动，同学们又想到了哪些诗句？

（2）教师出示《悯农》等古诗内容，同学们一起朗读，并请一位同学说一说这首诗的意思。

（3）教师进行补充，并齐读诗句。

2）学生活动

（1）描述天气和心情。

（2）说出自己知道的有关劳动的诗句。

【环节二】"我给农场变变身"

1）教师活动

（1）带领学生到六楼开心农场，讲解安全注意事项和除草工具的使用方法，以及整理土地的技巧。

（2）教师边讲解边示范除草过程，引导学生观察教师的动作，留意自己的所思所感，并写一篇劳动主题作文。

（3）学生开展除草活动，教师巡视指导。

师生除草活动

2）学生活动

（1）使用不同的工具进行除草。

（2）复习场面描写、动作描写、心理描写的方法。

（3）展示成果。

【环节三】总结评价

（1）互评：师生互评，多给学生鼓励。

（2）小结：教师对当天活动进行总结，对同学们的表现加以点评，引导同学们复习写作方法，写出真情实感，并体会劳动者的伟大，懂得劳动创造幸福的道理。

（3）布置作业：写一篇劳动主题的作文。

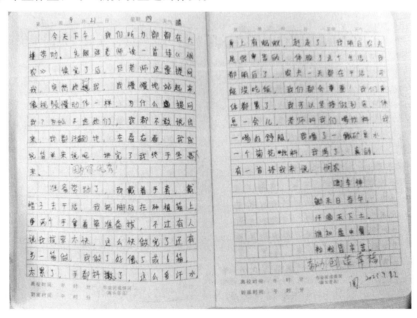

学生作文展示

（二）主题活动二："心心相印"之"我把秋天装进罐"

1. 活动目标

（1）懂得如何在开心农场采集所需的植物。

（2）学习制作植物标本，了解制作植物压制标本的方法和步骤。

（3）培养学生认真细致的科学态度和审美能力。

2. 活动重难点

种植活动与生物学科相融合，懂得制作植物标本的方法。

3. 活动准备

场地：教室、开心农场。

材料：各种叶片、报纸、剪刀、标本书签等用品。

4. 活动过程

【环节一】采集植物

1）教师活动

（1）教师播放开心农场里一片欣欣向荣的视频，引发学生思考：怎样才能留住这些植物呢？从而引出主题学习。

（2）介绍采集植物的方法。

提示学生优先收集农场里自然掉落的叶片或凋谢的花朵，爱护农作物。

2）学生活动

（1）思考、讨论留住植物的妙招。

（2）学生两人一组提着袋子或篮子前往农场采集叶片。

【环节二】学习压制

1）教师活动

（1）讲解压制标本方法与步骤。

（2）把采集来的标本夹到厚字典里，压平5天左右。压之前把植物叶、花瓣展平。

2）学生活动

（1）大胆猜测压制标本的方法。

（2）先把叶片等根据需要进行修剪，然后按步骤学习压制植物。

【环节三】制作小标签

1）教师活动

引导学生说出小标签上应注明哪些内容。

2）学生活动

学生在标签上注明：名称、采集地点、采集时间、采集人等信息。

【环节四】制作书签

（1）探究怎样把压制好的标本装进罐子里，也就是怎样制作书签。

（2）学生操作，把干花贴从中间分开，依次摆好植物标本和标签，再把干花贴合并贴好，并系上流苏。

（3）展示作品，师生总结交流。

学生制作标本

学生标本作品

（三）主题活动三："茄茄私语"之"我给农场画张画"

1. 活动目标

（1）了解茄子生长的相关知识，通过观察开心农场的茄子，感受茄子的造型和色彩美感。

（2）能使用马克笔、彩色笔的平涂、渐变、叠加等不同涂色方法，通过写生活动塑造出茄子的色彩和体积感。

（3）通过开展校园开心农场多学科融合活动，激发学生探索蔬菜奥秘的兴趣，激发学生热爱劳动的好品质，同时提高学生的观察能力、造型能力、色彩表现能力和深入刻画能力。

2．活动重难点

种植活动与美术学科相融合，提高学生观察、绘画能力。

3．活动准备

场地：教室、开心农场。

材料：纸张、画板、画笔等用品。

4．活动过程

【环节一】茄子知识知多少

1）教师活动

（1）让学生猜谜语：紫色树紫色花，紫花开了结紫果，紫瓜柄上生小刺，紫瓜肚里装芝麻。（打一蔬菜）

（2）出示学生日常参与开心农场劳作的画面，最后定格在茄子上，让学生把自己了解到的茄子种植情况作简单分享。

（3）教师进行补充。

2）学生活动

（1）猜谜语（谜底：茄子）。

（2）学生分享茄子的种植方式、特点等。

【环节二】我给茄子写生

学生在开心农场写生

1）教师活动

（1）带领学生来到六楼开心农场，引导学生现场观察茄子的造型和形体结构。

（2）教师边讲解边示范画茄子。

在构图上，引导学生可以选择横构图或者竖构图，可以画近大远小、遮挡关系的不同构图，也可以画出不同品种和形状的茄子。

在颜色上运用群青和紫罗兰两种颜料给茄子涂色，引导学生掌握用马克笔平涂、渐变、叠加等不同的涂色方法。

（3）教师巡视指导。

2）学生活动

（1）从不同角度观察茄子的形状（枝、茎、叶、花、果等）。

（2）学习画茄子。

（3）展示作品。

【环节三】总结评价

（1）互评：师生互评，多给学生鼓励。

学生茄子写生作品

（2）小结：教师强调画面布局，植物特征的表现，虚实变化等。展示几幅用其他方法表现植物的学生作品，引导学生课后进一步给开心农场的其他蔬菜写生。

（四）主题活动四："称心如意"之"我是小小售菜员"

1. 活动目标

（1）初步感受蔬菜单价、数量、总价之间的数量关系。

（2）通过市场调查、讨论，学会给相应蔬菜定价；在合作学习中，学会给蔬菜称重及计算出总价。

（3）感受成功销售蔬菜的喜悦，体会数学知识在现实生活中的运用，建立初步的财商意识。

2.活动重难点

种植活动与数学学科相融合，学会称重及销售蔬菜。

3.活动准备

场地：开心农场。

材料：各种蔬菜、销售记录表、电子秤、笔等销售用品。

4.活动过程

【环节一】我会给蔬菜定价

1）教师活动

（1）出示其他学生参与菜市场卖菜的图片，激发学习兴趣。

（2）引导学生给开心农场采摘下来的新鲜蔬菜定价。

2）学生活动

（1）观看菜市场卖菜图片，学习打包蔬菜。

（2）讨论、交流新鲜蔬菜价格，完成蔬菜价格一览表的填写。

【环节二】我会给蔬菜称重

1）教师活动

（1）出示电子秤，引导学生观察电子秤信息。

（2）指导学生给蔬菜称重。

2）学生活动

（1）观察电子秤，了解电子秤的功能，读取电子秤信息。

（2）按照称重方法给蔬菜称重。

【环节三】我会给蔬菜计算总价

1）教师活动

让学生根据蔬菜单价、重量，计算出蔬菜总价，并完成蔬菜销售表的填写。

2）学生活动

（1）三人小组合作，完成蔬菜销售表的填写，一人负责计算总价，一人负责贴标签，一人做好记录。

（2）把蔬菜总价写在标签上，并贴在打好包装的蔬菜袋子上。

学生用电子秤给蔬菜称重

【环节四】我会售卖蔬菜

1）教师活动

指导学生售卖蔬菜，使用二维码收款等。

2）学生活动

（1）有"顾客"来买菜，注意使用礼貌用语，耐心为顾客做导购服务。

（2）出示收款码，请顾客扫码支付。

【环节五】总结与拓展

师生活动：

（1）请说一说，今天你在活动中学到了什么？有哪些收获？

（2）联系实际，拓展应用。

（五）主题活动五："有菜同享"之"我把农场请回家"

1. 活动目标

（1）学会挑菜、洗菜、炒菜的知识，与家人共享丰收的喜悦。

（2）通过观看做菜视频和教师讲解，能够独立或者在家人的帮助下将自己种的菜做成美食。

（3）通过开展校园开心农场多学科融合活动，学会孝敬父母，为父母做些力所能及的家务劳动，与家人分享自己劳动的体会与收获，体会中国传统文化中孝亲的含义。

2. 活动重难点

种植活动与德育相融合，培养学生孝顺父母的好品质，树立健康、积极的人生观。

3. 活动准备

场地：开心农场、教室、家里。

材料：收菜工具和做菜视频课件，家中做菜的工具。

4. 活动过程

【环节一】孝亲知多少

1）教师活动

（1）请同学们说一说"孝"字的含义，想一想为什么要孝顺父母？

（2）教师出示扇枕温衾、怀橘遗亲等孝敬父母的故事，请同学们说一说自己或者身边的人是怎样孝敬父母的。

（3）教师总结补充。

2）学生活动

（1）说一说自己了解的有关孝亲的故事。

（2）想一想自己能为父母家人做哪些事情。

【环节二】丰收的喜悦与你分享

1）教师活动

（1）带领学生来到六楼开心农场，讲解安全注意事项和摘菜的方法，分组将菜摘好、打包。

（2）教师出示做菜的视频，并讲解注意事项，要求同学们回家为家人炒个菜，与家人分享劳动成果。

2）学生活动

（1）将菜打包好带回家，和家人分享自己劳动的过程与感受。

（2）与家人一起做顿饭，为家人炒个菜。

（3）将做菜过程拍照或拍成视频，以备回校进行分享。

【环节三】总结评价

（1）互评：师生互评，多给学生鼓励。

（2）小结：教师对学生的表现进行评价，让学生讲一讲自己的感受，懂得分享和孝顺父母的真正含义。

（3）布置作业：想一想还可以为父母做哪些事，并付诸行动。

学生做菜成果展示

五、课程评价

本课程实行多元主体评价模式，对学生的劳动表现采取自评和师评相结合的方式。为鼓励学生劳动的积极性，利用学校博爱超市的便利条件，对学生的劳动表现给与代金券鼓励（代金券可以在博爱超市兑换礼物。同时，每学期末开展丰收节和大食会活动，让孩子们的劳动成果变现，用劳动收入抚慰自己一个学期的辛劳，使其充分体会到劳动创造幸福的道理。

我们在开展劳动种植课前后分别对学生进行了劳动素养问卷调查，从劳动观念、劳动能力、劳动习惯和品质、劳动精神四个维度进行了实测，发现学生的劳动素养水平有显著的提高。学生在开心农场亲身参与体验，选择植物进行播种、浇水、施肥、除虫和采摘等种植实践活动，通过对农场产品的包装、贴价、售卖及对种子肥料等物资的采购与其他学科融合的实践活动，学会了各种实践知识，掌握了各种实践技能，体会到生命成长的乐趣和收获的喜悦，养成了勤俭节约和热爱劳动的好习惯，初步具备理财意识，全面提高了自身综合素养。

"培芳润绿"劳动社团劳动素养评价表

主题：　　　　　　姓名：　　　　　　时间：

劳动素养 综合素养	评价标准	自评	师评
劳动观念	具有正确的劳动价值观，尊重劳动、热爱劳动的品德和吃苦耐劳精神，尊重普通劳动者，珍惜劳动成果	★★★★★	★★★★★

劳动素养 综合素养	评价标准	自评	师评
劳动知识 与技能	正确掌握日常生产劳动知识与技能,在实际劳动中提高了动手能力和发现问题、解决问题的能力		
劳动习惯	具有自觉、主动劳动的习惯,在劳动中服从分配,认真完成团队劳动任务,合作意识强		
劳动实践	积极参加社团活动和日常个别化支持劳动课程学习,在劳动中不怕苦不怕累,认真负责		
综合素养	能够掌握多学科参与的融合知识与技能,切实提高了综合能力和核心素养		

代金券

大食会

六、课程反思

劳动教育提倡在做中学,在学中做,在做中创。那么怎样才能将劳动教育做实、做细,确保学生学有所获、劳有所获?中山市特殊教育学校从三年前就开始了对劳动教育的"花式探索"。

本课程尝试以劳动教育为基点，在五育融合的理念指引下，以劳树德、以劳增智、以劳育美、以劳健体，力求以劳育为中心，辐射其他各育，实现跨育跨学科融合。课程实践中，在劳动教育融合课程体系上进行探索，将劳动课与多学科（语文、生物、美术、数学、德育）相结合，在培养聋生正确价值观和道德品质的同时，提高学生的学科素养、文化素养和美育素养，达成"三全育人"的目标，最终全面促进学生"五育"发展，成长为整全的人，为高素质、高水平人才培养提供有利条件。

"问渠哪得清如许，为有源头活水来。"劳动的本质是躬亲实践，劳可以育德，劳可以增智，劳可以健体，劳可以鉴美。学科融合劳动教育就是让每位学生在成长的过程中：有正向的价值追求，有积极的行动能力，有持续发展的生长状态，我校将持续推进独具特色的"五育"并举理念下特殊学生班本特色劳动课程体系，探索特殊教育领域的劳动教育新路径，让劳动育人润物无声，为学生的成长助力赋能！

解锁网络文明密码　穿越数字安全迷雾

——"文明上网　健康成长"主题教育案例

潮州市特殊教育学校　郑小丹

一、树立正确的网络观念

在当前数字化时代，网络已深深融入学生的日常生活与学习之中，然而这片看似无垠的"净土"实则暗藏风险与挑战，如网络诈骗、个人信息泄露及不良内容的肆意传播，这些都对学生尤其是培智学校的学生构成了潜在的威胁。鉴于培智学校学生智力发展相对滞后，其辨别是非、自我控制及选择能力相对较弱，更易受到网络不良信息的侵扰，因此，我们深感引导学生健康上网、增强网络安全意识的重要性与紧迫性。

为此，我们在全校范围内开展了一场以"文明上网，健康成长"为主题的系列教育活动，旨在构建一个安全、健康、文明、和谐的校园环境，为学生的全面发展保驾护航。

二、实践活动丰富多彩

为增强学生网络安全意识，可以通过举办丰富多彩的主题教育活动使其认识到网络世界的复杂性，提高自我保护能力；引导学生文明上网，培养正确使用网络的习惯，自觉抵制不良信息，实现绿色上网、文明上网。

（一）主题班会

以"文明上网，健康成长"为主题，通过多元化的形式引导学生深入了解网络不良信息的危害，并认识到沉迷网络的严重后果。我们采用视频、PPT等直观、生动的方式，让学生直观地感受到网络不良信息带来的负面影响，如网络欺诈、网络暴力、色情信息等，进而培养他们的网络素养和自我保护能力。

文明上网系列主题班会

为实现这一目标，我们采用分组讨论、角色扮演、案例分析等互动性强的教学方法。通过这些活动，学生可以更深入地理解网络不良信息的危害，同时学习如何识别和避免这些不良信息。此外，学生还能在互动中锻炼团队协作能力和沟通能力，为未来的学习和生活打下坚实的基础。

例如：我在班会课上设计了一次电话诈骗的角色扮演游戏，老师扮演网络诈骗分子，某学生扮演接到诈骗电话的人。角色扮演背景：小思（学生扮演）接到一个自称是"公检法部门工作人员"（老师扮演）的电话，称他的快递夹带违禁品被扣押在警局，要求他提供个人信息和银行账户进行核查。小思想起了在学校学到的网络安全知识，意识到这可能是一个骗局，于是果断挂断了电话。

通过游戏化的学习方式，激发学生的学习兴趣和参与度，在轻松愉快的学习氛围中教育学生不要轻信陌生人的电话、短信或邮件，特别是那些要求提供个人信息、银行账户等敏感信息的。遇到可疑情况，要及时向家长、老师或警方求助。通过教育学生提高了警惕性，学会识别诈骗。同时，引导学生妥善保管个人信息和银行账户等重要信息，不要随意透露给陌生人或在不安全的网络环境中输入。

（二）专题讲座

通过邀请网络安全专家或心理咨询师来校为学生进行专业讲解。这些嘉宾将围绕网络安全知识、网络心理健康以及如何合理安排上网时间等方面进行分享，帮助学生树立正确的网络观念，提高网络素养。

邀请网络安全专家为学生进行专业讲解

（三）网络征文：我与网络的深度对话

网络征文活动鼓励学生围绕"我与网络的深度对话"的主题进行创作，表达自己对网络的认识和看法。这不仅可以锻炼学生的写作能力，还可以让他们更深入地思考网络对自己生活的影响。

我与网络的深度对话系列征文

（四）创意制作：海报、名信片、书签的网络文明展现

指导学生设计并制作网络文明宣传海报、名信片、书签等，除用于校园内宣传展示、丰富校园文化外，还鼓励学生参与"潮向未来 e 护成长"潮州市青少年网络文明创意作品大赛，并载誉而归。这可以帮助学生将所学知识付诸实践，培养他们的创新能力和实践能力。

学生创意制作网络宣传海报、名信片、书签

（五）参赛成绩

潮州市青少年网络文明创意作品大赛的辉煌。

潮州市青少年网络文明创意作品大赛奖状

三、家校合作共筑防线

进一步促进家校合作，加强与家长的沟通与合作，共同关注学生的网络使用情况，形成教育合力。

（一）家长会：文明上网理念的传递

定期召开家长会，向家长介绍文明上网的重要性及学校的教育措施，争取家长的支持与配合。

定期召开家长会

（二）家校联系册：网络行为的共同监督

我们还建立家校联系册，记录学生的网络使用情况，定期与家长沟通，共同监督学生的上网行为。这样可以确保家长能够及时了解孩子的网络使用情况，与学校共同为孩子的健康成长保驾护航。

通过本次活动的实施，我们期望能够提高学生的网络素养和自我保护能力，培养他们的健康上网习惯。同时，我们也希望能够通过家校合作的方式，共同为孩子的健康成长创造一个良好的网络环境。活动结束后，我们通过一系列评价方法对本次活动效果进行评估和总结，以便为今后的工作提供参考和借鉴。

四、活动效果评估与反思

（一）学生自我评价

本次"网络文明"课程实践活动，使学生们深刻认识到网络文明的重要性。在参与小组讨论和制作网络文明宣传海报的过程中，积极贡献了自己的想法，并努力将理论知识应用于实践。通过自我反思，发现自己在网络文明意识方面有了显著提升，更加明白如何在网络空间中尊重他人、保护个人隐私、传播正能量。同时，也意识到自己在网络素养方面仍有提升空间，未来将继续努力学习和实践。

（二）同学互评

在小组合作中，每位同学都展现出了积极的参与态度和良好的团队协作精神。小李同学在网络文明知识的积累上表现突出，为小组提供了很多有价值的观点；小余同学则在海报设计方面展现出了非凡的创意和审美能力，使我们的作品更加吸引人。大家相互学习、相互启发，共同完成了这次实践活动。通过同学互评，我们更加了解彼此的优点和不足，为今后的合作打下了坚实的基础。

（三）教师评价

从整个活动的过程和结果来看，同学们对"网络文明"课程的理解和应用都达到了预期的效果。同学们不仅掌握了网络文明的基本概念和原则，还能够在实践中灵活运用所学知识，展现出较高的网络素养和创新能力。在小组合作中，同学们相互支持、相互鼓励，形成了良好的学习氛围。同时，我们也注意到部分同学在某些方面仍有提升空间，如网络法律法规的掌握、网络舆论的引导等方面。未来，我们将继续加强这些方面的教学，帮助同学们全面提升网络文明素养。

（四）课程内容和教学方法反馈

通过问卷调查，我们收集到了家长与学生对"网络文明"课程的感受和建议。大多数家长与学生表示课程内容丰富、实用性强，能够紧密结合当前网络社会的热点问题进行教学。同时，学生们也普遍认可采用案例教学、小组讨论、情景模拟等互动式教学方法，认为这些方法能够激发学习兴趣、提高学习效果。然而，也有部分学生提出了一些建议，如希望增加更多的实践环节、引入更多的真实网络文明案例等。针对这些建议，我们将认真考虑并适时调整教学内容和方法，以更好地满足学生的学习需求。

五、活动成效显著

学生方面：学生的网络安全意识显著提高，能够自觉抵制网络不良信息，合理安排上网时间。同时，学生的网络素养和文明上网习惯也得到了培养。

家长方面：家长对文明上网的认识加深，能够积极配合学校的教育工作，共同关注孩子的网络使用情况。

学校方面：校园内形成了良好的网络文明氛围，为学生的健康成长提供了有力保障。

六、总结与展望

经过一系列的努力与实践，本次文明上网德育活动取得了显著成效。学生的网络安全意识显著提高，能够自觉抵制网络不良信息，合理安排上网时间；家长对文明上网的认识也逐步加深，能够积极配合学校的教育工作；校园内更是形成了良好的网络文明氛围，为学生的健康成长提供了有力保障。

展望未来，我们将继续深化网络文明教育工作，不断创新教育方法和手段，努力构建更加安全、健康、文明、和谐的校园环境。我们相信，在全校师生的共同努力下，我们的学生一定能够在网络世界中健康成长、全面发展。

衍生精彩　"纸"要有你

——培高班级以劳树德案例介绍

中山市特殊教育学校　朱建美

一、背景

随着社会的进步和教育的发展，德育在人才培养中的作用日益凸显。班本德育作为德育的重要组成部分，是学校教育中不可或缺的一环，其核心理念是以班级为基石，班主任担任关键角色，深入学生日常学习和生活的细节，通过细致入微的引导和影响，逐步构建并塑造学生的道德品质与价值观念体系。

本班级为培智高一年级，学生主体为年龄介于 15~17 岁的中重度障碍学生。由于先天生理缺陷，学生之间差异较大，存在多种类型的障碍，以智力障碍、孤独症、脑瘫为主。在认知方面，他们普遍存在智力发育迟缓且水平低下的特点，注意力不容易集中和保持，以具象思维为主，综合能力欠缺。手部的锻炼对于促进大脑发育和补偿康复作用极其重要，让学生充分利用好双手，对于培智学生而言，此举措具有显著且重要的发展意义。

劳动教育是国民教育体系的重要内容，是学生成长的必要途径，具有树德、增智、强体、育美的综合育人价值。劳动教育在塑造学生正确的劳动价值观与人生观方面扮演着至关重要的角色，它构成了德育体系中不可或缺的一环。

二、契机

衍纸作为一种独特的艺术形式，不仅丰富了人们的文化生活，更在德育中发挥着重要的作用。衍纸手工活动不仅陶冶了学生的情感，丰富了其内心世界，更在精神层面激发了愉悦感，从而进一步促进了学生审美能力的提升及审美创造力的拓展。从接触衍纸这一课程开始，班级学生展现了不同程度的喜爱，学生不再游离课堂，课堂参与度变高了。有学生为了学会其中的一个基础零件坚持一个学期，这样的坚持，让人动容！

结合班级实际和学生特点，班级老师抓住劳动教育这一重要的路径，以衍纸为契机，灵活选择内容和形式，注重课程的实践性、生成性和个性化，以评促教，共同开发适合班级学生的衍纸德育课程"衍生精彩 纸要有你"。通过班本德育课程的实施，促进学生的道德认同和全面发展。

学生作品：逐梦

学生作品：衍纸车挂

学生作品：团圆

三、目的与意义

在制作衍纸作品的流程中，学生需经历卷、捏、组合及定型等一系列精细动作，这些动作有效地锻炼了学生的手部小肌肉群。在衍纸的过程中涵养细心、耐心、恒心，形成热爱劳动、探索创新、勤奋认真、团结协作等意志品质，在劳动中收获自信与快乐，提高个体自我效能感。

在展示作品时，学会尊重他人、倾听他人意见；在分享创作过程中提升自我表达能力和自信心。同时，学生需在动手过程中进行深入思考，如在色彩搭配的艺术审美和线条造型的创意表现方面，均需要花费一定的心思，以制作出更加美观和有趣的作品。此过程不仅检验了学生的手眼协调能力，更考验了他们的耐心和细心。

此外，这一活动还有助于培养学生的创造力，进而促进其智力的发展与潜能的挖掘。通过衍纸和传统文化的渗透，实现以文化人、五育融通，建立文化自信，增强社会责任感和传承民间艺术瑰宝的意识。

四、课程开发与实施

（一）开发思路

本德育课程旨在打破学科壁垒，根据培智学生的认知特点，通过探索劳动实践等跨学科学习，让学生充分利用好双手。通过该课程的学习，实现以劳树德、以劳增智、以劳强体、以劳育美等理念的渗透交融，形成立体多元的育人新方式，为培智学生打开全面发展的大门，提高他们的道德素养、劳动价值观和劳动实践能力，让他们在衍纸中"卷"出美丽新世界、艺术新天地、幸福新生活，为其自食其力、自力更生的未来生活打下了良好铺垫与准备，从而实现以劳动教育助推立德树人工作的顺利落实。

（二）具体实施

1. 第一阶段：我的新朋友——衍纸

通过鉴赏衍纸作品，领悟艺术蕴含的魅力，深入挖掘文化内涵和审美价值。学生在制作中学习传统精髓，感受艺术熏陶。逐步形成正确审美观，提高道德素养，奠定全面发展基础。

2. 第二阶段："衍"生精彩——衍纸基本法的掌握

教师通过各种教学手段，让学生掌握衍纸造型工具的使用及基础造型。学习衍纸的创作方法，尝试基本的衍纸造型和制作衍纸作品的相关规则。这一阶段对学生的挑战最大，因为学生在学习中需要足够的耐心和细心。

学生专注制作

3. 第三阶段："纸"要有你——衍纸艺术创想

培智学生由于身心发展的局限性，对抽象的概念较难理解和掌握，因此在实施的过程中，教师对活动内容的选择和编排要符合特殊儿童发展的特点，同时要注意对学生进行适当的引导。

第一，通过视频、图片等形式，让学生了解中国纸艺术的丰富，认识除衍纸之外的剪纸、折纸、纸雕、立体刻画等其他的纸艺术，拓宽学生对纸艺术的认识和理解，增强民族自豪感与文化自信。这不仅是技艺追溯，更是心灵洗礼，拓宽了学生的艺术视野。纸艺术源远流长，从造纸术到多样艺术形式，展现独特魅力。组织讲座、工作坊、展览等活动，让学生深入了解纸艺术，培养创造力、动手能力及团队合作精神。

学生作品：迷宫　　　　　　　　　　　学生作品：机器人

第二，培养学生热爱美，感受美、创造美的生活情趣。

通过各种主题的衍纸制作，提升学生的衍纸制作技能，在衍纸制作的过程中，培养学生良好的劳动品质，以及遵守相关规则的意识。

学生作品：春暖花开　　　　　　　　　学生作品：怒放

第三，将衍纸艺术与德育相结合，借国庆之际，学生一起用衍纸为祖国制作了一个超级大蛋糕，祝祖国妈妈70岁生日快乐。通过开展"我为祖国献礼"活动，既能鼓励学生表达自己对祖国的爱，也能提高学生的衍纸制作技能，同时将劳动与生活联系起来，让学生感受到劳动之美。

立体蛋糕制作过程　　　　　该作品获得中山市第十四届
　　　　　　　　　　　　　　师生美术作品二等奖

4.第四阶段：我是"衍纸代言人"——传承衍纸艺术

在学生们已扎实掌握衍纸技能的前提下，我们倡导他们采用由学校出发，逐步向社区辐射的模式，广泛而深入地推广衍纸艺术活动。此举旨在通过个体的积极努力，首先触动并影响周围的人群，进而逐步扩大影响力，覆盖更广泛的社群，最终实现"从我做起，引领风尚，影响深远"的宏大目标。

在此过程中，我们尤为注重学以致用，鼓励学生们在实践中检验并巩固学习成果，同时引导他们遵守社会规范，提升道德认知水平。此外，这一活动还为学生们提供了宝贵的锻炼机会，让他们在实践中磨砺人际交往与社交技能。通过亲身参与，学生们将更深刻地认识到责任感与担当精神在个人成长及社会发展中的重要作用。

通过各种精心策划的推广活动，让衍纸艺术在更广泛的群体中绽放光彩。师生通过自己的行动将衍纸艺术与中国深厚的文化底蕴相融合，使之成为传递中国文化的独特桥梁，为传统文化的传承与发展贡献自己的一份力量，从而提高学生的社会责任感。在衍纸艺术中巧妙融入中国元素，不仅为其注入了新的生命力，更让这一古老技艺焕发出现代魅力。

第一，开展校际交流，碰撞思维的火花。

通过交流展示课，师生共同提高技艺。陌生环境对学生人际交往及心理素质的锻炼都有好处。

（1）我校培智师生与香港才俊学校师生开展衍纸交流。

与香港才俊学校师生开展衍纸交流

（2）我校培智师生与香港匡智元朗音乐学校师生开展衍纸交流。

我校培智师生与香港匡智元朗音乐学校师生开展衍纸交流

第二，以纸艺创造美，以陪伴传递爱——特殊青少年纸艺工作坊。

本项目包括纸艺培训（周期性活动）和纸艺作品大赛、展览义卖、现场教学等（专场活动）两部分。纸艺工作坊是在中山市特殊教育学校内开展，由特殊学校提供固定的活动场地，由暖风青年志愿者服务队提供纸艺培训员（大学生志愿者）于每周二下午和每周五下午分批前往特殊教育学校为特殊青少年进行纸艺培训，制作纸艺作品。

通过一系列的衍纸手工教学活动，除技艺的收获外，孩子们还在这段美好的时光中体验到了情感的滋养。这些美好的情绪情感体验将伴随他们成长的每一步，成为他们人生中最宝贵的财富之一。参加活动的志愿者也得到了学习与锻炼，从实践中提升了自我，实现了情感的互通和流动。

与暖风青年志愿者服务队开展衍纸学习活动

第三，走出课堂，进行衍纸推广与交流。

（1）搭建平台，展示学生成果。学生作品展出，受到关注和点评，学生的自豪感、自信心油然而生，在鉴赏中互相欣赏点评也有利于批判思维的提高。在校园内，向其他年级、家长开放课堂，吸引更多的人加入衍纸课堂，让更多的人了解衍纸艺术。

（2）带领学生参与研讨交流。选送学生作品参加广东省特殊学生艺术职业教育研讨会，获得一个省一等奖、两个省三等奖。学生作品多次作为学校礼物赠送给外校。

学生作品展　　　　　　　　　　家长开放日

师生参加广东省特殊学生艺术职业教育研讨会

（三）课程评价

衍纸德育课程实施的效果如何主要借助评价内容、评价主体以及评价方式得以显现，因此建立一个合理、有序的课程评价机制是必须的。"衍生精彩 纸要有你"的项目评价，侧重学生的道德认知、劳动品质、心理状态、行为习惯、社会责任感等方面的表现。学生在项目实施的不同阶段均进行深刻的反思与全面评价，借此过程自主挖掘并解决新出现的问题，构建并优化个人的知识体系与结构，从而全方位提升学生的综合能力，包括心理的自我认可能力、团队合作能力、梳理反思能力等的培养。

1. 教师评价内容

教师在对学生进行评价时，要多采用鼓励性的言语，巧妙地指出学生在学习中存在的问题，既能促进学生学习能力的提高与发展，又能保护学生的学习积极性不被磨灭。教师可从以下几个方面的内容来对学生进行评价。

第一，学生学习状态。考察学生基本的上课规则、学习的积极性、集体性等。

第二，学生劳动品质和行为习惯。学生在小组合作中能否友好相处，互相帮助，能否按照老师要求准备材料，并保管好自己的物品；在制作过程中能否保持桌面整洁干净；资源利用上能否做到不浪费；等等。

第三，学生社会责任感。在课堂上重视学生角色认同，让学生清晰明确自己的任务，增强规则意识，从小处入手。

衍纸德育课程多元评价表

评价内容	评级等级打 "√"		
	自评	互评	教师评
参加活动的课时量与态度			
课堂表现			
作品展示			
学习收获			
社会责任感			
学习中的感悟和情感体验			
教师综合评价等级（A、B、C）			

2.学生评价内容

学生的评价包括自我评价和同学之间互相评价两种方式，通过学生的自我评价反思自己在课堂上的行为表现，是否尊重师长、友爱同学，是否诚实守信、勇于担当。思考自己在社会中所扮演的角色和责任，是否具备为社会和他人贡献的自觉与实力。

同学之间的互评能够让学生学会分享、懂得分享，更有利于激发学生去发现去观察去鼓励和赞美他人，升华同学之间的情感。

多元评价量规表

项目组别	评价内容	星级（1—3颗星）
沟通协作	1. 我能愉快地与伙伴协作 2. 我乐于与同伴合作，并能在实践中体会团结协作的乐趣	★★★
活动参与	1. 我乐于参与探究与制作 2. 我能在探究制作中找到关键信息，提供给小组参考 3. 我能带领小组一起，在探究制作中找到问题及解决问题	★★★
情感意志	1. 我乐于并能坚持参与各项学习活动 2. 遇到困难时，我不放弃 3. 我对中国传统文化充满热爱 4. 我会努力传承和发扬传统文化与艺术	★★★

五、效果与反思

（一）跨学科教育协同构建教育合力，助推学生道德综合素养的全面提升

经过数年的探索与实践，衍纸艺术已深深融入师生的日常生活之中。在班主任的眼中，学生们的转变尤为显著。初接手班级时，课堂纪律涣散，学生随意跑动、喧哗，且缺乏环保意识，垃圾随手丢弃。然而，经过持续的衍纸艺术学习，学生们分组合作，积极交流，遇到难题时及时讨论解决。学生们不仅在课堂上更加专心致志，跑动喧哗的现象也显著减少，更学会了将垃圾投放入垃圾桶，甚至主动拾起地上的垃圾，展现出更强的环保意识。跨学科教育协同构建教育合力，助推学生道德综合素养的全面提升。

（二）有助于缓解学生情绪行为问题，培养道德情感

衍纸入门简单，却又变化多样，充满了魅力，这些特质对培智学生有着极大的吸引力。重度智力障碍学生也能参与进来，学生一旦参与，注意力会变得越来越集中，自控力也变得越来越强。这对于改善学生上课随意走动，游离课堂行为有着明显效果。

体验成功，调整情绪。在衍纸手工课堂中，孩子们的耐心、细心得到了培养。学生在亲身参与的实践活动中，深切体会到了艺术创作的愉悦，其综合素养均得到了显著提升。体验到的成功经验增多，成就动机随之激发，这样会让学生心情愉悦，情绪平稳，形成一个良性循环。

（三）亲子互动，强化沟通与交流的桥梁

衍纸艺术，作为一项富有创意与趣味的亲子活动，其魅力无可比拟。周末时光里，一场"我和爸爸妈妈共绘衍纸梦"，从精心筹备材料到巧妙构思造型，每一步都凝聚着家长与孩子的共同努力与专注。这样的家庭合作，不仅加深了亲子间的情感联系，更为智力障碍学生的人际交往能力发展铺设了坚实的基石。

整体而言，通过衍纸班本德育课程的深入学习，特殊学生的手部精细动作能力得到了显著提升，同时，课程的设计也巧妙地促进了各学科知识的融合与贯通，增强了教育体系的完整性和实效性。学生们的注意力更加集中，自控力显著提升，开始更勇于展现自我，积极通过不懈努力实现自我价值。学生们在观察、创造、动手操作及小组合作等方面的能力均实现质的飞跃，综合素养得以全面发展。

课程思政引领下的融合共生实践案例

——以中山火炬高技术产业开发区博凯小学为例

中山火炬高技术产业开发区博凯小学　赖艳霞

党的十九大报告指出：努力让每个孩子都能享有公平而有质量的教育。融合教育是教育公平的重要体现。但在普特融合实践过程中，随班就读孩子的差异是客观存在，他们或多或少会受到歧视或过分关注，导致与普通孩子之间产生隔阂。消除隔阂，让全员"尊重差异""接受差异"是普特融合工作中要深思的。基于全员、全过程的考虑，学校以德育共同体小组研究方式，以"友善"思政课引领打开新学校融合教育工作局面，以课程思政引领，让全员接受融合教育，徐徐推进融合教育，通过减少差异和接受差异，实现融合共生。

一、学校概括

（一）以"博爱"为本的校园环境、文化

中山火炬高技术产业开发区博凯小学是一所 2018 年创办的镇区公办小学，目前有 45 个教学班，共 2268 名学生，127 名教职工。博凯小学自建校以来，以"中山精神"为根基，以"博爱"精神为立校之本，围绕"以孩子丰富多彩的幸福童年为本"的办学理念，营造创新、接纳、和谐的文化氛围，让师生在淳朴、自然、自由的环境里找到幸福的教育、成长的教育。

（二）随班就读学生情况

目前，全校 2268 名学生中，随班就读学生有 6 人，疑似 16 人。其中智力障碍学生占 79%，肢体残疾、听力残疾、言语残疾均占 4.1%，注意缺陷多动障碍占 8.2%，孤独症占 5%。随班就读学生占全校总人数 1% 左右。据统计，近三年来我校特殊学生情况如下表所示。

近三年来我校特殊学生情况

学年	类型					
	残疾（肢体、听力、言语）/人	多动/人	智力障碍与学习障碍/人	情绪障碍/人	孤独症/人	疑似/人
2022—2023 年	3	1	13	1	1	11
2023—2024 年	4	4	5	2	2	14
2024—2025 年	4	5	2	1	2	16

（三）师资情况

全校学生人数 2200 余人，班主任 45 人，学校 A 证人数为 7 人，B 证人数为 15 人，C 证人数为 40 人。国家二级心理咨询师 1 人，国家三级心理咨询师 3 人，专职心理健康教师 2 名，资源教师 1 名。

二、行动研究方向

（一）通过课程思政引领培养较高融合素养的教师队伍

实施融合教育对于普校而言，是否是一支专业素养较高的融合教师队伍是推动学校开展融合教育，保障随班就读工作质量的关键。成立初期，博凯小学在外借校，尚未有自己的校区，全校仅一年级 16 个班，未有一名随班就读学生，且教职工由区内轮岗的老教师和教龄不足三年的年轻教师组成，上级未配备资源教师。从第二年搬进新校区起，学校快速扩班，至今已有 2268 名学生，其中随班就读学生 6 人。在学校大量扩班，教师年龄结构两极化的情况下，高质量、高标准落实融合教育是巨大挑战。因此以德育科研引领，紧扣"立德树人"的根本任务，抓好教师群体建设，构建人人有责、个个尽责的大思政格局尤为重要。

（二）以思政课程为主渠道探索普与特"融合共生"的模式

结合人员高速膨胀的校园，除开展专人的个别化教育外，创设尊重、接纳、欣赏、和谐的融合教育生态，让随班就读孩子得到成长之余，普通孩子也能从中得到教育，形成积极的道德人生观和核心价值观。对于新学校而言，也是值得我们教育者深思的。如何让融合教育达到随班就读学生、普通学生、学校、家长的融合共生？那就要求学生群体能接受全员、全方位的"普遍教育"，因此摸索以"全员""全过程""普遍"的模式对于新学校而言既是挑战，也是机遇。

三、思政引领下构建"融合共生"模式的过程、方法

（一）书香雅致的校园环境

让孩子在学校能够有个幸福童年的成长环境，在学习和生活的过程中体验到生命的精彩，成为博爱成人、博学成才、博雅成美的阳光少年。博凯小学在校园环境上别具匠心，醒目的校训"博学多才，凯风徐来"时刻提醒全体教职员工在开展教育教学活动中，坚持"徐徐而来"的规律，"循序渐进"地开展阶梯式教育教学活动。美丽雅致的亭台楼榭、藏书阁和小花小草，让每位博凯学子在人与自然和谐的氛围中得到熏陶。让随班就读学生在轻松、自由的学习和生活环境中收获幸福。

校园环境

（二）区域名师引领下的融合教育教师队伍建设

1.融合教育保障机制

（1）人员保障

教师"专业性"和融合素养是开展融合教育的壁垒，因此博凯小学从 2019 年起，在推进融合教育三年计划中把教师队伍建设放在了首位，保障组织架构，制订博凯小学融合教育三年计划和设计路线，做好顶层设计。同时，成立以校长为组长，副校长为副组长，德育正副主任、年级组长、资源教师、骨干班主任、思政教师为组员的融合教育工作领导小组，以课程思政引领学校普特教育，聚焦多元的思政课堂，实现知识传授与能力培养，塑造孩子友善、

接纳、平等、包容的价值观。

（2）完善融合教育工作小组机制

博凯小学以伟人孙中山的"博爱"精神为本，围绕学校倡导的"幸福童年"，制定《博凯小学融合教育工作》方案，营造学校和谐、接纳的环境和人本文化氛围。在发展规划上，把建立具备较高融合素养的教师队伍放在首位，通过"一人带一群"的"雁阵式"德育共同体引领，打造一支能"做课"能"上课"能"指导"的团队；通过融合课程思政引领，抓紧、抓实营造校园和谐、接纳不同的人文氛围；通过随班就读孩子个别化教育与校园师生全员、普遍教育，结合家庭教育，创设良好的同伴关系支持系统和家庭支持系统，营造"融合共生"的校园融合教育生态。

2."领头雁"效应下的融合教师队伍建设

然而，作为一所新学校，除两位心理教师外，较高素养的融合教师是不多的。于是学校决定组建第一阶段学习小组成员为"领头雁"，带领新的雁阵，以融合思政课程为主渠道，实施全员教育，鼓励每位随班就读学生全过程参与学校各项教育教学活动，引导每位普通孩子学会发现美、欣赏美，领悟只有"和而不同"才能"美美与共"。

（1）区域骨干教师引领作用

作为一所新学校，博凯小学教师队伍主要由交流轮岗的老教师和年轻的新教师组成。学校以有融合教育经验和素养的骨干教师赖艳霞为"领头雁"，两位心理老师共同协助，开展融合教育宣讲、融合教育育人能力提升培训、融合教育父母课堂、融合教育课题研究的方式，促进班主任提升个人能力。

融合教育宣讲

（2）以点带线，以线带面的领头雁教师培养方式

在第一阶段，作为"领头雁"的赖老师先组织德育共同体的老师们观摩思政课"接纳不同，友善待人"，指导老师们从怎样备课、怎样上课、达到怎样的效果方面指导学习小组的老师们学会上融合课，通过打磨，让这六位老师成为年级的领头雁，以线带面帮扶经验浅的

班主任能在班级铺开"接纳不同，友善待人"融合思政课，真正实现全员的普遍教育。通过理论学习、经验交流整体提升学校教师融合素养。

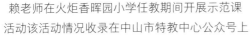

赖老师在火炬香晖园小学任教期间开展示范课活动该活动情况收录在中山市特教中心公众号上　　赖老师在中山实验小学作"接纳不同，友善待人"主题课展示

（三）以课程思政引领打开融合教育工作新局面

作为一所快速扩班的普校，学生人数从第一年的800余人到第三年逾2000人，那什么人，怎样实施"适合"的融合教育，让随班就读孩子与普通学生和谐共处，在教育、教学活动中体悟幸福，收获成长是需要深入思考的问题。在实施过程中，客观存在比较尴尬的问题。随班就读孩子和家长能感受到学校、教师的特殊关怀，也有老师发现，部分特殊孩子在老师的特殊关怀下，有的孩子会得到更多的关怀，但是也有一部分学生会捉弄、敌对特殊孩子，这些问题是很难避免的。因此，学校融合小组及时召开工作会议，针对出现的问题作出融合教育工作调整，决定在做好特殊孩子融合教育之余，也要做好普通孩子的教育。因此，学校决定调整工作思路，特殊孩子的教育与普通孩子的教育一起抓。

不但做好随班就读学生个别化教育，营造尊重、接纳、欣赏、和谐的人文氛围，让他们能在积极向上的氛围中得到生长，同时发挥课堂的主渠道育人效能，通过课程思政引领，实现学生价值塑造、知识传授、能力培养的多元统一。结合校情，在普遍教育上，博凯小学以融合课程为突破口，先开展践行"接纳不同"的友善价值观主题教育课，营造"尊重""接纳"的师生共识和人文氛围。

荣誉证书

1. 具备教育"普遍"性的"友善"核心价值观思政课

把"友善"价值观引导于知识传授和能力培养之中，让每位孩子都学会"尊重""帮助""包容"是"接纳不同，友善待人"的方式方法。将"友善"价值有机地融入能力培养和知识传授之中，帮助学生塑造友善的、正确的世界观、人生观。博凯小学充分发挥融合课程主渠道育人作用，开展融合思政教育，培育和践行学生"友善"的社会主义核心价值观，接纳他人的与众不同，友善对待他人。博凯小学德育共同体开展了几次研究后，开始带领年级组的老师参与其中，学校全面铺开上"接纳不同，友善待人"思政课，人人都接受践行友善的教育。

思政课

2. 思政引领下校园融合人文环境氛围的创设

在开展"友善"为主题的思政课时，老师们以学生熟悉的动画"大头儿子和小头爸爸"捡树叶做手工画的故事，让学生认识到"不同"的普遍性。接着，让学生通过观看小刺猬在陌生的新环境中遇到的事件，老师提问：如果自己是一只"带刺"的小刺猬，当进入新环境时，小伙伴们都怕、躲、不和自己玩，内心会是怎样的感受。老师以循循善诱的方式引导同学们"换位思考"，在头脑风暴中激发思维冲突，对待这样"与众不同"的"刺"，换作自己会有怎样的感受。最后，故事的结局让学生在情感冲突中明白"接纳"的重要性，原来对待与众不同的人，"友善就是最好的礼物"。在"知情意"过后"导行"，通过四个案例让学生思辨，让学生把"最好的礼物'友善'"也送给身边与众不同的人，学会对待特殊人群的方式、方法。通过学习，学生理解和认识到每个人都是与众不同的个体，在体验活动中明白对待特殊儿童用一般的方式、方法是不科学的，需要站在特殊儿童的角度，做到理解和包容。最后学会与特殊人群的相处方式，以小"接纳"，见大"友善"，通过"友善"核心价值观的培育和践行，实现普特融合。在课堂教学实践中发挥价值引领，立德树人。让每位学生认识并感悟到"包容""接纳"是友善待人的方式，创设和谐、包容、友善的校园氛围。

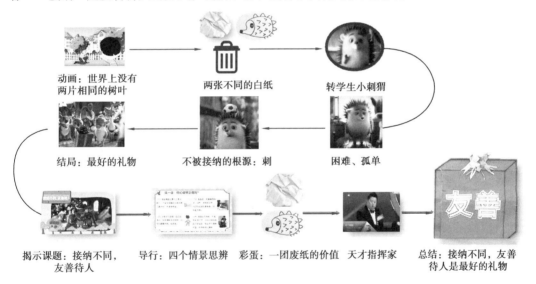

融合宣导课《接纳不同，友善待人》主线

3. 大思政观下创编基于儿童视角的学科融合课例

通过一年的尝试，在各个领头雁的引领下，越来越多老师参与到"做课"中来，形成了一批有价值的融合教育课例。但要实现全员、全过程育人，仅靠主题班会等思政课是不够的，因此，博凯小学尝试挖掘学科的融合教育素材，创编基于儿童视角的融合课程。通过构建教学、德育、科研的育人体系，着力实现人人育人、事事育人、处处育人的教育样态。

以语文科组为例，在科组长陈钰婷老师的引领下，语文科组结合"书香校园"建设和"最美阅读空间"打造活动，立足儿童视角，以低年级学生喜欢的绘本故事为蓝本，创编绘本思政课，如语文科组四年级卢丽雯、吴仪老师的《守护"孤独的星星"》，以新奇有趣的动画，有趣的心理测试图，让学生认识到不同的角度所看到的事物是不同的，引出孤独症主人公路易斯在学校的故事，让学生进行"换位思考"并学会如何面对孤独症的孩子。

该融合教育案例获《守护"孤独的星星"》中山火炬开发区融合教育案例一等奖，
班主任吴仪老师撰写的师德论文获火炬区师德论文一等奖

其他融合课程主题如《让爱拥抱残缺——〈没有耳朵的兔子〉绘本融合教育主题班会》《我的姐姐不一样》《让孤独不再孤独》《走进天使世界，关爱自闭儿童——〈弟弟的世界〉》《我渴望一个拥抱》《守护孤独的星星》《悦纳自己——艾玛绘本融合主题班会》《点亮蓝灯，与光同行》《辉辉的小脸蛋》等主题均在区、市级、省级融合教育主题案例评比中获奖。

在语文科组绘本阅读教学上，梁绮婷、钟惠晶老师从儿童的视角出发，借助绘本《弟弟的世界》以及公益微电影《在路上》引导同学们接纳和包容自闭症的同学，以爱的力量，学习如何正确地对待身边同龄的自闭症患儿。结合自闭症患者的核心障碍是社交障碍、互动性差，老师们设计了普通儿童和自闭症儿童"动物模仿大赛"的挑战赛活动，说是比赛其实是一种互动形式，用游戏的方式来开启互动，一起模仿动物的动作，扮演动物，拉近彼此的距离。

融合课程

（四）"看不见"的课程思政：共同参与校园生活促共生

课程思政的建设，不仅依托课程为载体实现思政与教学的融合，还需要延伸到学生的校园生活，通过普遍教育，让接纳、包容他人的不同成为校园内人与人之间自然的方式。孩子们明白：世界上的每片树叶、每朵花、每个人都是不同的。正是这样的不同，我们的地球才如此可爱、动人。博凯小学坚持"参与即成长"的育人导向，以丰富多彩、积极向上的社团活动为载体，创设开展了内容丰富、形式多样、吸引力强的校园活动，让每位孩子都能公平地参与到校园活动和生活中。四（1）班恩泽同学是一名特殊学生，医院的智力测试结果显示比94.70%的学生差。因为口齿表达不清，缺乏自信，成绩差，很少同学和他玩，恩泽显得更内向了。龙狮课程的黄老师发现了恩泽是一名运动协调性还不错的孩子，于是专门吸收他为学员。在每周一次的训练中，恩泽越来越自信，还认识了很多新朋友。在这个过程中，不但恩泽同学得到了成长，其他孩子也在一次次的训练和展示中学会了包容和接纳，让"友善"的价值观生根、发芽。

王恩泽和同学们一起参与舞龙展示（中间第三）

元宵节，恩泽和睿龙队的伙伴一起前往社区作展示

从 2020 年 11 月起，博凯小学就开始了全面铺开"友善"价值观思政课，越来越多孩子明白，我们身边有像"带刺"的小刺猬一样与生俱来、与众不同的孩子，经过四年来的教育与引导，"接纳不同"成了博凯学子很自然的行为与思想。他们和普通孩子一样，渴望被尊重，同时希望被需要与认同。

博凯小学开展了一系列劳动课程，不同的年级有不同的劳动清单，让每位孩子都参与到劳动中去，学习洗一条红领巾、洗一双袜子、到劳动基地浇一次水、为班级关一次灯等。比如，五（1）班智力障碍的芊芊在班主任田蓓老师的鼓励下承担起了班级浇水的任务，照顾多肉植物，为多肉植物浇水，还利用假期和同学们一起主动加入志愿服务中，向路人宣传垃圾分类，形成环保、服务他人的价值观。

芊芊为多肉浇水　　　　　　　　芊芊和同学们在社区做志愿服务

三（15）班的星晴同学原来是一名轻度阿斯伯格综合征的孩子，在班上很少朋友和她玩，觉得她很奇怪。在班主任李玉玲老师的引领下，班主任李老师利用大课间活动时间，带着特需学生星晴同学参与其中，同学们明白了星晴偶尔不可控的行为不是故意的，渐渐地，同学们包容和接纳了星晴，也愿意带着她一起玩，一起参加班级的活动，原来不爱笑的星晴，终于笑了！

星晴爱笑了

四年多以来，博凯小学通过定期的融合教学课，在日常学习和生活中，学校融合工作样态从小群体的"减少差异"向全员"接受差异"转变，形成了尊重、包容、接纳不同的共识，实现融合共生。

（五）课程思政引领下全员育人促共生

对于普特孩子的教育，博凯小学语文科组在这两年多来，开展了绘本阅读活动，语文老师们每个月会定期开展绘本阅读分享会，家长也参与其中。

1. 教师引领下的亲子绘本分享会

语文科组每学期进行一次绘本阅读分享的同课异构。通过同课异构的研讨方式，引领更多的语文老师掌握绘本阅读分享会的课堂范式，掌握实施价值引领的绘本课，从而整体提高科组育人水平，让更多的老师能在课堂的主阵地上塑造孩子们尊重、友善的价值观。

语文科组的绘本阅读分享课打磨和讲授

2. 主题式家长沙龙

博凯小学德育处通过亲子共读，鼓励特殊孩子的家长每月不定期参与一期的阅读分享会，通过阅读的引领和浸润，为特殊孩子的家长赋能。通过沙龙的方式，让家长们放空心灵，在畅所欲言中得到释放，获得启迪。

家长们参加沙龙的快乐瞬间

3. "美美与共，和而不同"的评价导向

具有生命力的融合教育，不是众人带着特殊的关爱和姿态去对待随班就读的孩子，而是要教让学生明白：世界上的每片树叶、每朵花、每个人都是不同的，正是这样的生而不同，我们的地球才是多样的、可爱的、美丽的。美可以在外表，美可以在心灵，美可以在行动，而博凯小学最终追求的美，在于尊重"同"与"不同"的存在，接纳人与人之间的"同"与"不同"，不管是普特孩子之间的，还是两个普通孩子之间的相同和不同，都能相互包容、相互支持，这就是人与人之间最美、最和谐的相处方式。在评价上，结合少先队红领巾奖章争章激励制度，博凯小学坚持"五育"并举的评价导向，激励在德、智、体、美、劳方面突出的学生在各自的领域得到培养与发展。

4. 每班的博凯之星评选活动

每学期，博凯小学都会开展校级、班级的博凯之星评选，旨在发现、激励更多的孩子在非学习领域上得到认可。例如五（1）班的小梅同学，智力水平虽然远低于 99.5% 的常人，但是同学们发现她的运动能力不错，协调性还可以，在新学期班级干部评选活动中，小梅被推选为体育委员，在校园运动打卡活动中，小梅多次获得博凯小学少先队大队的红领巾奖章"健体章"。又如，六（1）中队的芊芊，在她的照顾下，班级多肉植物养得非常好，芊芊也被评为班级劳动之星。

5. 参与即成长的评价方式

博凯小学围绕"以孩子丰富多彩的幸福童年为本"的办学理念，让孩子在学校能够有个幸福童年的成长环境，在学习和生活的过程中体验到生命的精彩。对孩子的评价不一定是结果性评价，也可以是过程性的评价，参与即成长，参与即评价。每周一到周五，博凯小学还有与众不同的志愿服务活动，不但邀请家长到校门口参与交通劝导执勤，他们的孩子也身穿义工服，在门口值日、为失物招领处叠丢失的校服、整理凌乱的公共图书角等。各班班主任会鼓励同学们带着班上特殊的孩子一起参与其中，完成了志愿服务的家长义工和孩子义工，孩子会得到一枚红领巾奖章"博爱章"。

二（1）班的星星和同学们一起参与义工服务，获得了"博爱章"

有趣的中秋节课程。在 2021 年、2023 年、2024 年中秋节，博凯小学连续三届积极响应中山市"垃圾分类"的号召，开展了月饼盒回收活动，通过奖章激励，涌现了一大批践行环保的学生，其中四（5）班皓轩，虽然身患残疾，行动不便，在老师的指引下，他想到了通过打电话给家里的亲戚的办法，让亲戚朋友们在办公室里收集月饼盒，最终成功收集了 35 个，成为全校收集最多月饼盒的同学，也得到了大队部红领巾"劳动章"。还有雷锋月的"日行一善"活动，元宵节别样的"汤圆光盘"行动、手工制作元宵活动，不但普特孩子喜欢参加，他们的家长也喜欢。以学生校园生活、传统节日的方式，拓宽课程思政渠道，让思政教育更加立体、覆盖面更广。

行一善，我也能为社区作贡献　　　　　　　别样元宵节，"光盘"我也行

博凯小学围绕"以孩子丰富多彩的幸福童年为本"的办学理念，通过制度保障、人员配置、教师培养的方式紧抓教师队伍主力军；通过课程设置，利用好教师的主阵地，以课程主渠道传授知识、培养能力、塑造学生的价值观；通过校园生活、社团活动等方式体现其他课程、其他活动所蕴含的育人价值，为全体孩子开展适合学生成长、成人的教育、教学活动，让他们在学习和生活的过程中体验到生命的精彩，收获成长的喜悦，奠基幸福人生。通过开展全员、全方位、全过程的思政课程教育，不但随班就读的孩子得到适合的教育，普通孩子也能从中得到文明、和谐、平等、友善等核心价值观的培育与践行，最终实现"美美与共，和而不同"。

班级四季餐桌：从时令美食制作到传统文化传承的共育实践

中山市特殊教育学校　叶露

一、课程背景

中华传统文化是中国文化发展长河中的璀璨明珠，是特殊教育德育发展中不可或缺的资源。《中小学德育工作指南》中总体目标要求了解中华优秀传统文化，增强文化自信。在立德树人的根本教育任务的指导下，结合《关于实施中华优秀传统文化传承发展工程的意见》，更应深入开展节日与传统文化相结合的主题活动，实施中国传统节日振兴工程，丰富传统节日文化内涵，形成新的节日习俗。

美食是传统文化的重要载体，承载着历史、民俗和地域特色。传统文化是中华民族在长期历史发展中形成的价值观念、风俗习惯和艺术形式，而美食文化则是其重要组成部分。四季餐桌项目以春、夏、秋、冬的时令食材和节令食品（如清明青团、端午粽子、中秋月饼、冬至饺子等）为切入点，让学生在动手实践中感知自然节律，理解传统饮食背后的文化内涵。例如，清明制作青团不仅锻炼学生的动手能力，还能让他们了解寒食节的历史渊源，体会"慎终追远"的文化精神。这一设计既符合生活化教育理念，又能实现跨学科融合，使学生在体验中学习，在劳动中成长，真正实现"知行合一"的教育目标。

二、学情分析

1. 学生基础

参与本项目的对象为某特殊教育学校的智力障碍学生，由于其自身发育特点及气质型的问题，他们在认知、沟通及社交技能方面面临着不同的挑战。然而，这些学生对感官体验有着较高的敏感性和兴趣，尤其是对色彩丰富和质地多样的食材表现出浓厚的好奇心。

2.分层教学方法

考虑到学生的个体差异以及学习障碍类型多样，采用分层的方法进行教学显得尤为重要，针对学习内容和学生功能需求，可将学生分为以下三组：

文化一组：能够根据教师指令独立完成任务；能够独立参与小组游戏完成小组作业；有简单的口语能力，能够说出美食的介绍。

文化二组：能够在教师或者同伴的口头、肢体提示下完成任务，能够说出或者指出相应节日与相应食物之间的关系。

文化三组：需要教师的全程辅助，尤其是在制作食物时需要教师个别化教学和指引。

感官探索：利用视觉、触觉等感官刺激，如展示各种颜色鲜艳的春季蔬菜水果，并让学生亲手触摸并尝试处理这些食材。

小组合作学习：鉴于学生经验有限但学习欲望强烈的特点，采取小组合作的形式进行活动，鼓励他们相互帮助，共同完成任务。这不仅能提升他们的生活技能，还有助于增强团队合作精神和社会交往能力。

结合节日习俗：在特定节日（如清明节、端午节、中秋节、冬至）期间，围绕相应的节令食品（如青团、粽子、月饼、饺子）开展活动，使学生在动手实践中感知自然节律，理解传统饮食背后的文化内涵。

三、课程目标

（1）知识目标：学生能了解和掌握不同季节的时令食材及其特点，学习传统节日背后的文化意义，并了解一些基础的烹饪技巧和食品安全知识。通过具体的美食制作活动，学生们将了解到每一种食材与季节的关系，以及这些食材在中华传统文化中的象征意义。

（2）能力目标：旨在培养学生的观察力、合作能力和表达能力。在准备和制作美食的过程中，学生们需要仔细观察食材的变化，通过小组合作完成任务，从而提升他们的团队协作精神。同时，在分享自己作品的过程中锻炼表达自我想法和感受的能力，增强自信心和社会交往技能。

（3）情感目标：激发学生热爱自然、珍惜食物的情感，增强对中国传统文化的认同感和自豪感。通过亲身参与四季餐桌的活动，让学生们感受到大自然的美好变化，体会到劳动带来的快乐，并在享受传统美食的同时，加深对中国丰富饮食文化的理解和热爱，培养积极向上的人生态度和文化自信。

三、课程内容与活动安排

第一阶段：四季美食之旅——五感探索与季节文化融合

1. 五感沉浸式季节体验

以季节为主线，结合传统节日设计多感官活动。春季清明时，学生触摸艾草、嗅闻糯米香，观察青团制作过程；夏季端午时，通过实物粽子对比形状差异，聆听屈原故事；秋季中秋时，开展月饼盲品会，用味觉分辨馅料；冬季腊八节进行豆类分拣游戏，结合温度感知实验。所有活动均配备实物教具和图文指导卡，确保直观体验。

制作青团

捡豆子

2. 互动游戏与认知强化

设计系列趣味挑战深化学习成果。"四季风味轮"设置春、夏、秋、冬四个体验站，学生完成对应感官任务获得贴纸；"温度实验室"用不同水温的腊八粥材料探讨季节饮食特点；"色彩配对赛"要求将月饼馅料与彩色模具准确匹配。游戏融入基础学科知识，如数学计数、科学观察等。

制作多彩月饼馅

观察材料变化

3. 动态记录与延伸学习

采用可视化方式追踪学习进程。班级设置"中国美食地图"贴板，学生标记体验过的地域美食；个人使用"五感日记本"用图画或简单文字记录感受；家长通过家庭探索卡协助孩子发现时令食材，形成家校联动。阶段性举办"季节味道分享会"，学生展示收集的食材标本或拍摄的家庭烹饪照片。

| 在家剥玉米粒 | 品尝当季水果 | 家校携手，共做粽子 |

第二阶段：小小厨师实践——分层技能与生活应用

1. 阶梯式烹饪任务设计

根据学生能力设置分层教学目标。重阳节制作菊花糕时，基础组使用模具成型，进阶组尝试裱花装饰；冬至包饺子活动包含辨听剁馅节奏、判断面团湿度等分项技能训练；元宵节搓汤圆延伸至闭眼猜馅料的感官挑战。每项任务配备防烫手套、语音菜谱等适应性工具，确保学生安全参与。

师生共做汤圆

2.跨学科能力整合

将烹饪过程与多学科知识有机结合。数学方面包含"数10粒馅料包饺子"分配3种汤圆馅料等任务；科学环节探讨"汤圆浮起原理""面团发酵变化"；语言训练融入"糕点店"角色扮演的社交对话；艺术教育通过食物造型设计来实现。活动特别设计"厨具安全实训"，教授儿童刀具、电磁炉的正确使用方法。

情景模拟"小厨师"　　　　　　　　　　　数"馅料"

3.成长追踪与家庭实践

建立立体化评价体系。教室设置"厨艺成长树"墙面，学生每掌握新技能就悬挂对应果实卡片；家长协助拍摄《我家厨房》微视频记录家庭烹饪实践；期末颁发"安全小厨师""创意小当家"等认证勋章。定期举办"亲子厨房日"，邀请家长来校共同完成指定菜品的制作。

观察茄子　　　　　　　　　　　　学生在家煮汤圆

第三阶段：文化展示设计——从知识到能力的综合输出

1.大型协作展示项目

学生分组创作综合性文化作品。3米长的"二十四节气美食长卷"采用实物粘贴与手绘结合的方式呈现，嵌入触摸发声装置，播放学生解说；"迷你节日餐桌"模型用黏土制作传统节令食品，标注文化寓意；"美食文化墙"集中展示活动照片、学生食谱手稿和食材标本。所有作品均在校园公共区域展览。

2.社交表达实战训练

创设真实社交应用场景。"美食广播站"由学生录制饮食文化科普短音频；跨班级茶话会整合礼仪训练、清洁竞赛与社交对话模板；"小厨师讲座"鼓励学生向低年级展示制作技巧。活动特别设计"餐厅情境模拟"，包含点单、上菜、结账等完整流程的角色扮演。

3.趣味评估与成果认证

采用游戏化方式评估综合能力。"美食拍卖会"要求学生用课堂代币竞标作品，锻炼计算与协商能力；"社会故事量表"详细记录学生在协作、礼仪等方面的表现；期末举办"中华小当家"认证仪式，颁发阶段证书并设置自助餐会实践用餐礼仪。建立个人成长档案，汇总活动视频、作品照片和教师评语。

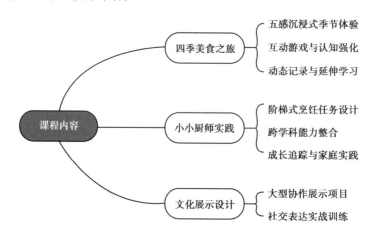

四、课程评价

（一）过程性评价

观察记录表：教师在活动期间对每个学生的参与度、合作情况及技能掌握情况进行详细的观察，并做好记录。这些记录可以帮助教师及时调整教学策略，为学生提供有针对性的帮助。

学生作品：每次活动后收集学生的作品（如制作的美食），作为评价其动手能力和创造力的重要依据。通过对作品的分析，可以了解到学生的进步情况及其存在的问题。

活动照片：拍摄活动中的精彩瞬间，不仅能留下美好的回忆，还可以用来回顾整个活动过程，评估学生的参与态度和团队协作精神。

（二）总结性评价

学生自评/互评：鼓励学生对自己的表现进行反思，思考自己在哪些方面有所进步，在哪些方面还需要努力。同时，组织学生互相评价，这不仅可以提高他们的批判性思维能力，还能增强彼此之间的理解和支持。

家长反馈：邀请家长参与到评价过程中来，通过填写问卷或参加座谈会的形式，分享他们对孩子在家中的表现的看法，特别是孩子在参与该项目后是否表现出更多的自信和兴趣等。

教师反思：教师需对自己在项目实施过程中的教学方法、组织管理等方面进行深入反思，总结经验教训。思考如何改进教学设计，使之更适合特殊教育学生的需求，从而不断提升教学质量。

五、育人效果展示

本案例采用实践导向的行动研究法，围绕五感能力设计系统的教学干预方案。在课程设计上，将传统饮食文化与感官训练相结合，开发了包含触觉记忆盒、味觉地图等在内的系列教具。实施过程采用"体验—训练—应用"三阶段模式，每周开展两次30分钟的教学活动，通过前测、过程性观察和后测收集评估数据。

研究结果显示，经过一学期的干预，学生在各感官领域均取得显著进步。如表所示，五感能力的平均得分提升幅度为1.1~2.1分，其中触觉和味觉能力的进步最为突出。质性数据表明，学生不仅掌握了目标技能，还能将其迁移应用到日常生活场景中。

学生五感能力发展评估表

（N=50 | 评估周期：2023.09—2024.01）

感官能力	初始水平（5级量表）	当前水平（5级量表）	典型行为表现	教学支持策略
视觉辨识	2.8	4.2	·能区分6种月饼花纹 ·准确匹配节气食材颜色	·色彩配对游戏 ·放大镜观察训练
触觉分辨	3.1	4.5	·闭眼识别5种谷物 ·判断面团发酵程度	·触觉记忆盒 ·温度梯度实验
嗅觉敏感	2.5	3.9	·辨别8种香料气味 ·发现食物变质异味	·气味瓶训练 ·嗅觉日记记录
味觉分化	3.3	4.6	·区分3种汤圆馅料 ·描述酸甜苦辣强度	·味觉地图绘制 ·盲品挑战赛
听觉关联	2.7	3.8	·通过声音判断油炸火候 ·辨识捣年糕节奏	·声音图谱教学 ·厨音猜猜乐

六、资源支持

教学设施：利用学校现有的厨房实验室或多功能教室作为活动场地，提供必要的烹饪设备和工具，如炉灶、烤箱、锅碗瓢盆等。

师资力量：组织本校教师参与项目设计与执行，特别是有烹饪经验或对传统文化有研究的教师可以发挥重要作用。此外，还可以邀请特殊教育专家为教师提供专业指导，以更好地适应智力障碍学生的需求。

图书馆/多媒体资源：使用学校的图书馆或多媒体中心，查找有关时令食材、传统节日及饮食文化的书籍、视频资料等，丰富课程内容。

学生志愿者：鼓励高年级学生或有兴趣的学生担任志愿者，协助低年级同学完成实践活动，促进学生之间的互助与交流。

家庭参与：动员家长参与到项目中来，可以通过家委会组织家长志愿者小组，帮助准备食材、指导学生烹饪等。同时，也可以收集家长对孩子在家中的表现反馈，作为评价的一部分。